대한민국 법령 시리즈 394

방 송 법

법령
시행령
시행규칙

해광출판사

머리말

이 책은 방대한 법전을 보지 않고 간편하게 해당되는 법령만 참고해서 볼 수 있도록 하였습니다. 공공기관이나 관련 종사자들이 쉽고 간편하게 해당 법령을 참조 할 수 있도록 하였습니다.

특히 해당법률은 물론 관련 시행령, 시행규칙을 함께 실어 관련법을 서로 참고할 수 있게 하였습니다.

법률이라는 것이 크든 작든 항상 변하는 관계로, 출간 이후의 정확하고 최신의 법률은 법제처 국가법령정보센터에서 확인이 가능하니 법률의 실제 적용 시 확인이 필요한 점 유의하기를 바랍니다.

편집부

* 수록 법률은 법제처 국가법령정보센터에서 확인 가능합니다.
* 발행일 기준 시행 법률이므로 최신 법령은 위 센터에서 볼 수 있습니다.
* 본 책자에 수록된 법률의 문구에 대하여 법적인 효력은 없으며,
  실제 적용 법률은 위 센터에서 최신의 법률로 확인하시기 바랍니다.
* 해당 법령과 함께 시행령, 시행규칙도 수록되어 있습니다.
* 발행일 기준으로 개정 예정 법률은 밑줄로 별도 표시되어 있으며,
  보다 정확한 것은 법제처에서 확인하기 바랍니다.

목차

방송법

[시행 2025. 10. 23.] [법률 제20952호, 2025. 4. 22., 일부개정]

**개정 예정 법률 밑줄 별도 표시.

방송법

[시행 2025. 10. 23.] [법률 제20952호, 2025. 4. 22., 일부개정]

제1장 총칙

제1조(목적) 이 법은 방송의 자유와 독립을 보장하고 방송의 공적 책임을 높임으로써 시청자의 권익보호와 민주적 여론형성 및 국민문화의 향상을 도모하고 방송의 발전과 공공복리의 증진에 이바지함을 목적으로 한다.

제2조(정의) 이 법에서 사용하는 용어의 뜻은 다음과 같다. 〈개정 2004. 3. 22., 2006. 10. 27., 2007. 1. 26., 2011. 7. 14., 2013. 3. 23., 2015. 3. 13., 2015. 12. 1., 2015. 12. 22., 2016. 1. 27., 2020. 6. 9., 2022. 1. 11., 2024. 10. 22.〉

1. "방송"이라 함은 방송프로그램을 기획·편성 또는 제작하여 이를 공중(개별계약에 의한 수신자를 포함하며, 이하 "시청자"라 한다)에게 전기통신설비에 의하여 송신하는 것으로서 다음 각목의 것을 말한다.

가. 텔레비전방송 : 정지 또는 이동하는 사물의 순간적 영상과 이에 따르는 음성·음향 등으로 이루어진 방송프로그램을 송신하는 방송

나. 라디오방송 : 음성·음향 등으로 이루어진 방송프로그램을 송신하는 방송

다. 데이터방송 : 방송사업자의 채널을 이용하여 데이터(문자·숫자·도형·도표·이미지 그 밖의 정보체계를 말한다)를 위주로 하여 이에 따르는 영상·음성·음향 및 이들의 조합으로 이루어진 방송프로그램을 송신하는 방송(인터넷 등 통신망을 통하여 제공하거나 매개하는 경우는 제외한다. 이하 같다)

라. 이동멀티미디어방송 : 이동중 수신을 주목적으로 다채널을 이용하여 텔레비전방송·라디오방송 및 데이터방송을 복합적으로 송신하는 방송

2. "방송사업"이라 함은 방송을 행하는 다음 각목의 사업을 말한다.

가. 지상파방송사업 : 방송을 목적으로 하는 지상의 무선국을 관리·운영하며 이를 이용하여 방송을 행하는 사업

나. 종합유선방송사업 : 종합유선방송국(다채널방송을 행하기 위한 유선방송국설비와 그 종사자의 총체를 말한다. 이하 같다)을 관리·운영하며 전송·선로설비를 이용하여 방송을 행하는 사업

다. 위성방송사업 : 인공위성의 무선설비를 소유 또는 임차하여 무선국을 관리·운영하며 이를 이용하여 방송을 행하는 사업

라. 방송채널사용사업 : 지상파방송사업자·종합유선방송사업자 또는 위성방송사업자와 특정채널의 전부 또는 일부 시간에 대한 전용사용계약을 체결하여 그 채널을 사용하는 사업

3. "방송사업자"라 함은 다음 각목의 자를 말한다.

가. 지상파방송사업자 : 지상파방송사업을 하기 위하여 제9조제1항에 따라 허가를 받은 자

나. 종합유선방송사업자 : 종합유선방송사업을 하기 위하여 제9조제2항에 따라 허가를 받은 자

다. 위성방송사업자 : 위성방송사업을 하기 위하여 제9조제2항에 따라 허가를 받은 자

라. 방송채널사용사업자 : 방송채널사용사업을 하기 위하여 제9조제5항에 따라 등록 또는 신고를 하거나 승인을 받은 자

마. 공동체라디오방송사업자 : 안테나공급전력 10와트 이하로 공익목적으로 라디오방송을 하기 위하여 제9조제11항에 따라 허가를 받은 자

4. "중계유선방송"이란 지상파방송(방송을 목적으로 하는 지상의 무선국을 이용하여 하는 방송을 말한다. 이하 같다) 등을 수신하여 중계송신(방송편성을 변경하지 아니하는 녹음·녹화를 포함한다. 이하 같다)하는 것을 말한다.

5. "중계유선방송사업"이라 함은 중계유선방송을 행하는 사업을 말한다.

6. "중계유선방송사업자"라 함은 중계유선방송사업을 하기 위하여

제9조제2항에 따라 허가를 받은 자를 말한다.

7. “음악유선방송”이라 함은 「음악산업진흥에 관한 법률」에 따라 판매·배포되는 음반에 수록된 음악을 송신하는 것을 말한다.

8. “음악유선방송사업”이라 함은 음악유선방송을 행하는 사업을 말한다.

9. “음악유선방송사업자”라 함은 음악유선방송사업을 하기 위하여 제9조제5항에 따라 등록을 한 자를 말한다.

10. “전광판방송”이라 함은 상시 또는 일정기간 계속하여 전광판에 보도를 포함하는 방송프로그램을 표출하는 것을 말한다.

11. “전광판방송사업”이라 함은 전광판방송을 행하는 사업을 말한다.

12. “전광판방송사업자”라 함은 전광판방송사업을 하기 위하여 제9조제5항에 따라 등록을 한 자를 말한다.

13. “전송망사업”이라 함은 방송프로그램을 종합유선방송국으로부터 시청자에게 전송하기 위하여 유·무선 전송·선로설비를 설치·운영하는 사업을 말한다.

14. “전송망사업자”라 함은 전송망사업을 하기 위하여 제9조제10항에 따라 등록을 한 자를 말한다.

15. “방송편성”이라 함은 방송되는 사항의 종류·내용·분량·시각·배열을 정하는 것을 말한다.

16. “방송분야”라 함은 보도·교양·오락등으로 방송프로그램의 영역을 분류한 것을 말한다.

17. “방송프로그램”이라 함은 방송편성의 단위가 되는 방송내용물을 말한다.

18. “종합편성”이라 함은 보도·교양·오락등 다양한 방송분야 상호간에 조화를 이루도록 방송프로그램을 편성하는 것을 말한다.

19. “전문편성”이라 함은 특정 방송분야의 방송프로그램을 전문적으로 편성하는 것을 말한다.

20. “유료방송”이란 시청자와의 계약에 따라 여러 개의 채널단위·채널별 또는 방송프로그램별로 대가를 받고 제공하는 방송을 말한다.

20의2. “채널”이라 함은 동일한 주파수 대역을 통해서 연속적인 흐름 또는 정보체계의 형태로 제공되어지는 텔레비전방송, 라디오방송 또는 데이터방송의 단위를 말한다.

21. “방송광고”라 함은 광고를 목적으로 하는 방송내용물을 말한다.

22. "협찬고지"라 함은 타인으로부터 방송프로그램의 제작에 직접적·간접적으로 필요한 경비·물품·용역·인력 또는 장소등을 제공받고 그 타인의 명칭 또는 상호등을 고지하는 것을 말한다.

23. "방송편성책임자"라 함은 방송편성에 대하여 결정을 하고 책임을 지는 자를 말한다.

24. "보도"라 함은 국내외 정치·경제·사회·문화 등의 전반에 관하여 시사적인 취재보도·논평·해설 등의 방송프로그램을 편성하는 것을 말한다.

25. "보편적 시청권"이라 함은 국민적 관심이 매우 큰 체육경기대회 그 밖의 주요행사 등에 관한 방송을 일반 국민이 시청할 수 있는 권리를 말한다.

26. "기술결합서비스"란 지상파방송사업·종합유선방송사업 및 위성방송사업 상호간 또는 이들 방송사업과 「인터넷 멀티미디어 방송사업법」 제2조제4호가목에 따른 인터넷 멀티미디어 방송 제공사업 간의 전송방식을 혼합사용하여 제공하는 서비스를 말한다.

27. "외주제작사"란 「문화산업진흥 기본법」 제2조제20호에 따른 방송영상독립제작사, 같은 조 제21호에 따른 문화산업전문회사 등 방송사업자에게 제공할 목적으로 방송프로그램을 제작하는 자를 말한다.

[제목개정 2022. 1. 11.]

제3조(시청자의 권익보호) 방송사업자는 시청자가 방송프로그램의 기획·편성 또는 제작에 관한 의사결정에 참여할 수 있도록 하여야 하고, 방송의 결과가 시청자의 이익에 합치하도록 하여야 한다.

제4조(방송편성의 자유와 독립) ①방송편성의 자유와 독립은 보장된다.

②누구든지 방송편성에 관하여 이 법 또는 다른 법률에 의하지 아니하고는 어떠한 규제나 간섭도 할 수 없다.

③방송사업자는 방송편성책임자를 선임하고, 그 성명을 방송시간내에 매일 1회 이상 공표하여야 하며, 방송편성책임자의 자율적인 방송편성을 보장하여야 한다. 이 경우 제4조의2제1항에 따른 방송사업자는 같은 항에 따른 편성위원회의 제청으로 방송편성책임자를 선임한다. 〈개정 2025. 8. 26.〉

④제4조의2제1항에 따른 방송사업자는 방송프로그램 취재·보도

· 제작 · 편성의 자율성을 보장하기 위하여 취재 · 보도 · 제작 · 편성 부문 종사자의 의견을 들어 방송편성규약(이하 "방송편성규약"이라 한다)을 제정 또는 개정하고 이를 공표하여야 한다. 〈개정 2025. 8. 26.〉

⑤ 제4항에 따라 방송사업자가 방송편성규약을 제정 또는 개정하려는 경우에는 제4조의2에 따른 편성위원회의 심의 · 의결을 거쳐야 한다. 〈신설 2025. 8. 26.〉

⑥ 제4조의2제1항에 따른 방송사업자와 그 종사자는 방송편성규약을 준수하여야 한다. 〈신설 2025. 8. 26.〉

제4조의2(편성위원회 설치 및 구성 등) ① 다음 각 호의 어느 하나에 해당하는 방송사업자는 편성위원회를 둔다.

1. 지상파 텔레비전 방송사업자
2. 종합편성을 행하는 방송채널사용사업자
3. 보도에 관한 전문편성을 행하는 방송사업자

② 편성위원회는 다음 각 호의 사항을 심의 · 의결한다.

1. 방송편성규약의 제정 · 개정 및 공표에 관한 사항
2. 방송사업자의 방송편성규약 준수에 관한 사항
3. 방송프로그램의 취재 · 보도 · 제작 · 편성의 자율성 보장에 관한 사항
4. 제87조에 따른 시청자위원회 위원 추천에 관한 사항
5. 그 밖에 방송편성규약으로 정하는 사항

③ 편성위원회는 다음 각 호에 따른 10명의 위원으로 구성하고 위원장은 위원 중에서 호선한다. 〈개정 2025. 10. 1.〉

1. 방송사업자가 소속 구성원 중에서 추천하는 사람 5명
2. 취재 · 보도 · 제작 · 편성 부문 종사자 대표가 추천하는 사람 5명. 이 경우 종사자의 범위 및 종사자 대표의 자격요건은 방송미디어통신위원회규칙으로 정한다.

[본조신설 2025. 8. 26.]

제5조(방송의 공적 책임) ①방송은 인간의 존엄과 가치 및 민주적 기본질서를 존중하여야 한다.

②방송은 국민의 화합과 조화로운 국가의 발전 및 민주적 여론형성에 이바지하여야 하며 지역간 · 세대간 · 계층간 · 성별간의 갈등을 조장하여서는 아니된다.

③방송은 타인의 명예를 훼손하거나 권리를 침해하여서는 아니된다.
④방송은 범죄 및 부도덕한 행위나 사행심을 조장하여서는 아니된다.
⑤방송은 건전한 가정생활과 아동 및 청소년의 선도에 나쁜 영향을 끼치는 음란·퇴폐 또는 폭력을 조장하여서는 아니된다.

제6조(방송의 공정성과 공익성) ①방송에 의한 보도는 공정하고 객관적이어야 한다.
②방송은 성별·연령·직업·종교·신념·계층·지역·인종등을 이유로 방송편성에 차별을 두어서는 아니 된다. 다만, 종교의 선교에 관한 전문편성을 행하는 방송사업자가 그 방송분야의 범위 안에서 방송을 하는 경우에는 그러하지 아니하다.
③방송은 국민의 윤리적·정서적 감정을 존중하여야 하며, 국민의 기본권 옹호 및 국제친선의 증진에 이바지하여야 한다.
④방송은 국민의 알권리와 표현의 자유를 보호·신장하여야 한다.
⑤방송은 상대적으로 소수이거나 이익추구의 실현에 불리한 집단이나 계층의 이익을 충실하게 반영하도록 노력하여야 한다.
⑥방송은 지역사회의 균형 있는 발전과 민족문화의 창달에 이바지하여야 한다.
⑦방송은 사회교육기능을 신장하고, 유익한 생활정보를 확산·보급하며, 국민의 문화생활의 질적 향상에 이바지하여야 한다.
⑧방송은 표준말의 보급에 이바지하여야 하며 언어순화에 힘써야 한다.
⑨방송은 정부 또는 특정 집단의 정책등을 공표하는 경우 의견이 다른 집단에 균등한 기회가 제공되도록 노력하여야 하고, 또한 각 정치적 이해 당사자에 관한 방송프로그램을 편성하는 경우에도 균형성이 유지되도록 하여야 한다. 〈개정 2020. 6. 9.〉

제7조(적용범위) 방송에 관하여는 다른 법률에 특별한 규정이 있는 경우를 제외하고는 이 법에서 정하는 바에 의한다. 〈개정 2020. 6. 9.〉

제2장 방송사업자등

제8조(소유제한 등) ①방송사업자가 주식을 발행하는 경우에는 기명식으로 하여야 한다.
②누구든지 대통령령으로 정하는 특수한 관계에 있는 자(이하 "特殊關係者"라 한다)가 소유하는 주식 또는 지분을 포함하여 지상파방

송사업자 및 종합편성 또는 보도에 관한 전문편성을 행하는 방송채널사용사업자의 주식 또는 지분 총수의 100분의 40을 초과하여 소유할 수 없다. 다만, 다음 각 호의 어느 하나에 해당하는 경우에는 그러하지 아니하다. 〈개정 2004. 3. 22., 2006. 10. 27., 2009. 7. 31., 2020. 6. 9.〉

1. 국가 또는 지방자치단체가 방송사업자의 주식 또는 지분을 소유하는 경우

2. 「방송문화진흥회법」에 의하여 설립된 방송문화진흥회가 방송사업자의 주식 또는 지분을 소유하는 경우

3. 종교의 선교를 목적으로 하는 방송사업자에 출자하는 경우

③제2항에도 불구하고 「독점규제 및 공정거래에 관한 법률」 제2조제11호에 따른 기업집단중 자산총액 등 대통령령으로 정하는 기준에 해당하는 기업집단에 속하는 회사(이하 "대기업"이라 한다)와 그 계열회사(특수관계자를 포함한다) 또는 「신문 등의 진흥에 관한 법률」에 따른 일간신문(이하 "일간신문"이라 한다)이나 「뉴스통신 진흥에 관한 법률」에 따른 뉴스통신(이하 "뉴스통신"이라 한다)을 경영하는 법인(特殊關係者를 포함한다)은 지상파방송사업자의 주식 또는 지분 총수의 100분의 10을 초과하여 소유할 수 없으며, 종합편성 또는 보도에 관한 전문편성을 행하는 방송채널사용사업자의 주식 또는 지분 총수의 100분의 30을 초과하여 소유할 수 없다. 〈개정 2002. 12. 18., 2003. 5. 29., 2004. 3. 22., 2009. 7. 31., 2016. 1. 27., 2020. 6. 9., 2020. 12. 29.〉

④ 지상파방송사업자, 종합편성 또는 보도에 관한 전문편성을 행하는 방송채널사용사업자의 주식 또는 지분을 소유하고자 하는 일간신문을 경영하는 법인(특수관계자를 포함한다)은 경영의 투명성을 위하여 대통령령으로 정하는 바에 따라 전체 발행부수, 유가 판매부수 등의 자료를 방송미디어통신위원회에 제출하여 공개하여야 하며, 제3항에도 불구하고 일간신문의 구독률(대통령령으로 정하는 바에 따라 전체 가구 중 일정 기간 동안 특정 일간신문을 유료로 구독하는 가구가 차지하는 비율을 말한다. 이하 같다)이 100분의 20 이상인 경우에는 지상파방송사업 및 종합편성 또는 보도에 관한 전문편성을 행하는 방송채널사용사업을 겸영하거나 주식 또는 지분을 소유할 수 없다. 〈신설 2009. 7. 31., 2025. 10. 1.〉

⑤일간신문이나 뉴스통신을 경영하는 법인(각 특수관계자를 포함한다)은 종합유선방송사업자 및 위성방송사업자의 주식 또는 지분 총수의 100분의 49를 초과하여 소유할 수 없다. 〈개정 2007. 1. 26., 2009. 7. 31., 2016. 1. 27.〉

⑥지상파방송사업자 · 종합유선방송사업자 및 위성방송사업자는 시장점유율 또는 사업자수등을 고려하여 대통령령으로 정하는 범위를 초과하여 상호 겸영하거나 그 주식 또는 지분을 소유할 수 없다. 〈개정 2009. 7. 31., 2020. 6. 9.〉

⑦지상파방송사업자 · 종합유선방송사업자 · 위성방송사업자 · 방송채널사용사업자 및 전송망사업자는 시장점유율, 방송분야 또는 사업자수등을 고려하여 대통령령으로 정하는 범위를 초과하여 상호 겸영하거나 그 주식 또는 지분을 소유할 수 없다. 〈개정 2006. 10. 27., 2009. 7. 31., 2020. 6. 9.〉

⑧지상파방송사업자 · 종합유선방송사업자 또는 위성방송사업자는 시장점유율 또는 사업자수 등을 고려하여 대통령령으로 정하는 범위를 초과하여 지상파방송사업자는 다른 지상파방송사업, 종합유선방송사업자는 다른 종합유선방송사업, 위성방송사업자는 다른 위성방송사업을 겸영하거나 그 주식 또는 지분을 소유할 수 없다. 다만, 「방송문화진흥회법」에 따라 설립된 방송문화진흥회가 최다출자자인 지상파방송사업자가 이 법 시행 당시 계열회사 관계에 있는 다른 지상파방송사업자의 주식 또는 지분을 소유하는 경우에는 그러하지 아니하다. 〈개정 2004. 3. 22., 2007. 7. 27., 2009. 7. 31., 2020. 6. 9.〉

⑨방송채널사용사업자는 시장점유율 또는 사업자수등을 고려하여 대통령령으로 정하는 범위를 초과하여 다른 방송채널사용사업을 겸영하거나 그 주식 또는 지분을 소유할 수 없다. 〈개정 2009. 7. 31., 2020. 6. 9.〉

⑩정당은 방송사업자의 주식 또는 지분을 소유할 수 없다. 〈개정 2004. 3. 12., 2009. 7. 31.〉

⑪제6항부터 제9항까지의 규정에 의한 겸영금지 및 소유제한 대상자에는 그의 특수관계자를 포함한다. 〈개정 2009. 7. 31.〉

⑫제2항부터 제10항까지의 규정을 위반하여 주식 또는 지분을 소유한 자는 그 소유분 또는 초과분에 대한 의결권을 행사할 수 없다.

〈개정 2009. 7. 31., 2020. 6. 9.〉

⑬ 방송미디어통신위원회는 다음 각 호의 구분에 따라 해당 규정을 위반한 자에게 6개월 이내의 기간을 정하여 위반 사항을 시정할 것을 명할 수 있다. 〈개정 2013. 3. 23., 2017. 7. 26., 2025. 10. 1.〉

1. 제2항부터 제5항까지, 제10항, 제14항 및 제15항을 위반한 자
2. 제6항부터 제9항까지를 위반한 자(제14조제6항에 해당하는 방송사업자와 전송망사업자로 한정한다)

⑭다음 각 호의 어느 하나에 해당하는 자는 공동체라디오방송사업자가 될 수 없다. 〈신설 2006. 10. 27., 2009. 7. 31.〉

1. 대한민국 정부
2. 지방자치단체
3. 종교단체
4. 정당
5. 영리를 목적으로 공동체라디오방송사업을 영위하려는 자

⑮공동체라디오방송사업자는 1개를 초과하여 방송국을 소유할 수 없다. 〈신설 2006. 10. 27., 2009. 7. 31.〉

⑯ 특정 종합유선방송사업자는 해당 사업자와 특수관계자인 다음 각 호의 방송사업자를 합산하여 종합유선방송, 위성방송, 「인터넷 멀티미디어 방송사업법」 제2조제1호에 따른 인터넷 멀티미디어 방송을 포함한 전체 유료방송사업 가입자 수의 3분의 1을 초과하여 서비스를 제공할 수 없다. 〈신설 2015. 6. 22.〉

1. 종합유선방송사업자
2. 위성방송사업자
3. 「인터넷 멀티미디어 방송사업법」 제2조제5호가목에 따른 인터넷 멀티미디어 방송 제공사업자

⑰ 특정 위성방송사업자는 해당 사업자와 특수관계자인 다음 각 호의 방송사업자를 합산하여 종합유선방송, 위성방송, 「인터넷 멀티미디어 방송사업법」 제2조제1호에 따른 인터넷 멀티미디어 방송을 포함한 전체 유료방송사업 가입자 수의 3분의 1을 초과하여 서비스를 제공할 수 없다. 〈신설 2015. 6. 22.〉

1. 종합유선방송사업자
2. 위성방송사업자

3. 「인터넷 멀티미디어 방송사업법」 제2조제5호에 따른 인터넷 멀티미디어 방송사업자

⑱ 방송미디어통신위원회는 도서산간 등 위성방송 수신만 가능한 지역은 제16항 및 제17항에 따른 가입자 수 산정에서 배제할 수 있는 예외지역으로 지정할 수 있다. 〈신설 2015. 6. 22., 2017. 7. 26., 2025. 10. 1.〉

⑲ 제16항 및 제17항에 따른 가입자 수의 산정 및 검증 등에 필요한 사항은 대통령령으로 정한다. 〈신설 2015. 6. 22.〉

[제목개정 2022. 1. 11.]

[법률 제13341호(2015. 6. 22.) 제8조제16항제2호 및 제3호, 같은 조 제17항의 개정규정은 같은 법 부칙 제2조의 규정에 의하여 2018년 6월 27일까지 유효함]

제9조(허가·승인·등록 등) ① 지상파방송사업을 하고자 하는 자는 방송미디어통신위원회의 허가를 받아야 한다. 이 경우 방송미디어통신위원회는 과학기술정보통신부장관에게 「전파법」에 따른 무선국 개설과 관련된 기술적 심사를 의뢰하고, 과학기술정보통신부장관으로부터 송부 받은 심사 결과를 허가에 반영하여야 한다. 〈개정 2013. 3. 23., 2017. 7. 26., 2025. 10. 1.〉

② 위성방송사업을 하고자 하는 자는 제1항의 절차에 따라야 하고, 종합유선방송사업 또는 중계유선방송사업을 하고자 하는 자는 대통령령으로 정하는 기준에 적합하게 시설과 기술을 갖추어 방송미디어통신위원회의 허가를 받아야 한다. 〈개정 2025. 10. 1.〉

③제2항에도 불구하고 대통령령으로 정하는 기준에 해당하는 중계유선방송사업자가 종합유선방송사업을 하고자 할 경우에는 방송미디어통신위원회의 승인을 얻어야 한다. 〈개정 2008. 2. 29., 2013. 3. 23., 2017. 7. 26., 2020. 6. 9., 2025. 10. 1.〉

④제3항에 따라 승인을 얻은 자는 승인을 얻은 때부터 제2조제3호나목에 따른 종합유선방송사업자로 허가를 받은 것으로 본다. 〈개정 2020. 6. 9.〉

⑤ 방송채널사용사업을 하려는 자는 다음 각 호의 구분에 따라 방송미디어통신위원회에 등록하거나 신고하여야 하고, 전광판방송사업 또는 음악유선방송사업을 하려는 자는 방송미디어통신위원회에 등록하여야 한다. 다만, 종합편성이나 보도에 관한 전문편성 또는

상품소개와 판매에 관한 전문편성을 행하는 방송채널사용사업을 하려는 자는 방송미디어통신위원회의 승인을 받아야 한다. 〈개정 2024. 10. 22., 2025. 10. 1.〉

1. 텔레비전방송(이 호에서만 시청자가 특정 시간 및 특정 방송프로그램을 선택하여 시청할 수 있도록 방송프로그램을 제공하는 것은 제외한다)을 하는 방송채널사용사업을 하려는 경우: 등록

2. 다음 각 목의 방송채널사용사업을 하려는 경우: 신고

가. 라디오방송을 하는 방송채널사용사업을 하려는 경우

나. 데이터방송을 하는 방송채널사용사업을 하려는 경우

다. 텔레비전방송 중 시청자가 특정 시간 및 특정 방송프로그램을 선택하여 시청할 수 있도록 방송프로그램을 제공하는 방송채널사용사업을 하려는 경우

⑥외국 인공위성의 무선설비(國內에서 수신될 수 있는 것에 한정한다)를 이용하여 위성방송을 행하는 사업을 하고자 하는 자는 방송미디어통신위원회의 승인을 얻어야 한다. 〈개정 2008. 2. 29., 2013. 3. 23., 2017. 7. 26., 2020. 6. 9., 2025. 10. 1.〉

⑦제6항에 따라 승인을 얻은 자에 대하여는 제2조제3호다목의 위성방송사업자에 대하여 적용되는 규정을 준용한다. 〈개정 2020. 6. 9.〉

⑧외국 인공위성의 무선국(國內에서 수신될 수 있는 것에 한정한다)의 특정 채널의 전부 또는 일부 시간에 대한 전용사용계약을 체결하여 그 채널을 사용하고자 하는 자는 방송미디어통신위원회의 승인을 얻어야 한다. 〈개정 2008. 2. 29., 2013. 3. 23., 2017. 7. 26., 2020. 6. 9., 2025. 10. 1.〉

⑨제8항에 따라 승인을 얻은 자에 대하여는 제2조제3호라목의 방송채널사용사업자에 대하여 적용되는 규정을 준용한다. 〈개정 2020. 6. 9.〉

⑩ 전송망사업을 하려는 자는 방송미디어통신위원회에 등록하여야 한다. 이 경우 방송미디어통신위원회는 등록 신청이 다음 각 호의 어느 하나에 해당하는 경우를 제외하고는 등록을 거부하지 못한다. 〈개정 2015. 3. 13., 2017. 7. 26., 2025. 10. 1.〉

1. 재정능력 및 기술인력 등 대통령령으로 정하는 등록요건을 갖추지 못한 경우

2. 등록을 신청한 자가 제13조제1항에 위반되는 경우

3. 등록을 신청한 법인의 대표자가 제13조제3항제1호부터 제6호까지의 어느 하나에 해당하는 경우

4. 그 밖에 이 법 또는 다른 법령에 따른 제한에 위반되는 경우

⑪ 공동체라디오방송사업을 하고자 하는 자는 방송미디어통신위원회의 허가를 받아야 한다. 이 경우 방송미디어통신위원회는 과학기술정보통신부장관에게 「전파법」에 따른 무선국 개설과 관련된 기술적 심사를 의뢰하고, 과학기술정보통신부장관으로부터 송부 받은 심사 결과를 허가에 반영하여야 한다. 이 외의 공동체라디오방송사업자의 편성, 재원 등 운영에 필요한 세부사항은 대통령령으로 정한다. 〈개정 2025. 10. 1.〉

⑫ 방송미디어통신위원회는 제5항제2호에 따라 방송채널사용사업의 신고를 받은 경우 그 내용을 검토하여 이 법에 적합하면 신고를 수리하여야 한다. 〈신설 2024. 10. 22., 2025. 10. 1.〉

⑬제1항부터 제12항까지의 규정에 따른 허가·승인·등록 및 신고의 절차 등에 관하여 필요한 사항은 대통령령으로 정한다. 〈개정 2006. 10. 27., 2007. 7. 27., 2008. 2. 29., 2020. 6. 9., 2024. 10. 22.〉

[제목개정 2008. 2. 29.]

제9조의2(방송채널사용사업의 등록요건 및 신고요건) ① 제9조제5항제1호에 따라 방송채널사용사업의 등록을 하려는 자는 다음 각 호의 요건을 갖추어야 한다. 〈개정 2024. 10. 22.〉

1. 납입자본금과 실질자본금(해당 방송채널사용사업만을 위한 자본금을 말한다. 이하 이 조에서 같다)이 각각 5억원 이상일 것. 이 경우 "자본금"은 주식회사 외의 법인의 경우에는 "출자금"으로 본다.

2. 주조정실(방송프로그램의 편성 및 송출 등을 종합조정하는 장소를 말한다. 이하 같다), 부조정실(개별 방송프로그램의 제작을 조정하는 장소를 말한다. 이하 같다), 종합편집실(음성·영상·음향 등을 편집하여 개별 방송프로그램을 완성하는 장소를 말한다. 이하 같다) 및 송출시설을 갖출 것

3. 해당 방송채널사용사업을 영위할 수 있는 사무실을 보유할 것

4. 방송사업자가 사용하고 있는 다른 채널명과 동일한 채널명 또는 시청자가 동일한 채널로 오인할 수 있는 채널명을 사용하지 아

니할 것

② 제9조제5항제2호에 따라 방송채널사용사업의 신고를 하려는 자는 다음 각 호의 요건을 갖추어야 한다. 〈신설 2024. 10. 22.〉

1. 납입자본금과 실질자본금이 각각 3억원 이상일 것. 이 경우 "자본금"은 주식회사 외의 법인의 경우에는 "출자금"으로 본다.

2. 주조정실, 종합편집실 및 송출시설을 갖출 것

3. 방송사업자가 사용하고 있는 다른 채널명과 동일한 채널명 또는 시청자가 동일한 채널로 오인할 수 있는 채널명을 사용하지 아니할 것

③ 동일인이 여러 개의 방송채널사용사업을 겸영(兼營)하는 경우에 제1항제1호에 따른 자본금 요건의 적용 기준 등에 관하여 필요한 사항은 대통령령으로 정한다. 〈개정 2024. 10. 22.〉

[본조신설 2007. 7. 27.]

[제목개정 2024. 10. 22.]

제9조의3(기술결합서비스의 신고 등) ① 지상파방송사업자(공동체라디오방송사업자는 제외한다. 이하 제5항, 제18조제2항 및 제19조제2항에서 같다)·종합유선방송사업자·위성방송사업자 또는 「인터넷 멀티미디어 방송사업법」 제2조제5호가목에 따른 인터넷 멀티미디어 방송 제공사업자(이하 "인터넷 멀티미디어 방송 제공사업자"라 한다)는 기술결합서비스를 제공하려는 경우 방송미디어통신위원회에 신고하여야 한다. 신고한 기술결합서비스의 내용을 변경하려는 경우에도 또한 같다. 〈개정 2025. 10. 1.〉

1. 삭제 〈2025. 10. 1.〉

2. 삭제 〈2025. 10. 1.〉

② 방송미디어통신위원회는 제1항에 따른 신고를 받은 경우 그 내용이 시청자의 권익보호와 공정경쟁의 촉진 등 대통령령으로 정하는 기준을 충족하면 제1항에 따른 신고를 받은 날부터 대통령령으로 정하는 기한 이내에 신고를 수리하여야 한다. 〈개정 2025. 10. 1.〉

③ 방송미디어통신위원회는 제1항에 따른 신고를 받은 경우 과학기술정보통신부장관에게 「전파법」에 따른 무선국과 관련된 기술적 심사를 의뢰하고 과학기술정보통신부장관으로부터 송부받은 심사결과를 신고 수리에 반영하여야 한다. 〈개정 2025. 10. 1.〉

④ 제1항·제2항에 따른 신고 및 수리에 관한 절차 등 세부 사항은 대통령령으로 정한다.

⑤ 지상파방송사업자·종합유선방송사업자·위성방송사업자 또는 인터넷 멀티미디어 방송 제공사업자는 기술결합서비스의 제공을 중지하거나 중단하려는 경우 방송미디어통신위원회규칙으로 정하는 바에 따라 방송미디어통신위원회에 신고하여야 한다. 〈개정 2025. 10. 1.〉

1. 삭제 〈2025. 10. 1.〉

2. 삭제 〈2025. 10. 1.〉

⑥ 방송미디어통신위원회는 제5항에 따른 신고를 받은 경우 그 내용을 검토하여 이 법에 적합하면 해당 신고를 수리하여야 한다. 〈개정 2025. 10. 1.〉

[전문개정 2022. 1. 11.]

제9조의4(기술중립 서비스 제공을 위한 특례) ① 종합유선방송사업자, 위성방송사업자 또는 인터넷 멀티미디어 방송 제공사업자는 방송미디어통신위원회규칙으로 정하는 바에 따라 상호 간에 다른 사업자의 전송방식을 이용하여 서비스를 제공할 수 있다. 〈개정 2025. 10. 1.〉

② 종합유선방송사업자, 위성방송사업자 또는 인터넷 멀티미디어 방송 제공사업자가 제1항에 따라 다른 사업자의 전송방식으로 서비스를 제공하려는 경우에는 방송미디어통신위원회규칙으로 정하는 바에 따라 방송미디어통신위원회에 신고하여야 한다. 〈개정 2025. 10. 1.〉

③ 방송미디어통신위원회는 제2항에 따른 신고를 받은 경우 시청자의 권익보호와 공정경쟁의 촉진 등 대통령령으로 정하는 기준을 충족하면 신고를 수리하여야 한다. 〈개정 2025. 10. 1.〉

[본조신설 2022. 6. 10.]

제10조(심사기준·절차) ①방송미디어통신위원회는 제9조제1항, 제2항 및 제11항에 따른 허가, 같은 조 제3항, 제5항, 제6항 및 제8항에 따른 승인을 할 때에는 다음 각호의 사항을 심사하여 그 결과를 공표하여야 한다. 〈개정 2008. 2. 29., 2013. 3. 23., 2017. 7. 26., 2020. 6. 9., 2025. 10. 1.〉

1. 방송의 공적 책임·공정성·공익성의 실현 가능성

2. 방송프로그램의 기획·편성 및 제작계획의 적절성
3. 지역적·사회적·문화적 필요성과 타당성
4. 조직 및 인력운영등 경영계획의 적정성
5. 재정 및 기술적 능력
6. 방송발전을 위한 지원계획
7. 그 밖에 사업수행에 필요한 사항

②방송미디어통신위원회는 제1항에 따른 심사를 할 때에는 시청자의 의견을 공개적으로 청취하고, 그 의견의 반영 여부를 공표하여야 한다. 〈개정 2008. 2. 29., 2013. 3. 23., 2017. 7. 26., 2020. 6. 9., 2025. 10. 1.〉

③방송미디어통신위원회는 종합유선방송사업을 하고자 하는 자를 허가할 때에는 특별시장·광역시장 또는 도지사(이하 "市·道知事"라 한다)의 의견을 들어야 한다. 〈개정 2008. 2. 29., 2013. 3. 23., 2017. 7. 26., 2025. 10. 1.〉

제11조(방송분야등의 고시) 방송미디어통신위원회는 방송프로그램의 전문성과 채널의 다양성이 구현될 수 있도록 하기 위하여 전문편성의 방송분야와 방송프로그램의 종류에 따른 편성비율등을 고시할 수 있다. 〈개정 2008. 2. 29., 2013. 3. 23., 2017. 7. 26., 2025. 10. 1.〉

제12조(지역사업권) ①방송미디어통신위원회는 제9조제2항에 따라 종합유선방송사업 또는 중계유선방송사업을 허가할 때에는 일정한 방송구역안에서 사업을 운영하는 권리(이하 "地域事業權"이라 한다)를 부여할 수 있다. 제9조제3항에 따라 종합유선방송사업을 승인할 때에도 또한 같다. 〈개정 2008. 2. 29., 2013. 3. 23., 2017. 7. 26., 2020. 6. 9., 2025. 10. 1.〉

②제1항에 따른 방송구역과 음악유선방송의 사업구역은 행정구역을 중심으로 지역주민의 생활권 및 지리적 여건과 전기통신설비등을 참작하여 관계중앙행정기관의 장 및 시·도지사와 협의하여 방송미디어통신위원회가 고시한다. 〈개정 2008. 2. 29., 2013. 3. 23., 2017. 7. 26., 2020. 6. 9., 2025. 10. 1.〉

③ 삭제 〈2005. 5. 18.〉

제13조(결격사유) ① 다음 각 호의 어느 하나에 해당하는 자는 방송사업 또는 전송망사업을 할 수 없다. 〈개정 2024. 10. 22.〉

1. 국가 · 지방자치단체 또는 법인이 아닌 자

2. 제18조에 따라 허가 · 승인 · 등록 또는 신고수리가 취소(제3항제2호 또는 제3호에 해당하여 허가 · 승인 · 등록 또는 신고수리가 취소된 경우는 제외한다)된 후 3년이 지나지 아니한 법인

② 다음 각 호의 어느 하나에 해당하는 자는 중계유선방송사업 · 음악유선방송사업을 할 수 없다.

1. 외국인 또는 외국의 정부나 단체

2. 미성년자 또는 피성년후견인

3. 파산선고를 받은 자로서 복권되지 아니한 자

4. 이 법을 위반하여 벌금 이상의 형을 선고받고 그 집행이 종료되거나 그 집행을 받지 아니하기로 확정된 후 3년이 지나지 아니한 자 또는 그 집행유예기간 중에 있는 자

5. 제18조에 따라 중계유선방송사업 · 음악유선방송사업의 허가 또는 등록이 취소(제13조제2항제2호 또는 제3호에 해당하여 허가 또는 등록이 취소된 경우는 제외한다)된 후 2년이 지나지 아니한 자

③ 다음 각 호의 어느 하나에 해당하는 자는 제9조제1항 · 제2항 · 제3항 · 제5항 · 제6항 · 제8항 · 제10항 또는 제11항에 따라 허가 또는 승인을 받거나 등록 또는 신고를 한 법인의 대표자나 방송편성책임자가 될 수 없다. 〈개정 2024. 10. 22.〉

1. 외국인

2. 미성년자 또는 피성년후견인

3. 파산선고를 받은 자로서 복권되지 아니한 자

4. 이 법을 위반하여 벌금 이상의 형을 선고받고 그 집행이 종료되거나 그 집행을 받지 아니하기로 확정된 후 3년이 지나지 아니한 자 또는 그 집행유예기간 중에 있는 자

5. 「형법」 제87조부터 제90조까지, 제92조, 제101조, 「군형법」 제5조부터 제8조까지, 제9조제2항, 제11조부터 제16조까지 또는 「국가보안법」 제3조부터 제9조까지의 규정에 따른 죄를 저질러 금고 이상의 실형의 선고를 받고 그 형의 집행이 종료되지 아니하거나 집행을 받지 아니하기로 확정되지 아니한 자 또는 그 집행유예기간 중에 있는 자

6. 「보안관찰법」에 따른 보안관찰처분, 종전의 「사회보호법」(법률 제7656호로 폐지되기 전의 것을 말한다)에 따른 보호감호 또는 「치

료감호법」에 따른 치료감호의 집행 중에 있는 자

7. 외국의 법인 또는 단체의 대표자(전송망사업의 경우는 제외한다)

[전문개정 2022. 1. 11.]

제14조(외국자본의 출자 및 출연) ①지상파방송사업자 또는 공동체라디오방송사업자는 다음 각호에 해당하는 자로부터 재산상의 출자 또는 출연을 받을 수 없다. 다만, 방송미디어통신위원회의 승인을 얻은 경우에는 교육·체육·종교·자선이나 그 밖의 국제적 친선을 목적으로 하는 외국의 단체로부터 재산상의 출연을 받을 수 있다. 〈개정 2008. 2. 29., 2009. 7. 31., 2013. 3. 23., 2020. 6. 9., 2025. 10. 1.〉

1. 외국의 정부나 단체

2. 외국인

3. 외국의 정부나 단체 또는 외국인이 대통령령으로 정하는 비율을 초과하여 주식 또는 지분을 소유하고 있는 법인

② 종합편성을 행하는 방송채널사용사업자 또는 중계유선방송사업자는 해당 법인의 주식 또는 지분 총수의 100분의 20을, 보도에 관한 전문편성을 행하는 방송채널사용사업자는 해당 법인의 주식 또는 지분 총수의 100분의 10을 초과하여 제1항 각 호에 해당하는 자로부터 재산상의 출자 또는 출연을 받을 수 없다. 〈개정 2009. 7. 31.〉

③종합유선방송사업자·위성방송사업자·방송채널사용사업자(종합편성 또는 보도에 관한 전문편성을 하는 자는 제외한다) 또는 전송망사업자는 해당 법인의 주식 또는 지분 총수의 100분의 49를 초과하여 제1항 각호에 해당하는 자로부터 재산상의 출자 또는 출연을 받을 수 없다. 다만, 방송채널사용사업자(종합편성이나 보도에 관한 전문편성 또는 상품소개와 판매에 관한 전문편성을 하는 자는 제외한다)의 경우 대한민국이 외국과 양자간(兩者間) 또는 다자간(多者間)으로 체결하여 발효된 자유무역협정 중 방송미디어통신위원회가 정하여 고시하는 자유무역협정 체결 상대국의 정부나 단체 또는 외국인이 주식 또는 지분을 소유하고 있는 법인은 제1항제3호의 요건을 갖춘 경우에도 같은 호에 해당하는 자로 보지 아니한다. 〈개정 2004. 3. 22., 2009. 7. 31., 2015. 3. 13., 2017. 7. 26., 2019.

12. 10., 2020. 6. 9., 2025. 10. 1.〉

④제2항 및 제3항을 적용할 때 제1항 각호에 해당하는 자가 소유하고 있는 주식 또는 지분을 합산한다. 〈신설 2004. 3. 22., 2020. 6. 9.〉

⑤방송사업자 · 중계유선방송사업자 또는 전송망사업자가 제1항부터 제3항까지의 규정을 위반하게 된 경우에 위반의 원인을 제공한 주식 또는 지분의 소유자는 그 소유분 또는 초과분에 대한 의결권을 행사할 수 없다. 〈신설 2004. 3. 22., 2020. 6. 9.〉

⑥ 방송미디어통신위원회는 방송사업자 · 중계유선방송사업자 또는 전송망사업자가 제1항부터 제3항까지의 규정을 위반하게 된 경우에는 해당 방송사업자, 중계유선방송사업자 또는 전송망사업자나 위반의 원인을 제공한 주식 · 지분의 소유자에게 6개월 이내의 기간을 정하여 해당 사항을 시정할 것을 명할 수 있다. 〈개정 2008. 2. 29., 2013. 3. 23., 2017. 7. 26., 2025. 10. 1.〉

1. 삭제 〈2025. 10. 1.〉
2. 삭제 〈2025. 10. 1.〉

제15조(변경허가등) ①방송사업자 · 중계유선방송사업자 · 음악유선방송사업자 및 전광판방송사업자는 다음 각호의 사항을 변경하려는 때에는 방송미디어통신위원회로부터 변경허가 또는 변경승인을 받거나 변경등록 또는 변경신고를 하여야 한다. 이 경우 그 절차는 제9조제1항, 제2항, 제3항, 제5항, 제6항, 제8항, 제10항부터 제12항까지를 준용한다. 〈개정 2002. 12. 18., 2008. 2. 29., 2013. 3. 23., 2017. 7. 26., 2019. 12. 10., 2020. 6. 9., 2024. 1. 23., 2024. 10. 22., 2025. 10. 1.〉

1. 해당 법인의 합병 및 분할. 다만, 종합유선방송사업자 및 위성방송사업자가 「독점규제 및 공정거래에 관한 법률」 제2조제12호에 따른 계열회사인 법인을 합병하려는 경우에는 대통령령으로 정하는 바에 따라 방송미디어통신위원회에 신고하여야 한다.
2. 개인이 영위하는 사업의 법인사업으로의 전환
3. 삭제 〈2006. 10. 27.〉
4. 개인이 영위하는 사업의 양도
5. 방송분야의 변경
6. 방송구역의 변경

7. 그 밖에 대통령령으로 정하는 중요한 시설의 변경

②방송사업자 · 중계유선방송사업자 · 음악유선방송사업자 또는 전광판방송사업자가 다음 각호의 사항을 변경한 때에는 이를 지체없이 방송미디어통신위원회에 신고하여야 한다. 〈개정 2002. 12. 18., 2008. 2. 29., 2013. 3. 23., 2025. 10. 1.〉

1. 대표자
2. 방송편성책임자(방송사업자에 한정한다)
3. 법인명 또는 상호
4. 주된 사무소의 소재지

③ 방송미디어통신위원회는 제1항제1호 단서에 따른 신고를 받은 경우 그 내용을 검토하여 신고 내용의 사실 여부 등 대통령령으로 정하는 기준에 부합하는 경우 해당 신고를 수리하여야 한다. 이 경우 수리에 관한 절차 등 세부사항은 대통령령으로 정한다. 〈신설 2024. 1. 23., 2025. 10. 1.〉

제15조의2(최다액출자자 등 변경승인 등) ①방송사업자 또는 중계유선방송사업자의 주식 또는 지분의 취득 등을 통하여 해당 사업자의 최다액출자자(해당 사업자의 출자자 본인과 그의 특수관계자의 주식 또는 지분을 합하여 의결권이 있는 주식 또는 지분의 비율이 가장 많은 자를 말한다. 이하 같다)가 되고자 하는 자와 경영권을 실질적으로 지배하고자 하는 자는 방송미디어통신위원회의 승인을 받아야 한다. 다만, 제9조제5항 본문에 따라 등록 또는 신고를 한 방송채널사용사업자의 최다액출자자가 되고자 하는 자와 경영권을 실질적으로 지배하고자 하는 자는 이를 방송미디어통신위원회에 신고하여야 한다. 〈개정 2008. 2. 29., 2013. 3. 23., 2017. 7. 26., 2019. 12. 10., 2020. 6. 9., 2024. 10. 22., 2025. 10. 1.〉

1. 삭제 〈2025. 10. 1.〉
2. 삭제 〈2025. 10. 1.〉

②방송미디어통신위원회는 제1항 본문에 따른 승인을 하고자 할 때에는 다음 각 호의 사항을 심사하여야 한다. 〈개정 2008. 2. 29., 2013. 3. 23., 2017. 7. 26., 2020. 6. 9., 2025. 10. 1.〉

1. 방송의 공적 책임 · 공정성 및 공익성의 실현가능성
2. 사회적 신용 및 재정적 능력
3. 시청자의 권익보호

4. 그 밖에 사업수행에 필요한 사항

③제1항 본문에 따른 승인을 받지 아니하고 최다액출자자가 되거나 경영권을 실질적으로 지배하게 된 자는 승인을 받지 아니하고 취득한 주식 또는 지분에 대한 의결권을 행사할 수 없으며, 방송미디어통신위원회는 6개월 이내의 기간을 정하여 해당 주식 또는 지분을 취득한 자에 대하여 주식 또는 지분의 처분 등 시정에 필요한 명령을 할 수 있다. 〈개정 2008. 2. 29., 2013. 3. 23., 2017. 7. 26., 2019. 12. 10., 2020. 6. 9., 2024. 10. 22., 2025. 10. 1.〉

④ 방송미디어통신위원회는 제1항 단서에 따른 신고를 받은 경우 그 내용을 검토하여 이 법에 적합하면 해당 신고를 수리하여야 한다. 이 경우 신고의 효력은 「행정기본법」 제34조에도 불구하고 해당 방송채널사용사업자의 주식 또는 지분의 취득 등 신고대상 행위가 있었던 날로 소급하여 발생한다. 〈신설 2022. 1. 11., 2025. 10. 1.〉

⑤제1항 및 제3항에 따른 경영권을 실질적으로 지배하는 자에 해당하는 경우와 승인 및 신고의 절차 등에 관하여 필요한 사항은 대통령령으로 정한다. 〈개정 2020. 6. 9., 2022. 1. 11.〉

[본조신설 2006. 10. 27.]

[제목개정 2022. 1. 11.]

제16조(허가 및 승인 유효기간) 제9조제2항의 규정에 따라 허가받은 종합유선방송사업 및 중계유선방송사업과 제9조제5항 단서의 규정에 따라 승인을 받은 방송채널사용사업의 허가 또는 승인의 유효기간은 7년을 초과하지 아니하는 범위 내에서 대통령령으로 정한다. 〈개정 2009. 7. 31., 2016. 1. 27., 2024. 10. 22.〉

[전문개정 2006. 10. 27.]

제17조(재허가 등) ①방송사업자(放送채널使用事業者는 제외한다) 및 중계유선방송사업자가 허가유효기간의 만료 후 계속 방송을 행하고자 하는 때에는 방송미디어통신위원회의 재허가를 받아야 한다. 이 경우 제9조제1항, 제2항 및 제11항을 준용한다. 〈개정 2008. 2. 29., 2013. 3. 23., 2017. 7. 26., 2025. 10. 1.〉

②제9조제5항 단서에 따라 승인을 받은 방송채널사용사업자가 승인유효기간 만료 후 계속 방송을 행하고자 하는 때에는 방송미디어통신위원회의 재승인을 받아야 한다. 〈개정 2008. 2. 29., 2013. 3. 23., 2017. 7. 26., 2020. 6. 9., 2024. 10. 22., 2025. 10. 1.〉

③방송미디어통신위원회가 제1항 및 제2항에 따라 재허가 또는 재승인을 할 때에는 제10조제1항 각호 및 다음 각호의 사항을 심사하고 그 결과를 공표하여야 한다. 〈개정 2008. 2. 29., 2012. 2. 22., 2013. 3. 23., 2017. 7. 26., 2018. 12. 24., 2020. 6. 9., 2025. 10. 1.〉

1. 제31조제1항에 따른 방송평가

2. 이 법에 따른 시정명령의 횟수와 시정명령에 대한 불이행 사례

2의2. 방송의 공적 책임을 고려하여 대통령령으로 정하는 법령의 위반 여부

3. 시청자위원회의 방송프로그램 평가

4. 지역사회발전에 이바지한 정도

5. 방송발전을 위한 지원계획의 이행 여부

5의2. 「방송광고판매대행 등에 관한 법률」 제20조제2항에 따른 네트워크 지역지상파방송사업자와 중소지상파방송사업자에 대한 방송광고 판매 지원 이행 정도

6. 그 밖에 허가 또는 승인 당시의 방송사업자 준수사항 이행 여부

④제10조제2항 및 제3항의 규정은 제1항의 재허가 또는 제2항에 따른 재승인의 경우에 이를 준용한다. 〈개정 2008. 2. 29., 2020. 6. 9.〉

제17조(재허가 등) ①방송사업자(放送채널使用事業者는 제외한다) 및 중계유선방송사업자가 허가유효기간의 만료 후 계속 방송을 행하고자 하는 때에는 방송미디어통신위원회의 재허가를 받아야 한다. 이 경우 제9조제1항, 제2항 및 제11항을 준용한다. 〈개정 2008. 2. 29., 2013. 3. 23., 2017. 7. 26., 2025. 10. 1.〉

②제9조제5항 단서에 따라 승인을 받은 방송채널사용사업자가 승인유효기간 만료 후 계속 방송을 행하고자 하는 때에는 방송미디어통신위원회의 재승인을 받아야 한다. 〈개정 2008. 2. 29., 2013. 3. 23., 2017. 7. 26., 2020. 6. 9., 2024. 10. 22., 2025. 10. 1.〉

③방송미디어통신위원회가 제1항 및 제2항에 따라 재허가 또는 재승인을 할 때에는 제10조제1항 각호 및 다음 각호의 사항을 심사하고 그 결과를 공표하여야 한다. 〈개정 2008. 2. 29., 2012. 2. 22., 2013. 3. 23., 2017. 7. 26., 2018. 12. 24., 2020. 6. 9., 2025. 8. 26., 2025. 10. 1.〉

1. 제31조제1항에 따른 방송평가
2. 이 법에 따른 시정명령의 횟수와 시정명령에 대한 불이행 사례
2의2. 방송의 공적 책임을 고려하여 대통령령으로 정하는 법령의 위반 여부
3. 시청자위원회의 방송프로그램 평가
4. 지역사회발전에 이바지한 정도
5. 방송발전을 위한 지원계획의 이행 여부
5의2. 「방송광고판매대행 등에 관한 법률」 제20조제2항에 따른 네트워크 지역지상파방송사업자와 중소지상파방송사업자에 대한 방송광고 판매 지원 이행 정도
6. 제4조제4항부터 제6항까지에 따른 방송편성규약 제정·개정 및 그 준수 여부
7. 제4조의2에 따른 편성위원회 설치·운영 및 심의·의결 사항 준수 여부
8. 그 밖에 허가 또는 승인 당시의 방송사업자 준수사항 이행 여부

④제10조제2항 및 제3항의 규정은 제1항의 재허가 또는 제2항에 따른 재승인의 경우에 이를 준용한다. 〈개정 2008. 2. 29., 2020. 6. 9.〉

[시행일: 2026. 2. 27.] 제17조

제18조(허가·승인·등록의 취소 등) ① 방송사업자·중계유선방송사업자·음악유선방송사업자·전광판방송사업자 또는 전송망사업자가 다음 각 호의 어느 하나에 해당하는 경우에는 방송미디어통신위원회가 허가·승인·등록 또는 신고수리를 취소하거나 6개월 이내의 기간을 정하여 그 업무의 전부 또는 일부를 정지하거나 광고의 중단 또는 제16조에 따른 허가·승인의 유효기간 단축을 명할 수 있다. 다만, 제13조제3항의 각 호의 어느 하나에 해당하는 자가 법인의 대표자 또는 방송편성책임자가 된 경우로서 3개월 이내에 그 임원을 변경하는 때에는 허가·승인·등록 또는 신고수리의 취소, 업무정지, 광고의 중단 또는 허가·승인의 유효기간 단축을 명하지 아니한다. 〈개정 2007. 7. 27., 2008. 2. 29., 2009. 7. 31., 2013. 3. 23., 2014. 5. 28., 2015. 3. 13., 2015. 12. 22., 2017. 7. 26., 2020. 6. 9., 2022. 1. 11., 2024. 10. 22., 2025. 10. 1.〉

1. 거짓이나 그 밖의 부정한 방법으로 허가·변경허가·재허가 또는 승인·변경승인·재승인을 받거나 등록·변경등록 또는 신고·변경신고를 한 때

2. 제8조의 규정에 위반하여 주식 또는 지분을 소유한 때

3. 제13조의 결격사유에 해당하게 된 때

4. 제14조의 규정에 위반하여 재산상의 출자 또는 출연을 받은 때

5. 이 법에 의한 허가 또는 승인을 받거나 등록 또는 신고한 날부터 2년 이내에 방송 또는 사업을 개시하지 아니한 때

6. 제15조제1항을 위반하여 변경허가 또는 변경승인을 받지 아니하거나 변경등록 또는 변경신고를 하지 아니한 때

7. 제77조제7항에 따른 약관변경명령 또는 재통지명령 등을 이행하지 아니한 때

8. 삭제 〈2016. 1. 27.〉

8의2. 제91조의7제1항에 따른 방송의 유지·재개 명령을 이행하지 아니한 때

9. 제99조제1항에 따른 시정명령을 이행하지 아니하거나 같은 조 제2항에 따른 시설개선명령을 이행하지 아니한 때

10. 제100조제1항에 따른 제재조치명령을 이행하지 아니한 때

11. 제69조의2제5항에 따른 명령을 이행하지 아니한 때

12. 방송사업자가 내부·외부의 부당한 간섭으로 불공정하게 채널을 구성한 때

13. 제85조의2제1항제7호를 위반하여 같은 조 제2항의 시정조치명령을 받은 때

② 지상파방송사업자·종합유선방송사업자·위성방송사업자 또는 인터넷 멀티미디어 방송 제공사업자가 허위, 그 밖의 부정한 방법으로 제9조의3제2항에 따른 신고수리를 받은 경우에는 방송미디어통신위원회가 신고수리를 취소하거나 6개월 이내의 기간을 정하여 그 업무의 전부 또는 일부를 정지하거나 광고의 중단을 명할 수 있다. 〈신설 2015. 12. 22., 2017. 7. 26., 2020. 6. 9., 2022. 1. 11., 2025. 10. 1.〉

③ 방송미디어통신위원회는 제9조제5항 본문에 따라 등록 또는 신고한 방송채널사용사업자가 다음 각 호의 어느 하나에 해당하는 경우에는 등록 또는 신고수리를 취소할 수 있다. 〈신설 2019. 12.

10., 2022. 1. 11., 2024. 10. 22., 2025. 10. 1.〉

1. 5년 이상 계속하여 방송을 행하지 아니한 경우

2. 제84조제2항에 따른 신고수리를 받지 아니하고 폐업한 경우

④제1항 및 제2항에 따른 명령의 기준·절차, 제3항 각 호의 사항을 확인하기 위한 방법 등에 필요한 사항은 대통령령으로 정한다. 〈개정 2007. 7. 27., 2009. 7. 31., 2015. 12. 22., 2019. 12. 10.〉

⑤ 방송미디어통신위원회는 제1항에 따라 허가·승인·등록 또는 신고수리를 취소하는 경우 또는 제17조에 따른 재허가·재승인을 하지 아니하는 경우 대통령령으로 정하는 바에 따라 해당 사업자에 대하여 그 사업을 승계하는 자가 방송을 개시할 때까지 12개월의 범위 내에서 기간을 정하여 방송을 계속하도록 할 수 있다. 〈신설 2009. 7. 31., 2013. 3. 23., 2017. 7. 26., 2018. 3. 13., 2019. 12. 10., 2024. 10. 22., 2025. 10. 1.〉

[제목개정 2022. 1. 11.]

제19조(과징금 처분) ①방송미디어통신위원회는 방송사업자·중계유선방송사업자·음악유선방송사업자·전광판방송사업자 또는 전송망사업자가 제18조제1항 각 호의 어느 하나에 해당하여 업무정지처분을 하여야 할 경우로서 그 업무정지처분이 시청자에게 심한 불편을 주거나 그 밖에 공익을 해할 우려가 있는 때에는 그 업무정지처분을 갈음하여 1억원 이하의 과징금을 부과할 수 있다. 〈개정 2008. 2. 29., 2013. 3. 23., 2017. 7. 26., 2020. 6. 9., 2025. 10. 1.〉

② 방송미디어통신위원회는 지상파방송사업자·종합유선방송사업자·위성방송사업자 또는 인터넷 멀티미디어 방송 제공사업자가 제18조제2항에 해당하여 업무정지처분을 하여야 할 경우로서 그 업무정지처분이 시청자에게 심한 불편을 주거나 그 밖에 공익을 해할 우려가 있는 때에는 그 업무정지처분을 갈음하여 1억원 이하의 과징금을 부과할 수 있다. 〈신설 2015. 12. 22., 2017. 7. 26., 2025. 10. 1.〉

③ 삭제 〈2006. 10. 27.〉

④ 삭제 〈2006. 10. 27.〉

제20조(방송사업자의 대표자 임명 등) ① 다음 각 호의 어느 하나에 해당하는 방송사업자의 대표자 후보자를 추천하기 위하여 해당 방송

사업자(제2호의 경우에는 「방송문화진흥회법」에 따라 설립된 방송문화진흥회를 말한다)의 이사회에 사장후보국민추천위원회를 둔다. 이 경우 각 방송사업자의 사장후보국민추천위원회의 구성 및 운영에 관하여는 별도의 규정으로 정한다.

1. 제43조에 따른 한국방송공사
2. 「방송문화진흥회법」에 따라 설립된 방송문화진흥회가 최다출자자인 방송사업자
3. 「한국교육방송공사법」에 따른 한국교육방송공사

② 보도에 관한 전문편성을 행하는 방송채널사용사업자의 대표자는 제3항에 따른 사장추천위원회가 복수로 추천한 사람 중에서 해당 방송사업자의 이사회가 임명한다.

③ 제2항에 따른 방송사업자는 대표자 후보자를 추천받기 위하여 교섭대표노동조합(「노동조합 및 노동관계조정법」 제29조제2항에 따른 교섭대표노동조합을 말한다. 이하 같다)과의 합의를 거쳐 사장추천위원회를 설치·운영하여야 한다.

④ 제2항에 따른 방송사업자는 사장추천위원회의 인원, 구성방식, 후보자 추천 기한 등 구성·운영에 관한 사항을 정관에 기재하여야 하며, 정관으로 정한 사항 외에는 교섭대표노동조합과의 합의를 통하여 운영규칙으로 정한다.

[본조신설 2025. 8. 26.]

제21조(방송사업자의 보도책임자 임명 등) ① 제20조제1항 또는 제2항에 따른 방송사업자는 독립성이 보장된 상황에서 공정하고 공개적인 절차를 거쳐 보도책임자를 임명하여야 한다.

② 제1항에 따른 방송사업자의 보도책임자는 방송사업자의 대표자가 보도분야 직원 과반수의 동의를 받아 임명한다.

③ 제2항에 따라 임명 동의를 받아야 하는 보도책임자의 범위와 동의 절차 등 세부사항은 제4조의2제2항에 따른 편성위원회의 의결을 거쳐 방송편성규약으로 정한다.

[본조신설 2025. 8. 26.]

제3장 소속위원회 등 〈개정 2008. 2. 29., 2013. 3. 23.〉

제22조 삭제 〈2008. 2. 29.〉

제23조 삭제 〈2008. 2. 29.〉

제24조 삭제 〈2008. 2. 29.〉
제25조 삭제 〈2008. 2. 29.〉
제26조 삭제 〈2008. 2. 29.〉
제27조 삭제 〈2008. 2. 29.〉
제28조 삭제 〈2008. 2. 29.〉
제29조 삭제 〈2008. 2. 29.〉
제30조 삭제 〈2008. 2. 29.〉

제31조(방송평가위원회) ①방송미디어통신위원회는 방송사업자의 방송프로그램 내용 및 편성과 운영등에 관하여 종합적으로 평가할 수 있다. 〈개정 2008. 2. 29., 2025. 10. 1.〉

②방송미디어통신위원회는 제1항의 평가업무를 효율적으로 수행하기 위하여 방송평가위원회를 둘 수 있다. 〈개정 2008. 2. 29., 2025. 10. 1.〉

③방송평가위원회 위원은 방송미디어통신위원회 위원장이 방송미디어통신위원회의 동의를 얻어 위촉하며, 구성과 운영에 관하여 필요한 사항은 방송미디어통신위원회규칙으로 정한다. 〈개정 2008. 2. 29., 2025. 10. 1.〉

제32조(방송의 공정성 및 공공성 심의) 방송미디어통신심의위원회는 방송·중계유선방송 및 전광판방송의 내용과 그 밖에 전기통신회선을 통하여 공개를 목적으로 유통되는 정보중 방송과 유사한 것으로서 대통령령으로 정하는 정보의 내용이 공정성과 공공성을 유지하고 있는지의 여부와 공적 책임을 준수하고 있는지의 여부를 방송 또는 유통된 후 심의·의결한다. 이 경우 매체별·채널별 특성을 고려하여야 한다. 〈개정 2008. 2. 29., 2009. 7. 31., 2020. 6. 9., 2025. 10. 1.〉

제33조(심의규정) ①방송미디어통신심의위원회는 방송의 공정성 및 공공성을 심의하기 위하여 방송심의에 관한 규정(이하 "審議規程"이라 한다)을 제정·공표하여야 한다. 〈개정 2008. 2. 29., 2025. 10. 1.〉

②제1항의 심의규정에는 다음 각호의 사항이 포함되어야 한다. 〈개정 2006. 10. 27., 2008. 2. 29., 2009. 7. 31., 2014. 5. 28., 2019. 12. 10., 2020. 6. 9., 2025. 10. 1.〉

1. 헌법의 민주적 기본질서의 유지와 인권존중에 관한 사항

2. 건전한 가정생활 보호에 관한 사항
3. 아동 및 청소년의 보호와 건전한 인격형성에 관한 사항
4. 공중도덕과 사회윤리에 관한 사항
5. 양성평등에 관한 사항
6. 국제적 우의 증진에 관한 사항
7. 장애인등 방송소외계층의 권익증진에 관한 사항
8. 인종, 민족, 지역, 종교 등을 이유로 한 차별 금지에 관한 사항
9. 민족문화의 창달과 민족의 주체성 함양에 관한 사항
10. 보도 · 논평의 공정성 · 공공성에 관한 사항
11. 언어순화에 관한 사항
12. 자연환경 보호에 관한 사항
13. 건전한 소비생활 및 시청자의 권익보호에 관한 사항
14. 자살예방 및 생명존중문화 조성에 관한 사항
15. 법령에 따라 방송광고가 금지되는 품목이나 내용에 관한 사항
16. 방송광고 내용의 공정성 · 공익성에 관한 사항
17. 그 밖에 이 법의 규정에 의한 방송미디어통신심의위원회의 심의업무에 관한 사항

③ 방송사업자 · 중계유선방송사업자 · 전광판방송사업자 및 외주제작사는 심의규정을 준수하여야 한다. 〈신설 2016. 1. 27.〉

④방송사업자는 아동과 청소년을 보호하기 위하여 방송프로그램의 폭력성 및 음란성등의 유해정도, 시청자의 연령등을 고려하여 방송프로그램의 등급을 분류하고 이를 방송중에 표시하여야 한다. 〈개정 2016. 1. 27., 2020. 6. 9.〉

⑤방송미디어통신심의위원회는 제4항에 따른 방송프로그램 등급분류와 관련하여 분류기준 등 필요한 사항을 방송미디어통신심의위원회규칙으로 정하여 공표하여야 한다. 이 경우 분류기준은 방송매체와 방송분야별 특성등을 고려하여 차등을 둘 수 있다. 〈개정 2008. 2. 29., 2016. 1. 27., 2025. 10. 1.〉

⑥방송미디어통신심의위원회는 제4항에 따라 방송사업자가 자율적으로 부여한 방송프로그램의 등급에 대하여 적절하지 아니하다고 판단되는 경우 해당방송사업자에게 해당 방송프로그램의 등급분류를

조정하도록 요구할 수 있다. 〈신설 2006. 10. 27., 2008. 2. 29., 2016. 1. 27., 2019. 12. 10., 2025. 10. 1.〉

제34조 삭제 〈2008. 2. 29.〉

제35조(시청자권익보호위원회) ① 방송미디어통신위원회는 방송 및 「인터넷 멀티미디어 방송사업법」 제2조제1호에 따른 인터넷 멀티미디어 방송(이하 "인터넷 멀티미디어 방송"이라 한다)에 관한 시청자의 의견을 수렴하고 시청자의 정당한 권익 침해 등 시청자불만 및 청원사항에 관한 심의를 효율적으로 수행하기 위하여 시청자권익보호위원회를 둔다. 〈개정 2011. 7. 14., 2015. 12. 22., 2025. 10. 1.〉

②시청자권익보호위원회 위원은 방송미디어통신위원회 위원장이 방송미디어통신위원회의 동의를 얻어 위촉한다. 〈개정 2008. 2. 29., 2011. 7. 14., 2025. 10. 1.〉

③시청자권익보호위원회의 구성과 운영, 시청자불만처리의 절차와 분쟁의 조정 등에 관하여 필요한 사항은 방송미디어통신위원회규칙으로 정한다. 〈개정 2008. 2. 29., 2011. 7. 14., 2015. 12. 22., 2025. 10. 1.〉

[제목개정 2011. 7. 14.]

제35조의2 삭제 〈2010. 3. 22.〉

제35조의3(방송분쟁조정위원회 구성 및 운영) ① 방송미디어통신위원회는 다음 각 호에 해당하는 자들 사이에서 발생한 방송에 관한 분쟁을 효율적으로 조정하기 위하여 방송분쟁조정위원회를 둘 수 있다. 다만, 분쟁조정의 주된 대상이 저작권에 관련된 경우에는 「저작권법」에 따른다. 〈개정 2016. 1. 27., 2025. 10. 1.〉

1. 방송사업자
2. 중계유선방송사업자
3. 음악유선방송사업자
4. 전광판방송사업자
5. 전송망사업자
6. 「인터넷 멀티미디어 방송사업법」 제2조제5호에 따른 인터넷 멀티미디어 방송사업자(이하 "인터넷 멀티미디어 방송사업자"라 한다)
7. 「전기통신사업법」 제2조제8호에 따른 전기통신사업자
8. 외주제작사

② 방송분쟁조정위원회는 방송미디어통신위원회 위원장이 지명하

는 위원장 1명을 포함한 5명 이상 7명 이하의 위원으로 구성한다. 〈신설 2016. 1. 27., 2025. 10. 1.〉

③ 방송분쟁조정위원회 위원은 다음 각 호의 어느 하나에 해당하는 사람 중에서 방송미디어통신위원회 위원장이 방송미디어통신위원회의 동의를 얻어 위촉한다. 이 경우 문화체육관광부장관이 추천하는 1명이 포함되어야 한다. 〈개정 2016. 1. 27., 2025. 10. 1.〉

1. 판사·검사 또는 변호사로 5년 이상 재직한 사람
2. 공인회계사로 5년 이상 재직한 사람
3. 법률·행정·경영·회계·신문방송 관련 학과의 대학 교수로 5년 이상 재직한 사람
4. 그 밖에 방송에 관한 지식과 경험이 풍부한 사람

④ 방송분쟁조정위원회 위원의 임기는 2년으로 하되, 한 차례만 연임할 수 있다. 다만, 보궐위원의 임기는 전임자 임기의 남은 기간으로 한다. 〈신설 2016. 1. 27.〉

⑤ 방송분쟁조정위원회 위원은 다음 각 호의 어느 하나에 해당하는 경우에는 방송분쟁조정위원회에 신청된 분쟁조정사건(이하 이 조에서 "사건"이라 한다)의 심의·의결에서 제척된다. 〈신설 2016. 1. 27.〉

1. 방송분쟁조정위원회 위원 또는 그 배우자나 배우자였던 사람이 그 사건의 당사자가 되거나 그 사건에 관하여 공동의 권리자 또는 의무자의 관계에 있는 경우
2. 방송분쟁조정위원회 위원이 그 사건의 당사자와 친족관계에 있거나 있었던 경우
3. 방송분쟁조정위원회 위원이 그 사건에 관하여 당사자의 대리인으로서 관여하거나 관여하였던 경우
4. 방송분쟁조정위원회 위원이 그 사건에 관하여 증언, 감정, 법률자문을 한 경우

⑥ 분쟁당사자는 방송분쟁조정위원회 위원에게 공정한 심의·의결을 기대하기 어려운 사정이 있는 경우에는 방송분쟁조정위원회 위원장에게 기피신청을 할 수 있다. 이 경우 위원장은 기피신청에 대하여 방송분쟁조정위원회의 의결을 거치지 아니하고 결정한다. 〈신설 2016. 1. 27.〉

⑦ 방송분쟁조정위원회 위원이 제5항 또는 제6항의 사유에 해당

하는 경우에는 스스로 그 사건의 심의·의결에서 회피할 수 있다. 〈신설 2016. 1. 27.〉

⑧ 외주제작사가 분쟁의 당사자인 경우에는 분쟁 당사자 일방 또는 쌍방의 신청에 따라 제1항에 따른 방송분쟁조정위원회 또는 「콘텐츠산업 진흥법」 제29조제1항 본문에 따른 콘텐츠분쟁조정위원회가 분쟁을 조정할 수 있다. 〈신설 2016. 1. 27.〉

⑨그 밖에 방송분쟁조정위원회의 구성과 운영, 분쟁의 조정 등에 관하여 필요한 사항은 대통령령으로 정한다. 〈개정 2016. 1. 27.〉

[본조신설 2006. 10. 27.]

[제목개정 2016. 1. 27.]

제35조의4(미디어다양성위원회) ① 방송미디어통신위원회는 방송의 여론 다양성을 보장하기 위하여 미디어다양성위원회를 둔다. 〈개정 2025. 10. 1.〉

② 미디어다양성위원회위원은 방송미디어통신위원회 위원장이 방송미디어통신위원회의 의결을 거쳐 위촉한다. 〈개정 2025. 10. 1.〉

③ 미디어다양성위원회의 직무는 다음 각 호와 같다.

1. 제69조의2에 따른 방송사업자의 시청점유율 조사 및 산정
2. 매체간 합산 영향력지수 개발
3. 여론 다양성 증진을 위한 조사·연구
4. 그 밖에 여론 다양성 보장을 위하여 필요한 사항으로서 대통령령으로 정하는 사항

④ 제3항제2호의 매체간 합산 영향력지수는 2012년 12월 31일까지 개발을 완료한다.

⑤ 미디어다양성위원회의 구성과 운영 등에 필요한 사항은 대통령령으로 정한다.

[본조신설 2009. 7. 31.]

제35조의5(방송시장경쟁상황평가위원회) ① 방송미디어통신위원회는 방송시장(인터넷 멀티미디어 방송을 포함한다)의 효율적인 경쟁체제 구축과 공정한 경쟁 환경을 조성하기 위하여 방송시장경쟁상황평가위원회를 둔다. 〈개정 2025. 10. 1.〉

② 방송시장경쟁상황평가위원회의 위원은 9명으로 하며, 방송미디어통신위원회 위원장이 방송미디어통신위원회의 동의를 받아 위촉한다. 〈개정 2025. 10. 1.〉

③ 방송시장경쟁상황평가위원회는 방송사업자 및 「인터넷 멀티미디어 방송사업법」 제2조제5호에 따른 인터넷 멀티미디어 방송사업자(이하 "인터넷 멀티미디어 방송사업자"라 한다)에 대하여 제1항에 따른 경쟁상황 평가를 위하여 필요한 자료의 제출을 요청할 수 있다. 〈개정 2015. 12. 22.〉

④ 방송미디어통신위원회는 매년 방송시장의 경쟁상황 평가를 실시하고 평가가 종료된 후 3개월 이내에 국회에 보고하여야 한다. 〈개정 2025. 10. 1.〉

⑤ 경쟁상황 평가를 위한 구체적인 평가기준·절차·방법, 방송시장경쟁상황평가위원의 구성 및 운영 등에 관하여 필요한 사항은 대통령령으로 정한다.

[본조신설 2011. 7. 14.]

제36조 삭제 〈2010. 3. 22.〉

제37조 삭제 〈2010. 3. 22.〉

제38조 삭제 〈2010. 3. 22.〉

제39조 삭제 〈2010. 3. 22.〉

제40조 삭제 〈2010. 3. 22.〉

제41조 삭제 〈2008. 2. 29.〉

제42조 삭제 〈2008. 2. 29.〉

제3장의2 삭제 〈2014. 6. 3.〉

제42조의2(지역방송발전위원회의 설치) 방송미디어통신위원회에 지역방송발전위원회를 둔다. 〈개정 2025. 10. 1.〉

[전문개정 2014. 6. 3.]

제42조의3 삭제 〈2014. 6. 3.〉

제42조의4 삭제 〈2014. 6. 3.〉

제4장 한국방송공사

제43조(설치등) ①공정하고 건전한 방송문화를 정착시키고 국내외방송을 효율적으로 실시하기 위하여 국가기간방송으로서 한국방송공사(이하 이 章에서 "公社"라 한다)를 설립한다.

②공사는 법인으로 한다.

③공사의 주된 사무소의 소재지는 정관으로 정한다.

④공사는 업무수행을 위하여 필요한 때에는 이사회의 의결을 거쳐 지역방송국을 둘 수 있다.

⑤공사의 자본금은 3천억원으로 하고 그 전액을 정부가 출자한다.

⑥제5항의 자본금 납입의 시기와 방법은 기획재정부장관이 정하는 바에 따른다. 〈개정 2008. 2. 29.〉

⑦공사는 주된 사무소의 소재지에서 설립등기를 함으로써 성립한다.

⑧제7항에 따른 설립등기와 지역방송국의 설치등기, 이전등기, 변경등기, 그 밖에 공사의 등기에 관하여 필요한 사항은 대통령령으로 정한다. 〈개정 2020. 6. 9.〉

제43조(설치등) ①공정하고 건전한 방송문화를 정착시키고 국내외 방송을 효율적으로 실시하기 위하여 국가기간방송으로서 한국방송공사(이하 이 章에서 "公社"라 한다)를 설립한다.

②공사는 법인으로 한다.

③공사의 주된 사무소의 소재지는 정관으로 정한다.

④공사는 업무수행을 위하여 필요한 때에는 이사회의 의결을 거쳐 지역방송국을 둘 수 있다.

⑤공사의 자본금은 3천억원으로 하고 그 전액을 정부가 출자한다.

⑥제5항의 자본금 납입의 시기와 방법은 재정경제부장관이 정하는 바에 따른다. 〈개정 2008. 2. 29., 2025. 10. 1.〉

⑦공사는 주된 사무소의 소재지에서 설립등기를 함으로써 성립한다.

⑧제7항에 따른 설립등기와 지역방송국의 설치등기, 이전등기, 변경등기, 그 밖에 공사의 등기에 관하여 필요한 사항은 대통령령으로 정한다. 〈개정 2020. 6. 9.〉

[시행일: 2026. 1. 2.] 제43조

제44조(공사의 공적 책임) ①공사는 방송의 목적과 공적 책임, 방송의 공정성과 공익성을 실현하여야 한다.

②공사는 국민이 지역과 주변 여건과 관계없이 양질의 방송서비스를 제공받을 수 있도록 노력하여야 한다. 〈개정 2020. 6. 9.〉

③공사는 시청자의 공익에 기여할 수 있는 새로운 방송프로그램 · 방송서비스 및 방송기술을 연구하고 개발하여야 한다.

④공사는 국내외를 대상으로 민족문화를 창달하고, 민족의 동질성을 확보할 수 있는 방송프로그램을 개발하여 방송하여야 한다.

⑤ 공사는 방송의 지역적 다양성을 구현하고 지역사회의 균형 있는 발전에 이바지할 수 있는 양질의 방송프로그램을 개발하여 방송하여야 한다. 〈신설 2022. 1. 11.〉

제45조(정관의 기재사항) ①공사의 정관에는 다음 각호의 사항을 기재하여야 한다. 〈개정 2020. 6. 9.〉

1. 목적
2. 명칭
3. 주된 사무소의 소재지
4. 공사의 조직과 이사장·이사·집행기관 및 직원에 관한 사항
5. 이사회의 운영에 관한 사항
6. 업무와 그 집행에 관한 사항
7. 시청자불만처리 및 시청자보호에 관한 사항
8. 정관의 변경에 관한 사항
9. 사채발행 및 차입에 관한 사항
10. 주식 또는 출자증권에 관한 사항
11. 손익금의 처리등 회계에 관한 사항
12. 공고방법에 관한 사항
13. 그 밖에 대통령령으로 정하는 사항

②공사가 정관을 변경하고자 할 때에는 방송미디어통신위원회의 인가를 받아야 한다. 〈개정 2008. 2. 29., 2025. 10. 1.〉

③ 방송미디어통신위원회는 제2항에 따른 인가의 신청을 받은 날부터 30일 이내에 인가 여부를 공사에 통지하여야 한다. 〈신설 2020. 12. 8., 2025. 10. 1.〉

④ 방송미디어통신위원회가 제3항에서 정한 기간 내에 인가 여부 또는 민원 처리 관련 법령에 따른 처리기간의 연장을 공사에 통지하지 아니하면 그 기간(민원 처리 관련 법령에 따라 처리기간이 연장 또는 재연장된 경우에는 해당 처리기간을 말한다)이 끝난 날의 다음 날에 인가를 한 것으로 본다. 〈신설 2020. 12. 8., 2025. 10. 1.〉

제46조(이사회의 설치 및 운영 등) ①공사는 공사의 독립성과 공공성을 보장하기 위하여 공사 경영에 관한 최고의결기관으로 이사회를 둔다.

②이사회는 이사장을 포함한 이사 15명으로 구성한다. 〈개정 2025. 8. 26.〉

③이사는 방송에 관한 전문성, 지역성 및 사회 각 분야의 대표성을 고려하여 다음 각 호에 따라 추천된 사람을 방송미디어통신위원회에서 임명제청하고 대통령이 임명한다. 이 경우 대통령은 제48조에 따른 결격사유에 해당하지 아니하면 추천한 날부터 14일 이내에 임명하여야 하고, 그 기간이 경과하면 즉시 임명된 것으로 본다. 〈개정 2008. 2. 29., 2025. 8. 26., 2025. 10. 1.〉

1. 국회 교섭단체가 의석수 비율에 따라 추천하는 사람 6명. 이 때 각 교섭단체별 추천인 수는 다음 계산식에 따라 산정한다. 이 경우 정수(整數)의 추천인을 먼저 배정하고, 잔여 추천인 수는 소수점 이하 수가 큰 순으로 배분하되, 소수점 이하 수가 같을 경우 추첨하여 결정한다.

각 교섭단체별 추천인 수	=	6	×	해당 교섭단체 의석수	÷	각 교섭단체 의석수의 합계

2. 공사의 제87조에 따른 시청자위원회(제43조제4항에 따른 지역방송국에 설치된 시청자위원회를 포함한다)가 추천하는 사람 2명
3. 공사의 임직원 과반수가 방송 전문성과 방송 보도, 제작, 기술 등의 직종 대표성을 고려하여 추천하는 사람 3명
4. 활동기간, 주요 활동내역, 회원 수 등을 고려하여 방송미디어통신위원회규칙으로 정하는 방송미디어 관련 학회 3개가 합의하여 추천하는 사람 2명
5. 활동기간, 주요 활동내역, 회원 수 등을 고려하여 방송미디어통신위원회규칙으로 정하는 변호사 단체 2개가 각각 1명씩 추천하는 사람 2명

④ 제3항 각 호에 따른 추천주체는 구성원들의 의견을 수렴할 수 있는 민주적 절차와 방식, 공정성 및 투명성 확보 방안을 마련하여야 하고, 이사 추천 시 다음 각 호의 사항과 함께 공개하여야 한다. 이 경우 제3항제2호 및 제3호에 대해서는 공사가 방송편성규약으로 정한다. 〈신설 2025. 8. 26.〉

1. 이사 추천 기준과 절차
2. 공모 및 의견수렴 과정
3. 추천 이유

⑤이사장은 이사회에서 호선한다. 〈개정 2025. 8. 26.〉

⑥이사장을 포함한 이사는 비상임으로 한다. 〈개정 2025. 8. 26.〉

⑦이사장은 이사회를 소집하고 그 회의의 의장이 된다. 〈개정 2025. 8. 26.〉

⑧이사회는 재적이사 과반수의 찬성으로 의결한다. 다만, 제49조제1항제7호에 따른 사장의 임명제청은 제50조의2에 따른 사장후보국민추천위원회가 추천한 사장후보자에 대하여 추천일부터 14일 이내에 재적이사 5분의 3 이상의 찬성으로 의결한다. 〈개정 2025. 8. 26.〉

⑨ 제8항 단서에도 불구하고 사장 임명제청에 관한 사항이 추천일부터 14일 이내에 의결되지 아니하는 경우에는 마지막 투표일부터 14일 이내에 마지막 투표 시 최고득표자와 차점자에 대하여, 최고득표자가 2명 이상이면 최고득표자에 대하여 결선투표를 하되, 다수득표자를 임명제청한다. 〈신설 2025. 8. 26.〉

⑩ 제50조의2에 따른 사장후보국민추천위원회의 사장후보자 추천 및 이사회의 사장 임명제청 시 그 절차와 과정은 공개적이고 투명한 방식으로 진행하여야 한다. 〈신설 2025. 8. 26.〉

⑪이사장이 부득이한 사유로 직무를 수행할 수 없을 때에는 정관으로 정하는 바에 따라 다른 이사가 그 직무를 대행한다. 〈개정 2020. 6. 9., 2025. 8. 26.〉

⑫ 이사회의 회의는 공개한다. 다만, 다음 각 호의 어느 하나에 해당하는 경우에는 이사회의 의결로 공개하지 아니할 수 있다. 〈신설 2014. 5. 28., 2025. 8. 26.〉

1. 다른 법령에 따라 비밀로 분류되거나 공개가 제한된 내용이 포함되어 있는 경우

2. 공개하면 개인·법인 및 단체의 명예를 훼손하거나 정당한 이익을 해칠 우려가 있다고 인정되는 경우

3. 감사·인사관리 등에 관한 사항으로 공개하면 공정한 업무수행에 현저한 지장을 초래할 우려가 있는 경우

[제목개정 2014. 5. 28.]

제47조(이사의 임기) ①이사의 임기는 3년으로 하되, 한 차례에 한정하여 연임할 수 있다. 〈개정 2025. 8. 26.〉

②이사의 결원이 생겼을 때에는 결원된 날부터 30일 이내에 제46조에 따라 그 보궐이사를 임명하여야 하며, 보궐이사의 임기는 전임자 임기의 남은 기간으로 한다. 〈개정 2019. 12. 10., 2020. 6. 9.〉

③임기가 만료된 이사는 그 후임자가 임명될 때까지 그 직무를 행한다.

제48조(이사의 결격사유) ① 다음 각 호의 어느 하나에 해당하는 사람은 공사의 이사가 될 수 없다. <개정 2020. 6. 9.>

1. 대한민국 국적을 가지지 아니한 사람
2. 「정당법」 제22조에 따른 당원 또는 당원의 신분을 상실한 날부터 3년이 지나지 아니한 사람
3. 「국가공무원법」 제33조 각 호의 어느 하나에 해당하는 사람
4. 「공직선거법」 제2조에 따른 선거에 의하여 취임하는 공직에서 퇴직한 날부터 3년이 지나지 아니한 사람
5. 「공직선거법」 제2조에 따른 대통령선거에서 후보자의 당선을 위하여 방송, 통신, 법률, 경영 등에 대하여 자문이나 고문의 역할을 한 날부터 3년이 지나지 아니한 사람
6. 「대통령직 인수에 관한 법률」 제6조에 따른 대통령직인수위원회 위원의 신분을 상실한 날부터 3년이 지나지 아니한 사람

② 제1항제5호에 따른 자문이나 고문의 역할을 한 사람의 구체적인 범위는 대통령령으로 정한다.

[전문개정 2014. 5. 28.]

제49조(이사회의 기능) ①이사회는 다음 각호의 사항을 심의·의결한다. <개정 2020. 6. 9., 2025. 8. 26.>

1. 공사가 행하는 방송의 공적 책임에 관한 사항
2. 공사가 행하는 방송의 기본운영계획
3. 예산·자금계획
4. 예비비의 사용 및 예산의 이월
5. 결산
6. 공사의 경영평가 및 공표
7. 사장·감사의 임명제청 및 부사장 임명동의

7의2. 제50조의2에 따른 사장후보국민추천위원회의 구성과 운영

8. 지역방송국의 설치 및 폐지
9. 기본재산의 취득 및 처분
10. 장기차입금의 차입 및 사채의 발행과 그 상환계획
11. 손익금의 처리
12. 다른 기업체에 대한 출자

13. 정관의 변경
14. 정관으로 정하는 규정의 제정·개정 및 폐지
15. 그 밖에 이사회가 특히 필요하다고 인정하는 사항

②이사회는 특히 필요하다고 인정하는 경우에는 감사에게 공사에 대한 감사를 요청할 수 있다.

제50조(집행기관) ①공사에 집행기관으로서 사장 1인, 2인 이내의 부사장, 8인 이내의 본부장 및 감사 1인을 둔다.

②사장은 이사회의 제청으로 대통령이 임명한다. 이 경우 사장은 국회의 인사청문을 거쳐야 한다. 〈개정 2014. 5. 28.〉

③이사회가 제2항에 따라 사장을 제청하는 때에는 그 제청기준과 제청사유를 제시하여야 한다. 〈개정 2020. 6. 9.〉

④감사는 이사회의 제청으로 방송미디어통신위원회에서 임명한다. 〈개정 2008. 2. 29., 2025. 10. 1.〉

⑤부사장과 본부장은 사장이 임명한다. 다만, 부사장을 임명할 경우에는 이사회의 동의를 얻어야 한다.

⑥집행기관의 임기 및 결격사유에 대하여는 제47조 및 제48조의 이사에 관한 규정을 준용한다.

제50조의2(사장후보국민추천위원회 설치 등) ① 이사회에 공사의 사장후보자를 추천하기 위한 위원회(이하 "사장후보국민추천위원회"라 한다)를 둔다.

② 사장후보국민추천위원회는 100명 이상의 위원으로 구성하되, 위원의 구성은 전체 인구의 성별·연령별·지역별 분포를 대표할 수 있도록 하여야 한다. 이 경우 「공직선거법」 제8조의9에 따라 등록된 여론조사 기관 중에서 방송미디어통신위원회규칙으로 정하는 기준을 충족하는 기관에 사장후보국민추천위원회 구성 업무를 의뢰할 수 있다. 〈개정 2025. 10. 1.〉

③ 이사회는 사장후보국민추천위원회가 공정하게 구성되도록 하여야 하며, 사장후보국민추천위원회가 독립적이고 공정하게 운영되도록 보장하여야 한다.

④ 이사회는 사장후보국민추천위원회가 제2항 및 제3항에 따라 구성되고 운영될 수 있도록 세부기준을 마련하여야 한다.

⑤ 사장후보국민추천위원회는 사장후보자 경영계획발표, 면접, 숙의토론 과정을 거쳐 3명 이하의 복수 후보자를 이사회에 추천하여

야 한다.

⑥ 제5항에 따른 활동을 포함한 사장후보국민추천위원회의 회의는 위원 100명 이상의 재석으로 개의한다.

⑦ 이사회는 특별한 사유가 없으면 사장의 임기만료 90일 전까지 사장후보국민추천위원회를 구성하여야 한다.

⑧ 제1항부터 제7항까지에서 규정한 사항 외에 사장후보국민추천위원회의 구성과 운영 및 사장후보자 추천 등에 필요한 사항은 이사회가 정한다.

[본조신설 2025. 8. 26.]

제51조(집행기관의 직무등) ①사장은 공사를 대표하고, 공사의 업무를 총괄하며, 경영성과에 대하여 책임을 진다.

②사장이 부득이한 사유로 그 직무를 수행할 수 없을 때에는 부사장이 그 직무를 대행하고 부사장이 부득이한 사유로 그 직무를 수행할 수 없을 때에는 정관으로 정하는 자가 그 직무를 대행한다. 〈개정 2020. 6. 9.〉

③사장은 정관으로 정하는 바에 의하여 직원중에서 공사의 업무에 관한 모든 재판상 또는 재판외의 행위를 할 수 있는 권한을 가진 대리인을 선임할 수 있다. 〈개정 2020. 6. 9.〉

④감사는 공사의 업무 및 회계에 관한 사항을 감사한다.

⑤사장과 감사는 이사회에 출석하여 의견을 진술할 수 있다.

제52조(직원의 임면) 공사의 직원은 정관으로 정하는 바에 따라 사장이 임면한다. 〈개정 2020. 6. 9.〉

제53조(이사·집행기관과 직원의 직무상 의무) ①공사의 이사·집행기관은 공사와 거래를 할 수 없으며, 이사는 본인 또는 「민법」 제777조에 규정된 친족관계에 있는 자의 이해와 관련된 사항에 대하여는 이사회의 심의·의결에 관여할 수 없다. 〈신설 2007. 1. 26.〉

②공사의 집행기관 및 직원은 그 직무외의 영리를 목적으로 하는 직무에 종사하지 못한다. 〈개정 2007. 1. 26.〉

③공사의 집행기관 또는 직원이나 그 직에 있었던 사람은 그 직무상 알게 된 공사의 비밀을 누설하거나 도용하여서는 아니된다. 〈개정 2007. 1. 26., 2020. 6. 9.〉

[제목개정 2007. 1. 26.]

제54조(업무) ①공사는 다음 각호의 업무를 행한다. 〈개정 2013. 8.

13., 2020. 6. 9.〉

1. 라디오방송의 실시

2. 텔레비전방송의 실시

3. 위성방송등 새로운 방송매체를 통한 방송의 실시

4. 방송시설의 설치 · 운영 및 관리

5. 국가에 필요한 대외방송(국제친선 및 이해증진과 문화 · 경제교류 등을 목적으로 하는 放送)과 사회교육방송(외국에 거주하는 한민족을 대상으로 민족의 동질성을 증진할 목적으로 하는 放送)의 실시

6. 「한국교육방송공사법」에 의한 한국교육방송공사가 행하는 방송의 송신 지원

7. 시청자 불만처리와 시청자 보호를 위한 기구의 설치 및 운영

8. 전속단체의 운영 · 관리

9. 방송문화행사의 수행 및 방송문화의 국제교류

10. 방송에 관한 조사 · 연구 및 발전

11. 제1호부터 제10호까지의 업무에 부대되는 수익사업

②국가는 제1항제5호에 해당하는 업무에 대하여 보조금을 지원할 수 있다.

③공사는 이사회의 의결을 거쳐 제1항 각호에 해당하는 업무 또는 이와 유사한 업무를 행하는 법인에 대하여 그 자본금의 전부 또는 일부를 출자할 수 있다.

제55조(회계처리) ①공사의 회계연도는 정부의 회계연도에 의한다.

②공사의 회계처리의 기준과 절차등에 관하여는 기업회계기준 및 「정부기업예산법」을 준용한다. 〈개정 2008. 12. 31.〉

제55조의2(이사 · 집행기관의 보수 등의 공개) 이사회는 다음 각 호의 사항을 대통령령으로 정하는 바에 따라 분기별로 홈페이지 등을 통하여 공개하여야 한다.

1. 이사 · 집행기관의 보수, 각종 수당 내역

2. 이사 · 집행기관의 업무추진비 수령 및 집행 내역

3. 그 밖에 대통령령으로 정하는 사항

[본조신설 2021. 10. 19.]

제56조(재원) 공사의 경비는 제64조에 따른 텔레비전방송수신료로 충당하되, 목적업무의 적정한 수행을 위하여 필요한 경우에는 방송광고수입등 대통령령으로 정하는 수입으로 충당할 수 있다. 〈개정

2020. 6. 9.〉
제57조(예산의 편성) ①공사의 예산은 사장이 편성하고 이사회의 의결로 확정된다. 예산이 확정된 후 발생한 운영계획의 변경, 그 밖의 불가피한 사유로 인하여 예산을 변경하는 경우에도 또한 같다. 〈개정 2020. 6. 9.〉

②공사의 사장은 천재·지변이나 그 밖의 부득이한 사유로 회계연도 개시 전까지 예산이 확정되지 아니한 경우에는 전년도 예산에 준하여 예산을 운영할 수 있다. 이 경우 준예산에 의하여 집행된 예산은 이를 해당연도의 예산에 의하여 집행된 것으로 본다. 〈개정 2019. 12. 10., 2020. 6. 9.〉

제58조(운영계획의 수립) ①공사의 사장은 제57조에 따라 예산이 확정된 때에는 지체없이 이사회의 의결을 거쳐 해당연도의 예산에 따른 운영계획을 수립하여야 한다. 〈개정 2019. 12. 10., 2020. 6. 9.〉

②공사의 사장은 제1항에 따라 수립한 해당연도의 운영계획을 예산이 확정된 후 2개월 이내에 방송미디어통신위원회에 제출하여야 한다. 〈개정 2008. 2. 29., 2019. 12. 10., 2020. 6. 9., 2025. 10. 1.〉

제59조(결산서의 제출) ①공사의 사장은 매 회계연도 종료 후 2개월 이내에 전회계연도의 결산서를 방송미디어통신위원회에 제출하여야 한다. 〈개정 2008. 2. 29., 2013. 8. 13., 2020. 6. 9., 2025. 10. 1.〉

②제1항의 결산서에는 다음 각호의 서류를 첨부하여야 한다. 〈개정 2013. 8. 13.〉

1. 재무제표와 그 부속서류
2. 그 밖에 결산의 내용을 명확하게 함에 필요한 서류로서 대통령령으로 정하는 서류

③방송미디어통신위원회는 매년 3월 31일까지 제1항에 따른 결산서와 제2항의 서류(이하 이 조에서 "결산서등"이라 한다)를 감사원에 제출하여야 한다. 〈개정 2008. 2. 29., 2013. 8. 13., 2018. 3. 13., 2025. 10. 1.〉

④감사원은 제3항에 따라 제출받은 결산서등을 검사하고 그 결과를 5월 20일까지 방송미디어통신위원회에 송부하여야 한다. 〈개정

2008. 2. 29., 2013. 8. 13., 2018. 3. 13., 2025. 10. 1.〉

⑤ 방송미디어통신위원회는 제3항에 따른 결산서등에 제4항에 따른 감사원의 검사 결과를 첨부하여 5월 31일까지 국회에 제출하여야 한다. 〈신설 2013. 8. 13., 2018. 3. 13., 2025. 10. 1.〉

⑥ 공사의 결산은 국회의 승인을 받아 확정되고, 공사의 사장은 이를 공표하여야 한다. 〈신설 2013. 8. 13.〉

[제목개정 2013. 8. 13.]

제60조(부동산의 취득 등의 보고) 공사가 부동산을 취득 또는 처분하거나 취득할 당시의 목적을 변경하였을 때에는 지체없이 방송미디어통신위원회에 보고하여야 한다. 〈개정 2008. 2. 29., 2025. 10. 1.〉

제61조(보조금등) 국가는 예산의 범위안에서 대통령령으로 정하는 바에 의하여 공사의 업무에 필요한 비용의 일부를 보조하거나 재정자금을 융자할 수 있으며 공사의 사채를 인수할 수 있다. 〈개정 2020. 6. 9.〉

제62조(물품구매 및 공사계약의 위탁) 공사의 사장은 필요하다고 인정할 때에는 공사의 수요물자의 구매나 시설공사계약의 체결을 조달청장에게 위탁할 수 있다.

제63조(감사) ①공사의 감사는 내부감사와 외부감사로 구분한다.

②내부감사는 정관으로 정하는 바에 따라 공사의 감사가 이를 실시한다. 〈개정 2020. 6. 9.〉

③공사의 외부감사는 「감사원법」에서 정하는 바에 따라 감사원이 이를 실시한다. 〈개정 2020. 6. 9.〉

제64조(텔레비전수상기의 등록과 수신료 납부) 텔레비전방송을 수신하기 위하여 텔레비전수상기(이하 "수상기"라 한다)를 소지한 자는 대통령령으로 정하는 바에 따라 공사에 그 수상기를 등록하고 텔레비전방송수신료(이하 "受信料"라 한다)를 납부하여야 한다. 다만, 대통령령으로 정하는 수상기에 대하여는 그 등록을 면제하거나 수신료의 전부 또는 일부를 감면할 수 있다. 〈개정 2020. 6. 9.〉

제65조(수신료의 결정) 수신료의 금액은 이사회가 심의·의결한 후 방송미디어통신위원회를 거쳐 국회의 승인을 얻어 확정되고, 공사가 이를 부과·징수한다. 〈개정 2008. 2. 29., 2025. 10. 1.〉

제66조(수신료등의 징수) ①공사는 제65조에 따라 수신료를 징수하

는 경우 수신료를 납부하여야 할 자가 그 납부기간내에 이를 납부하지 아니할 때에는 그 수신료의 100분의 5의 범위안에서 대통령령으로 정하는 비율에 상당하는 금액을 가산금으로 징수한다. 〈개정 2020. 6. 9.〉

②공사는 제64조에 따른 등록을 하지 아니한 수상기의 소지자에 대하여 1년분의 수신료에 해당하는 추징금을 부과·징수할 수 있다. 〈개정 2020. 6. 9.〉

③공사는 제65조의 수신료와 제1항 및 제2항의 가산금 또는 추징금을 징수할 때 체납이 있는 경우에는 방송미디어통신위원회의 승인을 얻어 국세체납처분의 예에 의하여 이를 징수할 수 있다. 〈개정 2008. 2. 29., 2020. 6. 9., 2025. 10. 1.〉

제67조(수상기 등록 및 징수의 위탁) ①공사는 제66조에 따른 수신료의 징수업무를 시·도지사에게 위탁할 수 있다. 〈개정 2020. 6. 9.〉

②공사는 수상기의 생산자·판매인·수입판매인 또는 공사가 지정하는 자에게 수상기의 등록업무 및 수신료의 징수업무를 위탁할 수 있다.

③ 제2항에 따라 위탁받은 자가 수신료를 징수하는 때에는 지정받은 자의 고유업무와 관련된 고지행위와 결합하여 이를 행한다. 이 경우 공사는 수신료 결합징수의 구체적인 방법을 지정받은 자와 협의하여 정할 수 있다. 〈신설 2025. 4. 22.〉

④공사가 제1항 및 제2항에 따라 수신료 징수업무를 위탁한 경우에는 대통령령으로 정하는 바에 따라 수수료를 지급하여야 한다. 〈개정 2020. 6. 9., 2025. 4. 22.〉

제68조(수신료의 사용) 공사는 제65조 및 제66조에 따라 징수된 수신료를 대통령령으로 정하는 바에 따라 「한국교육방송공사법」에 의한 한국교육방송공사의재원으로 지원할 수 있다. 〈개정 2013. 8. 13., 2020. 6. 9.〉

제5장 방송사업의 운영등

제69조(방송프로그램의 편성등) ①방송사업자는 방송프로그램을 편성할 때 공정성·공공성·다양성·균형성·사실성등에 적합하도록 하여야 한다. 〈개정 2020. 6. 9.〉

②종합편성을 행하는 방송사업자는 정치·경제·사회·문화 등 각

분야의 사항이 균형있게 표현될 수 있도록 하여야 한다.

③종합편성을 행하는 방송사업자는 방송프로그램을 편성할 때 대통령령으로 정하는 기준에 따라 보도·교양 및 오락에 관한 방송프로그램을 포함하여야 하고, 그 방송프로그램 상호간에 조화를 이루도록 편성하여야 한다. 이 경우 대통령령으로 정하는 주시청시간대(이하 "主視聽時間帶"라 한다)에는 특정 방송분야의 방송프로그램이 편중되어서는 아니된다. 〈개정 2020. 6. 9.〉

④전문편성을 하는 방송사업자는 허가 또는 승인을 받거나 등록 또는 신고를 한 주된 방송분야가 충분히 반영될 수 있도록 대통령령으로 정하는 기준에 따라 방송프로그램을 편성하여야 한다. 〈개정 2020. 6. 9., 2024. 10. 22.〉

⑤전문편성을 하는 방송사업자가 허가 또는 승인을 받거나 등록 또는 신고를 한 주된 방송분야 이외에 부수적으로 편성할 수 있는 방송프로그램의 범위와 종류는 대통령령으로 정한다. 〈신설 2006. 10. 27., 2024. 10. 22.〉

⑥한국방송공사 및 특별법에 의한 방송사업자, 방송문화진흥회법에 의한 방송문화진흥회가 출자한 방송사업자 및 그 방송사업자가 출자한 방송사업자를 제외한 지상파방송사업자는 다른 한 방송사업자의 제작물을 대통령령으로 정하는 비율 이상 편성하여서는 아니된다. 〈개정 2006. 10. 27., 2020. 6. 9.〉

⑦한국방송공사는 대통령령으로 정하는 바에 의하여 시청자가 직접 제작한 시청자 참여프로그램을 편성하여야 한다. 〈개정 2006. 10. 27., 2020. 6. 9.〉

⑧ 방송사업자는 장애인의 시청을 도울 수 있도록 한국수어·폐쇄자막·화면해설 등을 이용한 방송(이하 "장애인방송"이라 한다)을 하여야 한다. 이 경우 방송미디어통신위원회는 방송사업자가 장애인방송을 하는 데 필요한 경비 및 장애인방송을 시청하기 위한 수신기의 보급에 필요한 경비의 전부 또는 일부를 「방송통신발전 기본법」 제24조에 따른 방송통신발전기금에서 지원할 수 있다. 〈개정 2011. 7. 14., 2013. 3. 23., 2014. 5. 28., 2016. 2. 3., 2025. 10. 1.〉

⑨ 제8항에 따라 장애인방송을 하여야 하는 방송사업자의 범위, 장애인방송의 대상이 되는 방송프로그램의 종류와 그 이행에 필요한 사항은 대통령령으로 정한다. 〈신설 2011. 7. 14.〉

⑩공동체라디오방송사업자는 청취자 참여프로그램을 매월 전체 방송시간의 100분의 50범위 안에서 대통령령으로 정하는 비율 이상 편성하여야 한다. 〈신설 2006. 10. 27., 2011. 7. 14., 2020. 6. 9.〉

⑪ 공동체라디오방송사업자가 다른 공동체라디오방송사업자의 제작물을 편성할 수 있는 방송시간은 매월 전체 방송시간의 100분의 50 범위에서 대통령령으로 정하는 비율 이상 편성하여서는 아니 된다. 〈신설 2015. 12. 22.〉

⑫ 방송사업자는 우리말의 보존과 보호를 위하여 외국어 영화·애니메이션 등의 방송프로그램을 방송할 때에는 외국어로 된 대사를 한국어 음성으로 제공하도록 노력하여야 한다. 이 경우 방송미디어통신위원회는 이에 소요되는 경비를 「방송통신발전 기본법」 제24조에 따른 방송통신발전기금에서 지원할 수 있다. 〈신설 2024. 1. 30., 2025. 10. 1.〉

제69조의2(시청점유율 제한) ① 방송사업자의 시청점유율(전체 텔레비전 방송에 대한 시청자의 총 시청시간 중 특정 방송채널에 대한 시청시간이 차지하는 비율을 말한다. 이하 같다)은 100분의 30을 초과할 수 없다. 다만, 정부 또는 지방자치단체가 전액 출자한 경우에는 그러하지 아니하다.

② 제1항에 따른 방송사업자의 시청점유율은 해당 방송사업자의 시청점유율에 특수관계자 등의 시청점유율(해당 방송사업자의 특수관계자의 시청점유율 및 해당 방송사업자가 주식 또는 지분을 소유하고 있는 다른 방송사업자의 시청점유율을 말한다. 이하 같다)을 합산하여 산정한다. 이 경우 특수관계자 등의 시청점유율은 가중치를 다르게 부여하여 산정할 수 있고, 일간신문을 경영하는 법인(특수관계자를 포함한다)이 방송사업을 겸영하거나 주식 또는 지분을 소유하는 경우에는 그 일간신문의 구독률을 대통령령으로 정하는 바에 따라 일정한 비율의 시청점유율로 환산하여 해당 방송사업자의 시청점유율에 합산한다.

③ 제1항 및 제2항에 따른 시청점유율 산정의 구체적인 기준·방법 등 필요한 사항은 대통령령으로 정하는 바에 따라 미디어다양성위원회의 심의를 거쳐 방송미디어통신위원회가 고시로 정한다. 〈개정 2025. 10. 1.〉

④ 방송미디어통신위원회는 제2항에 따라 산정한 시청점유율을 제9조에 따른 허가·승인, 제15조의2에 따른 변경승인, 제17조에 따른 재허가 등의 심사에 반영하여야 한다. 〈개정 2013. 3. 23., 2017. 7. 26., 2025. 10. 1.〉

⑤ 방송미디어통신위원회는 제1항에 따른 시청점유율을 초과하는 사업자에 대하여는 방송사업 소유제한, 방송광고시간 제한, 방송시간의 일부양도 등 필요한 조치를 명할 수 있다. 이 경우 필요한 조치의 구체적인 내용은 대통령령으로 정한다. 〈개정 2025. 10. 1.〉

[본조신설 2009. 7. 31.]

제70조(채널의 구성과 운용) ①이동멀티미디어방송을 행하는 지상파방송사업자·종합유선방송사업자 및 위성방송사업자는 특정 방송분야에 편중되지 아니하고 다양성이 구현되도록 대통령령으로 정하는 바에 의하여 채널을 구성·운용하여야 한다. 〈개정 2004. 3. 22., 2020. 6. 9.〉

②이동멀티미디어방송을 행하는 지상파방송사업자·종합유선방송사업자 및 위성방송사업자는 대통령령으로 정하는 범위를 초과하여 방송채널을 직접 사용하거나 해당 방송사업자의 특수관계자 또는 특정 방송채널사용사업자에게 채널을 임대하여서는 아니된다. 〈개정 2004. 3. 22., 2019. 12. 10., 2020. 6. 9.〉

③종합유선방송사업자 및 위성방송사업자(이동멀티미디어방송을 행하는 위성방송사업자는 제외한다)는 대통령령으로 정하는 바에 의하여 국가가 공공의 목적으로 이용할 수 있는 채널(이하 "공공채널"이라 한다), 종교의 선교목적을 지닌 채널 및 장애인의 복지를 위한 채널을 두어야 한다. 〈개정 2004. 3. 22., 2012. 1. 17., 2020. 6. 9.〉

④종합유선방송사업자는 대통령령으로 정하는 바에 의하여 지역정보 및 방송프로그램안내와 공지사항등을 제작·편성 및 송신하는 지역채널을 운용하여야 한다. 〈개정 2013. 3. 23., 2020. 6. 9., 2023. 4. 6.〉

⑤중계유선방송사업자는 방송미디어통신위원회규칙으로 정하는 바에 의하여 방송프로그램 안내와 공지사항등을 제작·편성 및 송신하는 공지채널을 운용할 수 있다. 다만, 공지채널의 경우에는 보도·논평 또는 광고에 관한 사항은 송출할 수 없다. 〈개정 2008. 2. 29., 2013. 3. 23., 2017. 7. 26., 2025. 10. 1.〉

⑥ 중계유선방송사업자가 운용할 수 있는 채널은 다음 각 호의 방송을 중계송신하는 채널로 한정한다. 다만, 하나의 중계유선방송사업자가 운용하는 전체 채널은 31개를 초과할 수 없으며, 녹음·녹화채널은 전체 운용채널의 5분의 1을 초과할 수 없다. 〈신설 2015. 3. 13., 2017. 7. 26., 2025. 10. 1.〉

1. 지상파방송(텔레비전방송만 해당한다)
2. 공공채널에서 하는 방송
3. 종교의 선교목적을 지닌 채널에서 하는 방송
4. 장애인의 복지를 위한 채널에서 하는 방송
5. 제8항에 따른 공익채널에서 하는 방송
6. 국가기관·공익법인 또는 비영리법인이 하는 방송으로서 해당 방송분야의 공익성 및 사회적 필요성을 고려하여 방송미디어통신위원회가 고시하는 채널에서 하는 방송

⑦종합유선방송사업자 및 위성방송사업자는 방송미디어통신위원회 규칙으로 정하는 바에 의하여 시청자가 자체 제작한 방송프로그램의 방송을 요청하는 경우에는 특별한 사유가 없으면 이를 방송하여야 한다. 〈개정 2008. 2. 29., 2011. 7. 14., 2013. 3. 23., 2017. 7. 26., 2020. 6. 9., 2025. 10. 1.〉

⑧종합유선방송사업자, 위성방송사업자(이동멀티미디어방송을 행하는 위성방송사업자는 제외한다)는 해당 방송분야의 공익성 및 사회적 필요성을 고려하여 방송미디어통신위원회가 고시한 방송분야에 속하는 채널(이하 "공익채널"이라 한다)을 운용하여야 한다. 이 경우 공익채널의 선정절차, 선정기준, 운용범위 그 밖의 필요한 사항은 대통령령으로 정한다. 〈신설 2007. 1. 26., 2008. 2. 29., 2019. 12. 10., 2025. 10. 1.〉

⑨ 제4항에 따른 지역채널에서는 지역보도 외의 보도, 특정 사안에 대한 해설·논평을 금지한다. 다만, 공공채널의 보도나 해설·논평, 그 밖의 방송프로그램을 편성·송신하는 경우에는 그러하지 아니하다. 〈신설 2023. 4. 6.〉

제70조의2(디지털 방송프로그램의 음량기준 등) ① 방송미디어통신위원회는 방송사업자가 디지털 방송프로그램(방송광고를 포함한다. 이하 이 조에서 같다)의 음량을 일정하게 유지하여 채널을 운용하도록 표준 음량기준을 정하여 고시하여야 한다. 〈개정 2017. 7. 26.,

2025. 10. 1.〉

② 방송미디어통신위원회는 디지털 방송프로그램의 음량이 제1항에 따른 표준 음량기준에 적합하지 아니한 경우에는 이의 시정이나 그 밖에 필요한 조치를 명할 수 있다. 〈개정 2017. 7. 26., 2025. 10. 1.〉

[본조신설 2014. 5. 28.]

제71조(국내 방송프로그램의 편성) ①방송사업자는 해당 채널의 전체 프로그램중 국내에서 제작된 방송프로그램을 대통령령으로 정하는 바에 따라 일정한 비율 이상 편성하여야 한다. 〈개정 2019. 12. 10., 2020. 6. 9.〉

②방송사업자는 연간 방송되는 영화·애니메이션 및 대중음악중 국내에서 제작된 영화·애니메이션 및 대중음악을 대통령령으로 정하는 바에 따라 일정한 비율 이상 편성하여야 한다. 〈개정 2004. 3. 22., 2012. 1. 17., 2020. 6. 9.〉

③ 지상파방송사업자·종합편성을 행하는 방송채널사용사업자 및 연간 전체 방송시간 중 대통령령으로 정하는 비율 이상 애니메이션을 편성하는 방송채널사용사업자는 해당 채널에서 연간 방송되는 전체 프로그램 중 국내에서 제작된 애니메이션을 시청률, 매출액 등을 고려하여 대통령령으로 정하는 바에 따라 일정한 비율 이상 신규로 편성하여야 한다. 다만, 대통령령으로 정하는 지역을 방송구역으로 하는 지상파방송사업자는 제외한다. 〈신설 2012. 1. 17.〉

④방송사업자는 다양한 국제문화 수용을 보장하기 위하여 연간 방송되는 외국 수입 영화·애니메이션 및 대중음악중 한 국가에서 제작한 영화·애니메이션 및 대중음악이 대통령령으로 정하는 바에 따라 일정한 비율 이상을 초과하지 아니하도록 편성하여야 한다. 〈개정 2012. 1. 17., 2020. 6. 9.〉

⑤ 방송사업자가 국내에서 제작된 애니메이션을 주시청시간대에 편성한 경우 제2항에 따른 편성비율을 산정할 때 대통령령으로 정하는 바에 따라 가중치를 둘 수 있다. 〈신설 2012. 1. 17.〉

⑥ 제1항부터 제4항까지의 규정에 따른 국내에서 제작된 방송프로그램 등의 구별기준은 대통령령으로 정하고, 편성비율은 방송매체와 방송분야별 특성 등을 고려하여 차등을 둘 수 있다. 〈개정 2012. 1. 17.〉

第72条(순수외주제작 방송프로그램의 편성) ①방송사업자는 해당 채널의 전체 방송프로그램중 국내에서 해당 방송사업자나 그 특수관계자가 아닌 자가 제작한 방송프로그램(이하 "순수외주제작 방송프로그램"이라 한다)을 대통령령으로 정하는 바에 따라 일정한 비율 이상 편성하여야 한다. 〈개정 2015. 6. 22., 2019. 12. 10., 2020. 6. 9.〉

② 삭제 〈2015. 6. 22.〉

③종합편성을 행하는 방송사업자는 순수외주제작 방송프로그램을 주시청시간대에 대통령령으로 정하는 바에 따라 일정한 비율 이상 편성하여야 한다. 〈개정 2015. 6. 22., 2020. 6. 9.〉

④제1항에 따른 순수외주제작 방송프로그램의 편성비율은 방송매체와 방송분야별 특성등을 고려하여 차등을 둘 수 있다. 〈개정 2015. 6. 22., 2020. 6. 9.〉

[제목개정 2015. 6. 22.]

第73条(방송광고등) ①방송사업자는 방송광고와 방송프로그램이 혼동되지 아니하도록 명확하게 구분하여야 하며, 어린이를 주 시청대상으로 하는 방송프로그램의 방송광고시간 및 전후 토막광고시간에는 대통령령으로 정하는 바에 따라 반드시 광고임을 밝히는 자막을 표기하여 어린이가 방송프로그램과 방송광고를 구분할 수 있도록 하여야 한다. 〈개정 2006. 10. 27., 2020. 6. 9.〉

②방송광고의 종류는 다음 각 호와 같고, 방송광고의 허용범위·시간·횟수 또는 방법 등에 관하여 필요한 사항은 대통령령으로 정한다. 〈개정 2005. 5. 18., 2009. 7. 31., 2016. 1. 27.〉

1. 방송프로그램광고 : 방송프로그램의 전후(방송프로그램 시작타이틀 고지 후부터 본방송프로그램 시작 전까지 및 본방송프로그램 종료 후부터 방송프로그램 종료타이틀 고지 전까지를 말한다)에 편성되는 광고
2. 중간광고 : 1개의 동일한 방송프로그램이 시작한 후부터 종료되기 전까지 사이에 그 방송프로그램을 중단하고 편성되는 광고
3. 토막광고 : 방송프로그램과 방송프로그램 사이에 편성되는 광고
4. 자막광고 : 방송프로그램과 관계없이 문자 또는 그림으로 나타내는 광고
5. 시보광고 : 현재시간 고지 시 함께 방송되는 광고

6. 가상광고 : 방송프로그램에 컴퓨터 그래픽을 이용하여 만든 가상의 이미지를 삽입하는 형태의 광고

7. 간접광고 : 방송프로그램 안에서 상품, 상표, 회사나 서비스의 명칭이나 로고 등을 노출시키는 형태의 광고

③상품소개 및 판매에 관한 전문편성을 행하는 방송의 경우에는 해당 상품소개 및 판매에 관한 방송내용물은 이를 방송광고로 보지 아니한다. 〈개정 2019. 12. 10.〉

④방송사업자 및 전광판방송사업자는 공공의 이익을 증진시킬 목적으로 제작된 비상업적 공익광고를 대통령령으로 정하는 비율 이상 편성하여야 한다. 〈개정 2020. 6. 9.〉

⑤ 외주제작사는 방송프로그램을 제작하는 경우에 간접광고를 판매할 수 있다. 〈신설 2016. 1. 27.〉

⑥ 방송사업자와 외주제작사는 제5항에 따른 간접광고가 제2항 및 제33조제1항의 심의규정과 제86조에 따른 자체심의 기준을 위반하는지에 관하여 대통령령으로 정한 절차 등에 따라 간접광고 판매 위탁 또는 판매 계약 체결 전까지 합의하고, 합의된 내용을 준수하여야 한다. 〈신설 2016. 1. 27.〉

⑦ 외주제작사는 제86조에 따른 방송사업자의 자체심의에 필요한 기간 전까지 방송사업자에게 간접광고가 포함된 방송프로그램을 제출하여야 한다. 〈신설 2016. 1. 27.〉

⑧ 외주제작사가 제작한 방송프로그램이 「방송광고판매대행 등에 관한 법률」 제5조제1항 및 제2항에 따른 방송광고판매대행사업자(이하 "광고판매대행자"라 한다)가 위탁하는 방송광고만 할 수 있는 방송사업자의 채널에 편성될 경우 외주제작사는 대통령령으로 정하는 바에 따라 광고판매대행자에게 간접광고 판매를 위탁하여야 한다. 〈신설 2016. 1. 27.〉

제73조의2(방송광고 매출현황 자료 제출) 방송미디어통신위원회는 이 법 또는 「방송광고판매대행 등에 관한 법률」 위반 여부에 대한 조사 또는 제재를 위하여 방송사업자(광고판매대행자에게 방송광고 판매를 위탁한 방송사업자의 경우 광고판매대행자를 말한다)에게 다음 각 호의 내용을 포함하는 방송광고 매출현황 자료의 제출을 요구할 수 있다. 자료 제출 요구를 받은 방송사업자 및 광고판매대행자는 이에 따라야 한다. 〈개정 2025. 10. 1.〉

1. 연간 방송광고 매출현황
2. 방송광고의 광고주별, 종류별, 방송프로그램별 연간 매출액
3. 그 밖에 방송미디어통신위원회가 고시하는 사항

[본조신설 2016. 1. 27.]

제74조(협찬고지) ①방송사업자는 대통령령으로 정하는 범위안에서 협찬고지를 할 수 있다. 〈개정 2020. 6. 9.〉

②협찬고지의 세부기준 및 방법등에 관하여 필요한 사항은 방송미디어통신위원회규칙으로 정한다. 〈개정 2008. 2. 29., 2025. 10. 1.〉

③ 방송사업자와 외주제작사는 협찬고지 대상 방송프로그램을 제작하는 경우에는 제2항에 따른 협찬고지 규칙을 준수하여야 한다. 〈신설 2016. 1. 27.〉

제75조 삭제 〈2010. 3. 22.〉

제76조(방송프로그램의 공급 및 보편적 시청권 등) ①방송사업자는 다른 방송사업자에게 방송프로그램을 공급할 때에는 공정하고 합리적인 시장가격으로 차별없이 제공하여야 한다.

②방송미디어통신위원회는 제76조의2의 규정에 따른 보편적시청권보장위원회의 심의를 거쳐 국민적 관심이 매우 큰 체육경기대회 그 밖의 주요 행사(이하 "국민관심행사등"이라고 한다)를 고시하여야 한다. 이 경우 방송미디어통신위원회는 문화체육관광부장관, 방송사업자 및 시청자의 의견을 들어야 한다. 〈신설 2007. 1. 26., 2008. 2. 29., 2025. 10. 1.〉

③국민관심행사등에 대한 중계방송권자 또는 그 대리인(이하 "중계방송권자등"이라 한다)은 일반국민이 이를 시청할 수 있도록 중계방송권을 다른 방송사업자에게도 공정하고 합리적인 가격으로 차별없이 제공하여야 한다. 〈신설 2007. 1. 26.〉

④방송사업자는 제1항 및 제3항의 규정을 위반하는 행위에 관하여 방송미디어통신위원회에 서면으로 신고할 수 있다. 〈신설 2007. 1. 26., 2008. 2. 29., 2025. 10. 1.〉

⑤방송미디어통신위원회는 제4항의 규정에 따른 신고를 접수한 경우에는 제35조의3의 규정에 따른 방송분쟁조정위원회의 심의를 거쳐 60일 이내에 그 결과를 통보하여야 한다. 〈신설 2007. 1. 26., 2008. 2. 29., 2025. 10. 1.〉

[제목개정 2007. 1. 26.]

제76조의2(보편적시청권보장위원회) ①제76조제2항의 규정에 따른 국민관심행사등의 고시 등에 관한 업무의 원활한 수행을 위하여 방송미디어통신위원회에 보편적시청권보장위원회를 둔다. 〈개정 2008. 2. 29., 2025. 10. 1.〉

②보편적시청권보장위원회 위원은 방송미디어통신위원회 위원장이 방송미디어통신위원회의 동의를 얻어 7인 이내로 위촉한다. 〈개정 2008. 2. 29., 2025. 10. 1.〉

③보편적시청권보장위원회의 구성과 운영에 관하여 필요한 사항은 방송미디어통신위원회규칙으로 정한다. 〈개정 2008. 2. 29., 2025. 10. 1.〉

[본조신설 2007. 1. 26.]

제76조의3(보편적 시청권 보장을 위한 조치 등) ①방송사업자 및 중계방송권자등은 제76조제3항의 규정에 따른 일반국민의 보편적 시청권을 보장하기 위하여 다음 각 호의 어느 하나에 해당하는 행위(이하 이 조에서 "금지행위"라 한다)를 하거나 제3자로 하여금 이를 하도록 하여서는 아니 된다. 〈개정 2016. 1. 27.〉

1. 중계방송권자등으로서 국민 전체가구 중 대통령령으로 정하는 비율 이상의 가구가 국민관심행사등을 시청할 수 있는 방송수단(이하 "보편적 방송수단"이라 한다)을 확보하지 아니하는 행위

2. 중계방송권을 확보하였음에도 불구하고 정당한 사유 없이 국민관심행사등을 보편적 방송수단을 통하여 실시간으로 방송하지 아니하는 행위

3. 정당한 사유 없이 중계방송권의 판매 또는 구매를 거부하거나 지연시키는 행위

4. 정당한 사유 없이 국민관심행사등에 대한 뉴스보도나 해설 등을 위한 자료화면을 방송사업자와 인터넷 멀티미디어 방송사업자 등에게 제공하지 아니하는 행위

②방송미디어통신위원회는 금지행위를 하였거나 제3자로 하여금 이를 하도록 한 방송사업자 및 중계방송권자등에 대하여 금지행위의 중지 등 필요한 시정조치를 명할 수 있다. 이 경우 방송미디어통신위원회는 시정조치를 명하기 전에 당사자에게 기간을 정하여 의견진술의 기회를 주어야 한다. 다만, 당사자가 정당한 사유 없이 이에

응하지 아니하는 때에는 그러하지 아니한다. 〈개정 2008. 2. 29., 2016. 1. 27., 2025. 10. 1.〉

③방송미디어통신위원회는 금지행위를 하였거나 제3자로 하여금 이를 하도록 하였는지에 대한 사실관계의 조사를 위하여 필요한 경우 대통령령으로 정하는 바에 따라 방송사업자 및 중계방송권자등에게 자료제출을 요청할 수 있고, 소속 공무원으로 하여금 방송사업자 및 중계방송권자등의 사무소 또는 사업장에 출입하여 조사를 하게 할 수 있다. 〈개정 2008. 2. 29., 2013. 3. 23., 2016. 1. 27., 2020. 6. 9., 2025. 10. 1.〉

④방송미디어통신위원회는 방송사업자 및 중계방송권자등이 정당한 사유 없이 제2항의 규정에 따른 시정조치를 이행하지 아니하는 때에는 해당 중계방송권의 총계약금액에 100분의 5를 곱한 금액을 초과하지 아니하는 범위 안에서 과징금을 부과할 수 있다. 〈개정 2008. 2. 29., 2019. 12. 10., 2025. 10. 1.〉

⑤제3항의 규정에 따라 조사를 하는 공무원은 그 권한을 표시하는 증표를 지니고 이를 관계인에게 내보여야 한다. 〈개정 2013. 3. 23.〉

⑥ 금지행위의 세부적인 유형 및 기준에 관하여 필요한 사항은 대통령령으로 정한다. 〈신설 2016. 1. 27.〉

[본조신설 2007. 1. 26.]

제76조의4(중계방송권의 공동계약 권고) 방송미디어통신위원회는 국민관심행사등에 대한 보편적 시청권을 보장하고 중계방송권 확보에 따른 과도한 경쟁을 방지하기 위하여 중계방송권 계약과 관련하여 방송사업자 또는 중계방송권자등에게 공동계약을 권고할 수 있다. 〈개정 2008. 2. 29., 2020. 6. 9., 2025. 10. 1.〉

[본조신설 2007. 1. 26.]

제76조의5(중계방송의 순차편성 권고 등) ①방송사업자는 국민관심행사등에 대한 중계방송권을 사용하는 경우 과다한 중복편성으로 인하여 시청자의 권익을 침해하지 아니하도록 하여야 하며, 채널별·매체별로 순차적으로 편성하기 위하여 노력하여야 한다. 〈개정 2020. 6. 9.〉

②방송미디어통신위원회는 제1항의 채널별·매체별 순차편성이 효율적으로 이루어질 수 있도록 방송사업자에 대하여 권고할 수 있다.

〈개정 2008. 2. 29., 2025. 10. 1.〉

[본조신설 2007. 1. 26.]

제77조(유료방송의 이용약관 신고 등) ① 유료방송을 하려는 방송사업자 · 중계유선방송사업자 및 음악유선방송사업자는 이용요금 · 이용조건에 관한 약관(이하 "이용약관"이라 한다)을 정하여 방송미디어통신위원회에 신고하여야 하며, 신고한 이용약관을 변경하려는 경우에도 또한 같다. 〈개정 2025. 10. 1.〉

② 이용약관은 다음 각 호의 요건을 모두 갖추어야 한다.

1. 이용요금을 명확하게 규정할 것

2. 제85조의2제1항제3호 및 제4호를 위반하는 내용이 없을 것

③ 방송미디어통신위원회는 제1항에 따른 이용약관의 신고 또는 변경신고를 받은 경우 그 내용을 검토하여 제2항 각 호에 따른 요건을 갖추었는지 확인한 후 해당 신고를 수리하여야 한다. 〈개정 2025. 10. 1.〉

④ 제1항에도 불구하고 다음 각 호의 어느 하나에 해당하는 이용요금의 경우에는 해당 이용약관에 대하여 방송미디어통신위원회의 승인을 받아야 하며, 승인을 받은 이용약관을 변경하려는 경우에도 또한 같다. 〈개정 2025. 10. 1.〉

1. 이용약관에서 정하는 최소채널상품(방송사업자 · 중계유선방송사업자 및 음악유선방송사업자가 제공하는 여러 개의 채널단위로 대가를 받는 유료방송 상품 중 가장 낮은 요금의 상품을 말한다. 이하 같다)의 요금

2. 방송사업자 · 중계유선방송사업자 및 음악유선방송사업자가 유료방송과 「전기통신사업법」 제2조제11호에 따른 기간통신역무를 제공하는 서비스를 묶어서 판매하는 상품의 요금

⑤ 방송미디어통신위원회는 제4항에 따른 이용약관의 승인 또는 변경승인을 하려는 경우에는 다음 각 호의 기준을 충족하는지를 고려하여야 한다. 〈개정 2025. 10. 1.〉

1. 이용약관에서 정하는 최소채널상품이 특정 방송 분야에 편중되지 아니할 것

2. 이용요금이 공급비용, 수익, 서비스 제공방식에 따른 비용절감, 공정한 경쟁 환경에 미치는 영향 등을 고려하여 합리적으로 산정되었을 것

⑥ 유료방송을 하는 방송사업자·중계유선방송사업자 및 음악유선방송사업자가 제1항 또는 제4항에 따라 이용약관을 변경한 경우에는 대통령령으로 정하는 바에 따라 변경된 사실을 이용자에게 통지하여야 한다.

⑦ 방송미디어통신위원회는 이용약관이 현저히 부당하거나 제6항에 따른 이용약관 변경 통지를 소홀히 하여 시청자의 이익을 저해한다고 판단하는 경우에는 유료방송을 하는 방송사업자·중계유선방송사업자 및 음악유선방송사업자에게 상당한 기간을 정하여 그 이용약관의 변경 또는 재통지 등을 명할 수 있다. 〈개정 2025. 10. 1.〉

⑧ 제1항부터 제7항까지의 규정에 따른 신고·변경신고·승인·변경승인의 절차·방법 및 기준 등에 관한 세부 사항은 대통령령으로 정한다.

[전문개정 2022. 1. 11.]

제78조(재송신) ①종합유선방송사업자·위성방송사업자(이동멀티미디어방송을 행하는 위성방송사업자는 제외한다) 및 중계유선방송사업자는 한국방송공사 및 「한국교육방송공사법」에 의한 한국교육방송공사가 행하는 지상파방송(라디오방송은 제외한다)을 수신하여 그 방송프로그램에 변경을 가하지 아니하고 그대로 동시에 재송신(이하 "同時再送信"이라 한다)하여야 한다. 다만, 지상파방송을 행하는 해당 방송사업자의 방송구역안에 해당 종합유선방송사업자 및 중계유선방송사업자의 방송구역이 포함되지 아니하는 경우에는 그러하지 아니하다. 〈개정 2002. 4. 20., 2004. 3. 22., 2013. 8. 13., 2019. 12. 10., 2020. 6. 9.〉

②제1항에 따른 지상파방송사업자가 여러 개의 지상파방송 채널을 운용하는 경우, 제1항 본문에도 불구하고 동시재송신하여야 하는 지상파방송은 방송미디어통신위원회가 지상파방송사업자별로 방송편성 내용 등을 고려하여 지정·고시하는 1개의 지상파방송 채널에 한정한다. 〈신설 2002. 4. 20., 2008. 2. 29., 2013. 3. 23., 2017. 7. 26., 2020. 6. 9., 2025. 10. 1.〉

③제1항에 따른 동시재송신의 경우에는 「저작권법」 제85조의 동시중계방송권에관한규정은 이를 적용하지 아니한다. 〈개정 2006. 12. 28., 2020. 6. 9.〉

④ 종합유선방송사업자, 중계유선방송사업자 및 위성방송사업자는

다음 각 호의 구분에 따른 지상파방송 동시재송신을 하려면 방송미디어통신위원회의 승인을 받아야 한다. 〈개정 2015. 3. 13., 2017. 7. 26., 2025. 10. 1.〉

1. 종합유선방송사업자 및 중계유선방송사업자: 해당 방송구역 외에서 허가받은 지상파방송사업자의 지상파방송 동시재송신

2. 위성방송사업자: 지상파방송의 방송구역 외에서의 해당 지상파방송 동시재전송(제1항 및 제2항에 따른 동시재송신은 제외한다)

⑤ 삭제 〈2007. 7. 27.〉

⑥제4항에 따른 재송신의 유형 및 승인의 요건·절차·유효기간등에 관하여 필요한 사항은 대통령령으로 정한다. 〈개정 2002. 4. 20., 2006. 10. 27., 2007. 7. 27.〉

⑦ 삭제 〈2015. 12. 22.〉

제78조의2(외국방송사업자의 국내 재송신 승인 등) ① 외국방송사업자(외국에 설치된 방송 송출설비 또는 외국 인공위성의 무선설비를 이용하여 국내에서 수신되는 방송을 행하는 외국인을 말하며, 조약에 따라 이 법에 따른 방송을 할 수 있는 외국인을 포함한다. 이하 같다)가 그가 행하는 방송을 국내에서 방송사업자를 통하여 재송신하려면 방송미디어통신위원회의 승인을 받아야 한다. 이 경우 특정 방송프로그램을 일시적으로 중계 송신하는 등 대통령령으로 정하는 기준에 해당하는 경우에는 재송신으로 보지 아니한다. 〈개정 2008. 2. 29., 2013. 3. 23., 2017. 7. 26., 2025. 10. 1.〉

② 방송미디어통신위원회는 제1항에 따라 외국방송사업자의 승인 신청을 받은 경우에는 다음 각 호의 사항을 종합적으로 심사하여야 한다. 〈개정 2008. 2. 29., 2013. 3. 23., 2017. 7. 26., 2025. 10. 1.〉

1. 방송의 공정성·공익성의 실현 가능성

2. 국내 방송 및 영상산업에 미치는 영향

3. 국내 방송 및 영상산업 발전에 대한 기여 정도

4. 문화적 다양성 및 사회적 필요성

5. 국내 지사, 국내 사무소 또는 국내 대리인이 있는지 여부 및 그 국내 지사 등이 외국방송사업자로부터 재송신에 관하여 위임받은 권리와 의무에 관한 사항

6. 국제친선과 상호 이해 증진에 대한 기여 정도

7. 방송 내용이 제33조에 따른 심의규정, 그 밖에 「형법」, 「저작권법」 등 다른 법률의 규정에 위반될 가능성

③ 제1항에 따라 승인받은 외국방송사업자는 재송신하는 방송의 내용이 제33조에 따른 심의규정에 적합하게 하여야 한다.

④ 방송미디어통신위원회는 직무수행을 위하여 필요하면 외국방송사업자(국내 지사, 국내 사무소 및 국내 대리인을 포함한다)에게 관련 자료의 제출을 요구할 수 있다. 〈개정 2008. 2. 29., 2013. 3. 23., 2017. 7. 26., 2025. 10. 1.〉

⑤ 방송미디어통신위원회는 제1항에 따라 승인을 받은 외국방송사업자가 다음 각 호의 어느 하나에 해당하면 제1항에 따른 승인을 취소할 수 있다. 〈개정 2008. 2. 29., 2013. 3. 23., 2017. 7. 26., 2025. 10. 1.〉

1. 방송 내용이 제3항에 위반되는 때
2. 승인조건을 이행하지 아니한 때
3. 방송 내용이 「형법」, 「저작권법」 등 다른 법률의 규정에 위반되는 때

⑥ 제1항에 따라 승인받은 외국방송사업자의 방송을 재송신하는 방송사업자를 제외하고는 누구든지 외국방송사업자의 방송을 재송신하여서는 아니 된다.

⑦ 방송사업자가 제1항에 따라 승인을 받은 외국방송사업자의 방송을 재송신할 수 있는 범위와 기준은 대통령령으로 정한다.

⑧ 제1항 및 제5항에 따른 승인과 승인 취소의 절차 등에 관하여 필요한 사항은 대통령령으로 정한다.

[본조신설 2007. 7. 27.]

제79조(유선방송국설비 등에 관한 기술기준 등) ①방송미디어통신위원회는 유선방송국설비(綜合有線放送局 및 中繼有線放送·音樂有線放送을 행하기 위한 設備를 포함한다. 이하 같다)의 설치 및 유지에 관한 사항과 전송·선로설비의 분계점등에 필요한 기술기준(이하 "기술기준"이라 한다)을 정하여 고시하여야한다. 〈개정 2008. 2. 29., 2013. 3. 23., 2017. 7. 26., 2025. 10. 1.〉

② 종합유선방송사업자·중계유선방송사업자 및 음악유선방송사업자는 대통령령으로 정하는 기한까지 기술기준이 정하는 바에 따라 유선방송국설비를 설치하여야 한다. 〈개정 2022. 1. 11.〉

③종합유선방송사업자·중계유선방송사업자 및 음악유선방송사업자는 전송·선로설비를 자체적으로 설치하거나 전송망사업자의 전송·선로설비 또는 「전기통신사업법」에 따른 기간통신사업자의 전기통신설비를 이용할 수 있으며,종합유선방송사업자와 중계유선방송사업자는 전송·선로설비를 상호 이용할 수 있다. 〈개정 2010. 3. 22.〉

④종합유선방송사업자·중계유선방송사업자 및 음악유선방송사업자는 천재·지변이나 그 밖의 불가피한 사유로 대통령령으로 정하는 기한까지 유선방송국설비를 설치할 수 없는 때에는 대통령령으로 정하는 바에 의하여 방송미디어통신위원회에 설비설치기한의 연기를 요청할 수 있다. 〈개정 2008. 2. 29., 2013. 3. 23., 2017. 7. 26., 2020. 6. 9., 2025. 10. 1.〉

[제목개정 2022. 1. 11.]

제80조(전송·선로설비 설치의 확인) 종합유선방송사업자·중계유선방송사업자 및 음악유선방송사업자가 전송·선로설비를 자체적으로 설치하는 때 또는 전송망사업자나 기간통신사업자가 종합유선방송사업자나 중계유선방송사업자와 전송·선로설비의 이용계약을 체결한 때에는 기술기준이 정하는 바에 의하여 전송·선로설비를 설치하고 방송미디어통신위원회의 확인을 받아야 한다. 설치한 전송·선로설비를 변경한 때에도 또한 같다. 〈개정 2008. 2. 29., 2013. 3. 23., 2017. 7. 26., 2025. 10. 1.〉

제81조 삭제 〈2016. 1. 27.〉

제82조 삭제 〈2016. 1. 27.〉

제83조(방송내용의 기록·보존) ①방송사업자·중계유선방송사업자·전광판방송사업자 및 음악유선방송사업자는 방송일지에 방송내용(방송프로그램 및 방송광고를 포함한다)을 기록하여 비치하여야 하며, 특별한 사유가 없으면 방송 실시결과를 방송후 1개월 이내에 방송미디어통신위원회에 제출하여야 한다. 〈개정 2008. 2. 29., 2009. 7. 31., 2013. 3. 23., 2017. 7. 26., 2020. 6. 9., 2025. 10. 1.〉

1. 삭제 〈2025. 10. 1.〉
2. 삭제 〈2025. 10. 1.〉

②방송사업자는 방송(재송신은 제외한다)된 방송프로그램(예고방송을 포함한다. 이하 같다) 및 방송광고의 원본 또는 사본을 방송후 6

개월간 보존하여야 한다. 〈개정 2006. 10. 27., 2009. 7. 31., 2020. 6. 9.〉

③제1항에 따른 방송일지의 기록 및 방송실시결과의 제출시기등과 제2항에 따른 사업자별 방송프로그램 및 방송광고의 원본 또는 사본의 보존등에 관하여 필요한 사항은 방송미디어통신위원회규칙으로 정한다. 〈개정 2008. 2. 29., 2009. 7. 31., 2013. 3. 23., 2017. 7. 26., 2020. 6. 9., 2025. 10. 1.〉

제84조(폐업 및 휴업의 신고 등) ①방송사업자·중계유선방송사업자·음악유선방송사업자 및 전광판방송사업자가 그 업무를 폐업하거나 휴업하고자 하는 때에는 방송미디어통신위원회에 신고하여야 한다. 〈개정 2007. 1. 26., 2008. 2. 29., 2013. 3. 23., 2017. 7. 26., 2025. 10. 1.〉

1. 삭제 〈2025. 10. 1.〉
2. 삭제 〈2025. 10. 1.〉

② 방송미디어통신위원회는 제1항에 따른 폐업신고 또는 휴업신고를 받은 경우 그 내용을 검토하여 이 법에 적합하면 해당 신고를 수리하여야 한다. 〈신설 2022. 1. 11., 2025. 10. 1.〉

③방송사업자·중계유선방송사업자 및 음악유선방송사업자는 천재·지변등 불가피한 사유가 있는 경우에만 휴업할 수 있다. 〈개정 2020. 6. 9., 2022. 1. 11.〉

④ 제1항부터 제3항까지의 규정에 따른 폐업 및 휴업의 신고절차 등에 필요한 사항은 소관 업무에 따라 방송미디어통신위원회규칙으로 정한다. 〈개정 2022. 1. 11., 2025. 10. 1.〉

[제목개정 2022. 1. 11.]

제85조(방송프로그램별 유료방송등의 적용배제) 방송프로그램별 유료방송을 행하는 방송사업자에 대하여는 제71조부터 제74조까지의 규정을 적용하지 아니한다. 〈개정 2010. 3. 22.〉

제85조의2(금지행위) ① 방송사업자·중계유선방송사업자·음악유선방송사업자·전광판방송사업자·전송망사업자(이하 "방송사업자등"이라 한다)는 사업자 간의 공정한 경쟁 또는 시청자의 이익을 저해하거나 저해할 우려가 있는 다음 각 호의 어느 하나에 해당하는 행위(이하 "금지행위"라 한다)를 하거나 제3자로 하여금 이를 하게 하여서는 아니 된다. 〈개정 2015. 3. 13., 2015. 12. 22.〉

1. 정당한 사유 없이 채널·프로그램의 제공 또는 다른 방송사업자등의 서비스 제공에 필수적인 설비에 대한 접근을 거부·중단·제한하거나 채널 편성을 변경하는 행위

2. 다른 방송사업자등에게 적정한 수익배분을 거부·지연·제한하는 행위

3. 부당하게 다른 방송사업자등의 방송시청을 방해하거나 서비스 제공계약의 체결을 방해하는 행위

4. 부당하게 시청자를 차별하여 현저하게 유리하거나 불리한 요금 또는 이용조건으로 방송 서비스를 제공하는 행위

5. 이용약관을 위반하여 방송서비스를 제공하거나 이용계약과 다른 내용으로 이용요금을 청구하는 행위

6. 방송서비스의 제공 과정에서 알게 된 시청자의 정보를 부당하게 유용하는 행위

7. 상품소개와 판매에 관한 전문편성을 하는 방송채널사용사업자가 납품업자에 대하여 방송편성을 조건으로 상품판매방송의 일자, 시각, 분량 및 제작비용을 불공정하게 결정·취소 또는 변경하는 행위

8. 방송사업자의 임직원 이외의 자의 요청에 의하여, 방송프로그램에 출연을 하려는 사람과 방송사업자 이외의 자 사이의 가처분결정, 확정판결, 조정, 중재 등의 취지에 위반하여 방송프로그램 제작과 관계없는 사유로 방송프로그램에 출연을 하려는 사람을 출연하지 못하게 하는 행위

② 방송미디어통신위원회는 방송사업자등이 금지행위를 한 경우 해당 사업자에게 금지행위의 중지, 계약조항의 삭제 또는 변경, 금지행위로 인하여 시정조치를 명령받은 사실의 공표 등 필요한 시정조치를 명할 수 있다. 〈개정 2015. 3. 13., 2017. 7. 26., 2025. 10. 1.〉

③ 방송미디어통신위원회는 공정거래위원회와 협의하여 방송사업자등이 금지행위를 한 경우 해당 사업자에게 대통령령으로 정하는 매출액에 100분의 2를 곱한 금액을 초과하지 아니하는 범위에서 과징금을 부과할 수 있다. 다만, 사업의 미개시나 사업 중단 등으로 인하여 매출액이 없거나 매출액 산정이 어려운 경우로서 대통령령으로 정하는 경우에는 5억원 이하의 금액을 과징금으로 부과할 수 있다. 〈개정 2025. 10. 1.〉

④ 방송미디어통신위원회는 금지행위의 위반 여부에 관한 사실관계의 조사를 위하여 필요한 경우 대통령령으로 정하는 바에 따라 방송사업자등에게 자료의 제출을 요청할 수 있다. 〈개정 2025. 10. 1.〉

⑤ 금지행위의 세부적인 유형 및 기준에 필요한 사항은 대통령령으로 정한다.

⑥ 제1항을 위반한 방송사업자등의 행위에 대하여 방송미디어통신위원회가 제2항에 따라 시정조치를 명하였거나 제3항에 따라 과징금을 부과한 경우에는 그 방송사업자등의 동일한 행위에 대하여 동일한 사유로 「독점규제 및 공정거래에 관한 법률」 및 「대규모유통업에서의 거래 공정화에 관한 법률」에 따른 시정조치를 명하거나 과징금을 부과할 수 없다. 〈개정 2015. 3. 13., 2025. 10. 1.〉

[본조신설 2011. 7. 14.]

제6장 시청자의 권익보호

제86조(자체심의) ①방송사업자는 자체적으로 방송프로그램을 심의할 수 있는 기구를 두고, 방송프로그램(보도에 관한 방송프로그램은 제외한다)이 방송되기 전에 이를 심의하여야 한다. 다만, 공동체라디오방송사업자의 경우에는 방송권역 청취자가 참여하는 방송평가회를 연 1회 이상 실시하여야 한다. 〈개정 2009. 7. 31., 2020. 6. 9.〉

② 방송사업자는 허위, 과장 등 시청자가 오인할 수 있는 내용이 담긴 방송광고를 방송하여서는 아니 된다. 〈신설 2009. 7. 31.〉

③ 방송사업자는 방송광고가 방송되기 전에 자체적으로 심의하거나 방송미디어통신위원회에 신고한 방송 관련 기관 또는 단체에 위탁하여 심의할 수 있다. 〈신설 2009. 7. 31., 2025. 10. 1.〉

[전문개정 2006. 10. 27.]

제87조(시청자위원회) ①다음 각 호의 어느 하나에 해당하는 방송사업자는 시청자의 권익을 보호하기 위하여 시청자위원회를 두어야 한다. 〈개정 2017. 3. 14.〉

1. 종합편성을 행하는 방송사업자
2. 보도전문편성을 행하는 방송사업자
3. 상품소개와 판매에 관한 전문편성을 행하는 방송사업자

②제1항에 따른 방송사업자는 각계의 시청자를 대표할 수 있는 자중에서 방송미디어통신위원회규칙이 정하는 단체의 추천을 받아

시청자위원회의 위원을 위촉한다. 〈개정 2008. 2. 29., 2020. 6. 9., 2025. 10. 1.〉

③시청자위원회의 구성 및 운영에 관하여 필요한 사항은 대통령령으로 정한다.

제87조(시청자위원회) ①다음 각 호의 어느 하나에 해당하는 방송사업자는 시청자의 권익을 보호하기 위하여 시청자위원회를 두어야 한다. 〈개정 2017. 3. 14., 2025. 8. 26.〉

1. 지상파 텔레비전 방송사업자
2. 종합편성을 행하는 방송채널사용사업자
3. 보도에 관한 전문편성을 행하는 방송사업자
4. 종합유선방송사업자
5. 위성방송사업자
6. 인터넷 멀티미디어 방송 제공사업자
7. 상품소개와 판매에 관한 전문편성을 행하는 방송사업자
8. 그 밖에 대통령령으로 정하는 방송사업자

② 제1항에 따른 방송사업자는 각 지역과 분야 및 각 계층의 시청자를 대표할 수 있는 자 중에서 제1항제1호부터 제3호까지의 방송사업자는 제4조의2에 따른 편성위원회, 같은 항 제4호부터 제8호까지의 방송사업자는 방송미디어통신위원회규칙으로 정하는 단체의 추천을 받아 시청자위원회의 위원을 위촉한다. 〈개정 2025. 10. 1.〉

③시청자위원회의 구성 및 운영에 관하여 필요한 사항은 대통령령으로 정한다.

[시행일: 2026. 2. 27.] 제87조

제88조(시청자위원회의 권한과 직무) ①시청자위원회의 권한과 직무는 다음과 같다. 〈개정 2020. 6. 9.〉

1. 방송편성에 관한 의견제시 또는 시정요구
2. 방송사업자의 자체심의규정 및 방송프로그램 내용에 관한 의견제시 또는 시정요구
3. 시청자평가원의 선임
4. 그 밖에 시청자의 권익보호와 침해구제에 관한 업무

②시청자위원회의 대표자는 방송미디어통신위원회에 출석하여 의견을 진술할 수 있다. 〈개정 2008. 2. 29., 2025. 10. 1.〉

제88조(시청자위원회의 권한과 직무) ①시청자위원회의 권한과 직무

는 다음과 같다. 〈개정 2020. 6. 9., 2025. 8. 26.〉

1. 방송편성 또는 채널의 구성과 운영에 관한 의견제시 또는 시정요구

2. 방송사업자의 자체심의규정 및 방송프로그램 내용에 관한 의견제시 또는 시정요구

3. 시청자평가원의 선임

4. 그 밖에 시청자의 권익보호와 침해구제에 관한 업무

② 시청자위원회의 대표자는 방송미디어통신위원회에 출석하여 의견을 진술할 수 있다. 〈개정 2025. 10. 1.〉

[시행일: 2026. 2. 27.] 제88조

제89조(시청자 평가프로그램) ①종합편성 또는 보도전문편성을 행하는 방송사업자는 해당 방송사업자의 방송운영과 방송프로그램에 관한 시청자의 의견을 수렴하여 주당 60분 이상의 시청자 평가프로그램을 편성하여야 한다. 〈개정 2019. 12. 10.〉

②시청자 평가프로그램에는 시청자위원회가 선임하는 1인의 시청자평가원이 직접 출연하여 의견을 진술할 수 있다.

③정부는 시청자평가원의 원활한 업무수행을 위하여 「방송통신발전 기본법」 제24조에 따른 방송통신발전기금에서 경비를 지원할 수 있다. 〈개정 2008. 2. 29., 2010. 3. 22., 2013. 3. 23.〉

제89조(시청자 평가프로그램) ①제87조제1항제1호부터 제3호까지의 어느 하나에 해당하는 방송사업자는 해당 방송사업자의 방송운영과 방송프로그램에 관한 시청자의 의견을 수렴하여 주당 60분 이상의 시청자 평가프로그램을 편성하여야 한다. 〈개정 2019. 12. 10., 2025. 8. 26.〉

②시청자 평가프로그램에는 시청자위원회가 선임하는 1인의 시청자평가원이 직접 출연하여 의견을 진술할 수 있다.

③정부는 시청자평가원의 원활한 업무수행을 위하여 「방송통신발전 기본법」 제24조에 따른 방송통신발전기금에서 경비를 지원할 수 있다. 〈개정 2008. 2. 29., 2010. 3. 22., 2013. 3. 23.〉

[시행일: 2026. 2. 27.] 제89조

제90조(방송사업자의 의무) ①다음 각 호의 어느 하나에 해당하는 방송사업자는 제88조제1항제1호 및 제2호에 따른 시청자위원회의 의견제시 또는 시정요구를 받은 경우에는 특별한 사유가 없으면 이

를 수용하여야 한다. 〈개정 2017. 3. 14., 2020. 6. 9.〉

1. 종합편성을 행하는 방송사업자
2. 보도전문편성을 행하는 방송사업자
3. 상품소개와 판매에 관한 전문편성을 행하는 방송사업자

②시청자위원회는 방송사업자가 시청자위원회의 의견제시 또는 시정요구의 수용을 부당하게 거부하는 경우에는 방송미디어통신위원회에 시청자불만처리를 요청할 수 있다. 〈개정 2008. 2. 29., 2025. 10. 1.〉

③제1항 각 호의 어느 하나에 해당하는 방송사업자는 시청자위원회가 제88조제1항 각 호에 따른 직무를 수행하기 위하여 필요한 자료의 제출 또는 관계자의 출석·답변을 요청하는 경우에는 특별한 사유가 없으면 그 요청에 따라야 한다. 〈개정 2017. 3. 14., 2020. 6. 9.〉

④제1항 각 호의 어느 하나에 해당하는 방송사업자는 시청자위원회의 심의결과 및 그 처리에 관한 사항을 방송미디어통신위원회에 보고하여야 한다. 〈개정 2008. 2. 29., 2017. 3. 14., 2017. 7. 26., 2025. 10. 1.〉

⑤제1항 각 호의 어느 하나에 해당하는 방송사업자는 대통령령으로 정하는 바에 의하여 시청자가 요구하는 방송사업에 관한 정보를 공개하여야 한다. 〈개정 2017. 3. 14., 2020. 6. 9.〉

제90조(방송사업자의 의무) ①제87조제1항 각 호에 따른 방송사업자는 제88조제1항제1호 및 제2호에 따른 시청자위원회의 의견제시 또는 시정요구를 받은 경우에는 특별한 사유가 없으면 이를 수용하여야 한다. 〈개정 2017. 3. 14., 2020. 6. 9., 2025. 8. 26.〉

1. 삭제 〈2025. 8. 26.〉
2. 삭제 〈2025. 8. 26.〉
3. 삭제 〈2025. 8. 26.〉

②시청자위원회는 방송사업자가 시청자위원회의 의견제시 또는 시정요구의 수용을 부당하게 거부하는 경우에는 방송미디어통신위원회에 시청자불만처리를 요청할 수 있다. 〈개정 2008. 2. 29., 2025. 10. 1.〉

③제1항에 따른 방송사업자는 시청자위원회가 제88조제1항 각 호에 따른 직무를 수행하기 위하여 필요한 자료의 제출 또는 관계자

의 출석·답변을 요청하는 경우에는 특별한 사유가 없으면 그 요청에 따라야 한다. 〈개정 2017. 3. 14., 2020. 6. 9., 2025. 8. 26.〉

④ 제1항에 따른 방송사업자는 시청자위원회의 심의결과 및 그 처리에 관한 사항을 방송미디어통신위원회에 보고하여야 한다. 〈개정 2025. 10. 1.〉

⑤제1항에 따른 방송사업자는 대통령령으로 정하는 바에 의하여 시청자가 요구하는 방송사업에 관한 정보를 공개하여야 한다. 〈개정 2017. 3. 14., 2020. 6. 9., 2025. 8. 26.〉

[시행일: 2026. 2. 27.] 제90조

제90조의2(시청자미디어재단) ① 방송미디어통신위원회는 시청자의 방송참여와 권익증진 등을 위하여 시청자미디어재단을 설립한다. 〈개정 2014. 5. 28., 2015. 12. 22., 2025. 10. 1.〉

1. 삭제 〈2014. 5. 28.〉
2. 삭제 〈2014. 5. 28.〉
3. 삭제 〈2014. 5. 28.〉
4. 삭제 〈2014. 5. 28.〉

② 시청자미디어재단은 법인으로 한다. 〈개정 2014. 5. 28., 2015. 12. 22.〉

③ 시청자미디어재단은 정관으로 정하는 바에 따라 임원과 필요한 직원을 둔다. 〈신설 2014. 5. 28., 2015. 12. 22.〉

④ 시청자미디어재단은 다음 각 호의 사업을 한다. 〈신설 2014. 5. 28., 2015. 12. 22.〉

1. 미디어에 관한 교육·체험 및 홍보
2. 시청자 제작 방송프로그램의 지원
3. 각종 방송제작 설비의 이용 지원
4. 그 밖에 시청자의 방송참여 및 권익증진을 위한 사업
5. 이 법이나 다른 법령에서 시청자미디어재단의 업무로 규정하거나 위탁한 사업
6. 국가나 지방자치단체로부터 위탁받은 사업

⑤ 시청자미디어재단은 제4항에 따른 사업을 수행하기 위하여 정관으로 정하는 바에 따라 필요한 곳에 시청자미디어센터를 둘 수 있다. 〈신설 2015. 12. 22.〉

⑥ 시청자미디어재단에 관하여 이 법에서 규정한 것 외에는 「민

법」 중 재단법인에 관한 규정을 준용한다. 〈신설 2014. 5. 28., 2015. 12. 22.〉

⑦ 국가 및 지방자치단체는 시청자미디어재단의 설립 및 운영에 필요한 경비의 전부 또는 일부를 출연할 수 있다. 〈신설 2014. 5. 28., 2015. 12. 22.〉

⑧ 제1항에 따른 시청자미디어재단의 설립기준 및 운영 등에 필요한 사항은 대통령령으로 정한다. 〈개정 2014. 5. 28., 2015. 12. 22.〉

[본조신설 2012. 1. 17.]

[제목개정 2015. 12. 22.]

제90조의3(유료방송 서비스의 품질 평가) ① 방송미디어통신위원회는 유료방송 서비스의 품질을 개선하고 시청자의 편익을 증진하기 위하여 종합유선방송사업자 또는 위성방송사업자가 제공하는 유료방송 서비스의 품질(이하 "유료방송 서비스품질"이라 한다)을 평가할 수 있다. 〈개정 2025. 10. 1.〉

② 방송미디어통신위원회는 제1항에 따른 유료방송 서비스품질의 평가를 위하여 종합유선방송사업자 또는 위성방송사업자에게 필요한 자료의 제출을 요청할 수 있다. 이 경우 자료 제출 요청을 받은 종합유선방송사업자 또는 위성방송사업자는 특별한 사유가 없으면 그 요청에 따라야 한다. 〈개정 2025. 10. 1.〉

③ 방송미디어통신위원회는 제1항에 따라 유료방송 서비스품질을 평가한 경우 그 결과를 공개하여야 한다. 〈개정 2025. 10. 1.〉

④ 제1항에 따른 유료방송 서비스품질의 평가, 제2항에 따른 자료의 제출 방법·절차 및 제3항에 따른 유료방송 서비스품질 평가 결과의 공개에 관한 세부 사항은 대통령령으로 정한다.

[본조신설 2022. 1. 11.]

제6장의2 방송분쟁의 해결 〈신설 2015. 12. 22.〉

제1절 조정(調停) 〈신설 2015. 12. 22.〉

제91조(조정의 개시) ① 제35조의3제1항에 규정된 자들 상호 간에 다음 각 호의 어느 하나에 해당하는 분쟁이 발생한 경우 각 사업자는 제35조의3에 따른 방송분쟁조정위원회(이하 "방송분쟁조정위원회"라 한다)에 조정을 신청할 수 있다. 〈개정 2020. 12. 29.〉

1. 방송프로그램, 채널 및 인터넷 멀티미디어 방송용 콘텐츠의 공

급 및 수급과 관련된 분쟁
2. 방송 및 인터넷 멀티미디어 방송의 송출에 필요한 전기통신설비의 사용과 관련된 분쟁
3. 방송구역과 관련된 분쟁
4. 중계방송권 등 재산권적 이해와 관련된 분쟁
5. 방송사업자 또는 인터넷 멀티미디어 방송사업자의 공동사업에 관한 분쟁. 다만, 「독점규제 및 공정거래에 관한 법률」 제40조제1항 각 호의 어느 하나에 해당하는 사항은 제외한다.
6. 그 밖에 방송사업 및 인터넷 멀티미디어 방송사업의 운영에 관한 분쟁

② 방송분쟁조정위원회는 제1항에 따른 조정 신청을 받은 날부터 조정절차를 개시한다.

③ 제1항에 따른 신청 시 신청서의 기재 사항은 대통령령으로 정한다.

[본조신설 2015. 12. 22.]

제91조의2(합의 권고) ① 방송분쟁조정위원회는 제91조제1항에 따라 조정이 개시되는 경우 일정한 기간을 정하여 당사자에게 합의를 권고할 수 있다.

② 제1항에 따른 권고는 조정절차의 진행에 영향을 미치지 아니한다.

[본조신설 2015. 12. 22.]

제91조의3(조정의 거부 및 중지) ① 방송분쟁조정위원회는 다음 각 호의 어느 하나에 해당하는 경우에는 제91조제1항에 따라 신청된 조정을 거부할 수 있다.
1. 제91조제1항에 해당하지 아니하는 사업자가 조정 신청을 한 경우
2. 제91조제1항 각 호의 조정 대상이 아닌 사안에 관하여 조정 신청을 한 경우
3. 신청인이 같은 사안에 대하여 같은 취지로 2회 이상 조정 신청을 한 경우
4. 신청의 내용이 부적법하거나 부당한 목적으로 신청하였다고 인정되는 경우
5. 그 밖에 이에 준하는 경우로서 대통령령으로 정하는 경우

② 방송분쟁조정위원회는 제91조제1항에 따라 개시된 조정절차의 진행 중에 한 쪽 당사자가 조정의 대상인 분쟁을 원인으로 하는 소를 제기하거나 조정 개시 전에 이미 소가 제기된 사실을 확인한 경우에는 조정절차를 중지하고 이를 당사자에게 통지하여야 한다. 다만, 소가 취하된 경우 방송분쟁조정위원회는 조정절차를 속개할 수 있다.

[본조신설 2015. 12. 22.]

제91조의4(조정절차) ① 방송분쟁조정위원회는 당사자 또는 이해관계인이 의견을 진술하려는 경우에는 특별한 사유가 없으면 의견진술의 기회를 주어야 한다.

② 방송분쟁조정위원회는 분쟁의 조정을 위하여 필요하다고 인정하는 경우에는 당사자, 이해관계인 및 관계 행정기관 등에 필요한 자료의 제출을 요구할 수 있다.

③ 방송분쟁조정위원회는 조정절차를 개시한 날부터 60일 이내에 조정사건을 심사하여 조정안을 작성하여야 한다. 다만, 부득이한 사정이 있는 경우에는 한 차례만 30일의 범위에서 분쟁조정위원회의 의결로 처리기간을 연장할 수 있다.

④ 방송분쟁조정위원회는 제3항에 따른 조정안을 작성한 후 지체 없이 당사자에게 통지하여야 한다.

⑤ 제1항부터 제4항까지에서 규정한 사항 외에 조정의 절차와 방법 등에 관하여 필요한 사항은 대통령령으로 정한다.

[본조신설 2015. 12. 22.]

제91조의5(조정의 효력 등) ① 제91조의4제4항에 따라 조정안의 통지를 받은 당사자는 통지를 받은 날부터 15일 이내에 조정안에 대한 수락 여부를 방송분쟁조정위원회에 통보하여야 한다. 이 경우 기간 내에 당사자가 수락의 의사를 표시하지 아니한 경우에는 조정을 거부한 것으로 본다.

② 조정은 제91조의4제4항에 따라 통지받은 조정안을 전원이 제1항에 따라 수락한 때에 성립하고 방송분쟁조정위원회 위원장이 지체 없이 조정조서를 작성하여 전원에게 송달하여야 한다.

③ 조정이 성립되면 재판상 화해와 같은 효력을 갖는다.

[본조신설 2015. 12. 22.]

제91조의6(조정의 종결) ① 조정은 다음 각 호의 어느 하나에 해당

하는 경우에 종결된다.

1. 제91조의2에 따른 합의 권고를 통하여 합의가 이루어진 경우

2. 제91조의3제1항에 따라 방송분쟁조정위원회가 조정을 거부한 경우

3. 당사자가 제91조의5제1항 후단에 따라 지정 기간 내에 조정안에 대한 수락의 의사를 표시하지 아니하거나 수락 거부의 의사를 표시한 경우

4. 제91조의5제2항에 따라 조정이 성립된 경우

5. 조정의 대상인 분쟁을 원인으로 하는 소송의 판결이 확정된 경우

② 방송분쟁조정위원회는 제1항에 따라 조정이 종결되었을 때에는 종결 사실과 그 이유를 적시하여 당사자에게 통지하여야 한다.

[본조신설 2015. 12. 22.]

제2절 그 밖의 조치 〈신설 2015. 12. 22.〉

제91조의7(방송의 유지ㆍ재개 명령) ① 방송미디어통신위원회는 다음 각 호의 어느 하나에 해당하는 경우로서 시청자의 이익이 현저히 저해되거나 저해될 우려가 있는 때에는 방송사업자, 중계유선방송사업자 또는 인터넷 멀티미디어 방송사업자에게 30일 이내의 범위에서 방송미디어통신위원회가 정하는 기간 동안 방송프로그램ㆍ채널의 공급 또는 송출을 유지하거나 재개할 것을 명할 수 있다. 다만, 그 기간이 지난 후에도 방송프로그램ㆍ채널의 공급 또는 송출을 유지하거나 재개할 필요가 있는 경우에는 한 차례만 30일 이내의 범위에서 그 기간을 연장할 수 있다. 〈개정 2020. 6. 9., 2025. 10. 1.〉

1. 제76조제2항에 따른 국민관심행사등에 관한 실시간 방송프로그램의 공급 또는 송출이 중단되거나 중단될 것으로 사업자 또는 시청자에게 통보된 경우

2. 제78조제1항 및 제2항에 따른 동시재송신 채널 외의 지상파방송 채널의 공급 또는 송출이 중단되거나 중단될 것으로 사업자 또는 시청자에게 통보된 경우

② 방송분쟁조정위원회는 조정절차 진행 중인 분쟁사건이 제1항에 해당한다고 판단되는 경우에는 방송미디어통신위원회에 해당 사

업자에 대하여 제1항에 따른 명령을 하도록 건의할 수 있다. <개정 2025. 10. 1.>

③ 제1항에 따른 명령은 제91조 및 제91조의2부터 제91조의6까지의 규정에 따른 조정 절차에 영향을 미치지 아니한다.

[본조신설 2015. 12. 22.]

제7장 방송발전의 지원

제92조(방송발전의 지원) ①정부는 국민이 다양한 방송을 균등하게 향유할 수 있도록 하고, 방송문화의 발전 및 진흥을 위하여 노력하여야 한다.

②문화체육관광부장관은 방송영상산업의 진흥을 위하여 필요한 정책을 수립 · 시행하여야한다. <개정 2008. 2. 29.>

③과학기술정보통신부장관과 방송미디어통신위원회는 방송기술 및 시설에 관하여 필요한 정책을 수립 · 시행하여야한다. <개정 2008. 2. 29., 2013. 3. 23., 2017. 7. 26., 2025. 10. 1.>

제92조의2(애니메이션 제작 세제지원) 정부는 방송사업자가 애니메이션 방송프로그램을 제작하는 경우에는 「조세특례제한법」 등 조세관계 법률에서 정하는 바에 따라 조세를 감면할 수 있다.

[본조신설 2012. 1. 17.]

제92조의3(중소종합유선방송사업자의 지원) 정부는 지역 시청자의 권익보호와 다른 방송사업자와의 공정한 경쟁을 위하여 「중소기업기본법」 제2조에 따른 중소기업에 해당하는 중소종합유선방송사업자에 대하여 대통령령으로 정하는 바에 따라 지역채널 등에 관하여 필요한 지원을 할 수 있다.

[본조신설 2021. 12. 28.]

제93조(방송프로그램의 보관 및 활용) 방송사업자는 방송프로그램의 효율적인 수집 · 보관 · 유통 및 활용등을 위하여 방송프로그램보관소를 공동으로 설립 · 운영할 수 있다.

제94조(방송전문인력의 양성등) 정부는 방송전문인력을 양성하기 위하여 전문교육기관 및 방송관련학과등에 대한 지원등에 필요한 시책을 수립할 수 있다.

제95조(방송제작단지 조성 · 지원) ①정부는 방송사업자가 공동으로 방송제작단지를 조성하는 때에는 필요한 지원을 할 수 있다.

②정부는 제1항에 따른 방송제작단지가 정보통신단지 또는 영상제작단지등과 연계·운영되도록 할 수 있다. 〈개정 2020. 6. 9.〉

제96조(방송프로그램 유통등 지원) ①문화체육관광부장관은 영상·비디오 등 영상물이 방송프로그램으로 제작되어 방송매체별로 다단계로 유통·활용 또는 수출될 수 있도록 지원할 수 있다. 〈개정 2008. 2. 29.〉

②방송미디어통신위원회는 방송기술 및 시설의 개발·활용 및 수출이 촉진될 수 있도록 지원할 수 있다. 〈개정 2008. 2. 29., 2013. 3. 23., 2017. 7. 26., 2025. 10. 1.〉

제97조(방송의 국제협력) 정부 또는 방송미디어통신위원회는 외국의 방송관련기관·단체와의 국제교류, 방송프로그램의 공동제작, 방송전문인력의 상호교류 및 방송기술의 공동개발등 국제협력을 촉진할 수 있는 사업을 지원할 수 있다. 〈개정 2008. 2. 29., 2025. 10. 1.〉

제8장 보칙

제98조(자료제출) ①정부 또는 방송미디어통신위원회는 직무수행을 위하여 필요한 경우에는 방송사업자·중계유선방송사업자·전광판방송사업자·음악유선방송사업자·전송망사업자 또는 외주제작사에 관련자료의 제출을 요구할 수 있다. 〈개정 2008. 2. 29., 2016. 1. 27., 2025. 10. 1.〉

② 삭제 〈2015. 12. 22.〉

③ 방송미디어통신위원회는 시청률, 시청점유율 등의 조사 및 산정에 필요한 자료를 해당 개인, 법인·단체 또는 기관에 요청할 수 있다. 〈신설 2009. 7. 31., 2025. 10. 1.〉

제98조의2(재산상황의 공표) ① 방송시장의 투명한 회계정보 제공을 위하여 매년 방송사업자 및 인터넷 멀티미디어 방송사업자는 해당 법인의 재산상황을 방송미디어통신위원회에 제출하여야 한다. 다만, 직전 사업연도의 방송사업매출액이 1억원 미만인 사업자 중 대통령령으로 정하는 사업자는 그러하지 아니하다. 〈개정 2025. 10. 1.〉

② 방송미디어통신위원회는 제1항에 따른 사업자의 재산상황을 공표하여야 한다. 〈개정 2025. 10. 1.〉

③ 재산상황 제출 자료 및 시기 등 제1항에 따른 사업자가 재산상황을 제출하기 위하여 필요한 구체적인 사항은 대통령령으로 정한다.

[본조신설 2015. 12. 22.]

제99조(시정명령등) ①방송미디어통신위원회는 방송사업자·중계유선방송사업자·전광판방송사업자 또는 음악유선방송사업자가 다음 각 호의 어느 하나에 해당하는 때에는 시정을 명할 수 있다. 〈개정 2007. 7. 27., 2008. 2. 29., 2013. 3. 23., 2017. 7. 26., 2024. 10. 22., 2025. 10. 1.〉

1. 정당한 사유 없이 방송을 중단하는 등 시청자의 이익을 현저히 저해하고 있다고 인정될 때

2. 이 법 또는 허가조건·승인조건·등록요건 또는 신고수리요건을 위반하고 있다고 인정될 때

②방송미디어통신위원회는 방송사업자(방송채널사용사업자는 제외한다)·전송망사업자·중계유선방송사업자 또는 음악유선방송사업자가 설치한 시설이 이 법 또는 허가조건·등록요건을 위반하고 있다고 인정될 때에는 그 시설의 개선을 명할 수 있다. 〈개정 2008. 2. 29., 2013. 3. 23., 2017. 7. 26., 2020. 6. 9., 2025. 10. 1.〉

제100조(제재조치등) ①방송미디어통신위원회는 방송사업자·중계유선방송사업자·전광판방송사업자 또는 외주제작사가 제33조의 심의규정 및 제74조제2항에 의한 협찬고지 규칙을 위반한 경우에는 5천만원 이하의 과징금을 부과하거나 위반의 사유, 정도 및 횟수 등을 고려하여 다음 각호의 제재조치를 명할 수 있다. 제35조에 따른 시청자불만처리의 결과에 따라 제재를 할 필요가 있다고 인정되는 경우에도 또한 같다. 다만, 방송미디어통신심의위원회는 심의규정 등의 위반정도가 경미하여 제재조치를 명할 정도에 이르지 아니한 경우에는 해당 사업자·해당 방송프로그램 또는 해당 방송광고의 책임자나 관계자에 대하여 권고를 하거나 의견을 제시할 수 있다. 〈개정 2006. 10. 27., 2008. 2. 29., 2009. 7. 31., 2015. 12. 22., 2016. 1. 27., 2025. 10. 1.〉

1. 삭제 〈2013. 3. 23.〉

2. 해당 방송프로그램 또는 해당 방송광고의 정정·수정 또는 중지

3. 방송편성책임자·해당 방송프로그램 또는 해당 방송광고의 관계자에 대한 징계

4. 주의 또는 경고

②제1항에 따른 제재조치가 해당방송프로그램의 출연자로 인하여

이루어진 경우 해당방송사업자는 방송출연자에 대하여 경고, 출연제한 등의 적절한 조치를 취하여야 한다. 〈신설 2006. 10. 27., 2020. 6. 9.〉

③제1항에도 불구하고 위반의 정도가 중대하다고 인정되는 다음 각 호의 경우에 한정하여 방송미디어통신위원회는 1억원 이하의 과징금을 부과할 수 있다. 〈신설 2006. 10. 27., 2008. 2. 29., 2020. 6. 9., 2025. 10. 1.〉

1. 음란, 퇴폐 및 폭력 등에 관한 심의규정을 위반하는 경우

2. 「마약류관리에 관한 법률」 제2조제1호에 따른 마약류 복용·투약·흡입 및 음주 후 방송출연 등으로 인한 심의규정을 위반하는 경우

3. 제1항제1호부터 제3호까지의 제재조치를 받았음에도 불구하고 대통령령으로 정하는 바에 따라 동일한 사유로 반복적으로 심의규정을 위반하는 경우

④방송사업자·중계유선방송사업자·전광판방송사업자 및 외주제작사는 제1항 및 제3항에 따른 과징금처분 또는 제재조치명령을 받은 경우 지체 없이 그에 관한 방송미디어통신위원회의 결정사항전문을 방송(외주제작사는 제외한다)하고, 제재조치명령은 이를 받은 날부터 7일 이내에 이행하여야 하며, 그 이행결과를 방송미디어통신위원회에 보고하여야 한다. 〈개정 2006. 10. 27., 2008. 2. 29., 2009. 7. 31., 2016. 1. 27., 2025. 10. 1.〉

⑤ 상품소개와 판매에 관한 전문편성을 행하는 방송채널사용사업자는 허위, 과장 등 시청자가 오인할 수 있는 내용으로서 제33조에 따른 심의규정으로 정하는 사항을 위반하여 제1항 및 제3항에 따른 과징금처분 또는 제재조치명령을 받은 경우 그에 관한 방송미디어통신위원회의 결정사항전문을 대통령령으로 정하는 기준·방법에 따라 자사(自社)가 운영하는 인터넷 홈페이지에 게시하거나 우편, 전자우편 등을 통하여 해당 상품을 구매한 소비자에게 통지하여야 한다. 이 경우 상품소개와 판매에 관한 전문편성을 행하는 방송채널사용사업자는 이를 7일 이내에 이행하여야 하며, 그 이행결과를 방송미디어통신위원회에 보고하여야 한다. 〈신설 2018. 3. 13., 2025. 10. 1.〉

⑥방송미디어통신위원회는 제1항 및 제3항에 따라 과징금처분 또

는 제재조치명령을 하는 경우 미리 당사자 또는 그 대리인에게 의견을 진술할 기회를 주어야 한다. 다만, 당사자 또는 그 대리인이 정당한 사유없이 이에 응하지 아니한 때에는 그러하지 아니하다. 〈개정 2006. 10. 27., 2008. 2. 29., 2009. 7. 31., 2018. 3. 13., 2025. 10. 1.〉

⑦제1항 및 제3항에 따른 과징금처분 또는 제재조치명령에 이의가 있는 자는 해당 제재조치명령을 받은 날부터 30일 이내에 방송미디어통신위원회에 재심을 청구할 수 있다. 〈개정 2006. 10. 27., 2008. 2. 29., 2009. 7. 31., 2018. 3. 13., 2019. 12. 10., 2025. 10. 1.〉

⑧방송미디어통신위원회는 제7항에 따른 방송미디어통신위원회의 재심결과를 당사자 또는 그 대리인에게 통지하여야 한다. 〈개정 2006. 10. 27., 2008. 2. 29., 2018. 3. 13., 2025. 10. 1.〉

[2013. 3. 23. 법률 제11710호에 의하여 2012. 8. 3. 위헌 결정된 제100조제1항제1호를 삭제함.]

제101조(청문) 방송미디어통신위원회는 다음 각 호의 어느 하나에 해당하는 경우에는 청문을 실시하여야 한다. 〈개정 2007. 7. 27., 2008. 2. 29., 2013. 3. 23., 2017. 7. 26., 2020. 6. 9., 2024. 10. 22., 2025. 10. 1.〉

1. 제17조에 따른 재허가 또는 재승인을 거부하는 경우

2. 제18조에 따른 허가·승인·등록 또는 신고수리를 취소하는 경우

3. 제78조의2제5항에 따라 승인을 취소하는 경우

제102조(수수료) 이 법에 따른 허가·승인·등록, 변경허가·변경승인·변경등록, 재허가·재승인의 신청을 하는 자는 대통령령으로 정하는 바에 따라 수수료를 납부하여야 한다.

[전문개정 2022. 1. 11.]

제103조(권한의 위임·위탁) ① 이 법에 따른 과학기술정보통신부장관 또는 방송미디어통신위원회의 권한은 그 일부를 대통령령으로 정하는 바에 따라 그 소속 기관의 장 또는 시·도지사에게 위임하거나 다른 행정기관의 장, 그 행정기관의 소속 기관의 장에게 위탁할 수 있다. 〈개정 2013. 3. 23., 2017. 7. 26., 2021. 6. 8., 2025. 10. 1.〉

② 이 법에 따른 과학기술정보통신부장관 또는 방송미디어통신위원회의 업무는 그 일부를 대통령령으로 정하는 바에 따라 「전파법」에 따른 한국방송통신전파진흥원에 위탁할 수 있다. 〈신설 2013. 3. 23., 2017. 7. 26., 2021. 6. 8., 2025. 10. 1.〉

제103조의2(규제의 재검토) 방송미디어통신위원회는 제90조의3제2항에 따른 유료방송 서비스품질의 평가를 위한 자료의 제출에 대하여 2021년 1월 1일부터 매 5년이 되는 시점까지 그 타당성을 검토하여 필요한 조치를 하여야 한다. 〈개정 2025. 10. 1.〉

[본조신설 2022. 1. 11.]

제104조(벌칙 적용에서 공무원 의제) ① 제35조의3제1항에 따른 방송분쟁조정위원회의 위원 중 공무원이 아닌 사람은 「형법」 제127조 및 제129조부터 제132조까지의 규정에 따른 벌칙을 적용할 때에는 공무원으로 본다. 〈신설 2016. 1. 27., 2020. 6. 9.〉

②제103조에 따라 권한을 위탁받은 사무에 종사하는 사람은 형법이나 그 밖의 법률에 따른 벌칙을 적용할 때에는 공무원으로 본다. 〈개정 2016. 1. 27., 2020. 6. 9.〉

[전문개정 2008. 2. 29.]

[제목개정 2020. 6. 9.]

제9장 벌칙

제105조(벌칙) 다음 각 호의 어느 하나에 해당하는 자는 2년 이하의 징역 또는 3천만원 이하의 벌금에 처한다. 〈개정 2014. 5. 28., 2015. 12. 22., 2020. 6. 9. 2022. 1. 11.〉

1. 제4조제2항의 규정에 위반하여 방송편성에 관하여 규제나 간섭을 한 자

2. 거짓이나 그 밖의 부정한 방법으로 제9조 또는 제17조에 따른 허가 또는 재허가를 받거나 승인 또는 재승인을 받거나 등록을 하여 방송사업·중계유선방송사업·음악유선방송사업·전광판방송사업·전송망사업을 한 자

3. 제9조 또는 제17조에 따른 허가 또는 재허가를 받지 아니하거나 승인 또는 재승인을 받지 아니하거나 등록을 하지 아니하고 방송사업·중계유선방송사업·음악유선방송사업·전광판방송사업·전송망사업을 한 자

4. 제53조제3항을 위반하여 직무상 알게 된 공사의 비밀을 누설하거나 도용한 자

[제목개정 2022. 1. 11.]

제106조(벌칙) ①다음 각 호의 어느 하나에 해당하는 자는 1년 이하의 징역 또는 3천만원이하의 벌금에 처한다. 〈개정 2004. 3. 22., 2006. 10. 27., 2009. 7. 31., 2020. 6. 9.〉

1. 제4조제4항의 규정에 위반하여 방송편성규약을 제정하지 아니하거나 공표하지 아니한 자

2. 제8조제13항에 따른 시정명령을 위반한 자

3. 제14조제6항에 따른 시정명령을 위반한 자

4. 거짓이나 그 밖의 부정한 방법으로 제15조제1항에 따른 변경허가를 받거나 변경승인을 얻거나 변경등록을 한 자

5. 제15조제1항에 따른 변경허가를 받지 아니하거나 변경승인을 얻지 아니하거나 변경등록을 하지 아니한 자

6. 제15조의2제3항의 규정에 따른 시정명령을 위반한 자

②다음 각 호의 어느 하나에 해당하는 자는 3천만원 이하의 벌금에 처한다. 〈개정 2007. 1. 26., 2008. 2. 29., 2020. 6. 9., 2025. 10. 1.〉

1. 삭제 〈2014. 5. 28.〉

2. 제100조제1항에 따른 방송미디어통신위원회의 제재조치명령을 이행하지 아니한 자

제106조(벌칙) ①다음 각 호의 어느 하나에 해당하는 자는 1년 이하의 징역 또는 3천만원이하의 벌금에 처한다. 〈개정 2004. 3. 22., 2006. 10. 27., 2009. 7. 31., 2020. 6. 9., 2025. 8. 26.〉

1. 제4조제4항의 규정에 위반하여 방송편성규약을 제정하지 아니하거나 공표하지 아니한 자

1의2. 제4조의2를 위반하여 편성위원회를 구성하지 아니한 자

2. 제8조제13항에 따른 시정명령을 위반한 자

3. 제14조제6항에 따른 시정명령을 위반한 자

4. 거짓이나 그 밖의 부정한 방법으로 제15조제1항에 따른 변경허가를 받거나 변경승인을 얻거나 변경등록을 한 자

5. 제15조제1항에 따른 변경허가를 받지 아니하거나 변경승인을 얻지 아니하거나 변경등록을 하지 아니한 자

6. 제15조의2제3항의 규정에 따른 시정명령을 위반한 자

②다음 각 호의 어느 하나에 해당하는 자는 3천만원 이하의 벌금에 처한다. 〈개정 2007. 1. 26., 2008. 2. 29., 2020. 6. 9., 2025. 10. 1.〉

1. 삭제 〈2014. 5. 28.〉

2. 제100조제1항에 따른 방송미디어통신위원회의 제재조치명령을 이행하지 아니한 자

[시행일: 2026. 2. 27.] 제106조

제107조(양벌규정) 법인의 대표자나 법인 또는 개인의 대리인, 사용인, 그 밖의 종업원이 그 법인 또는 개인의 업무에 관하여 제105조 또는 제106조의 위반행위를 하면 그 행위자를 벌하는 외에 그 법인 또는 개인에게도 해당 조문의 벌금형을 과(科)한다. 다만, 법인 또는 개인이 그 위반행위를 방지하기 위하여 해당 업무에 관하여 상당한 주의와 감독을 게을리하지 아니한 경우에는 그러하지 아니하다.

[전문개정 2010. 6. 8.]

제108조(과태료) ①다음 각 호의 어느 하나에 해당하는 자에게는 3천만원 이하의 과태료를 부과한다. 〈개정 2002. 4. 20., 2004. 3. 22., 2005. 5. 18., 2006. 10. 27., 2007. 7. 27., 2008. 2. 29., 2009. 7. 31., 2011. 7. 14., 2012. 1. 17., 2014. 5. 28., 2015. 3. 13., 2015. 6. 22., 2015. 12. 22., 2016. 1. 27., 2018. 3. 13., 2019. 12. 10., 2020. 6. 9., 2022. 1. 11., 2023. 4. 6., 2024. 1. 23., 2024. 10. 22., 2025. 10. 1.〉

1. 제4조제3항의 규정에 위반하여 방송편성책임자의 성명을 방송시간내에 매일 1회 이상 공표하지 아니한 자

1의2. 제9조의3제2항에 따른 신고수리 또는 변경신고수리를 받지 아니하고 기술결합서비스를 제공한 자

1의3. 제9조의3제6항에 따른 신고수리를 받지 아니하고 기술결합서비스를 중지하거나 중단한 자

2. 제15조제1항제1호 단서에 따른 신고를 하지 아니한 자

2의2. 제15조제2항에 따른 신고를 하지 아니한 자

2의3. 제15조의2제1항 단서에 따른 신고를 하지 아니한 자

3. 제33조제4항을 위반하여 방송프로그램의 등급을 표시하지 아니한 자

3의2. 제35조의5제3항에 따른 자료를 제출하지 아니한 자
4. 제69조제3항부터 제6항까지의 규정을 위반하여 방송프로그램을 편성한 자
5. 제70조제1항부터 제4항까지 또는 제9항을 위반하여 채널을 구성·운용한 자
6. 제70조제5항 단서 또는 같은 조 제6항을 위반하여 채널을 운용한 자
7. 제70조제7항의 규정에 위반하여 특별한 이유없이 시청자가 자체제작한 방송프로그램을 방송하지 아니한 자
7의2. 제70조제8항을 위반하여 채널을 구성·운용한 자
7의3. 제70조의2제2항에 따른 명령을 위반한 자
8. 제71조제1항부터 제4항까지의 규정을 위반하여 방송프로그램을 편성한 자
9. 제72조제1항 및 제3항에 따른 편성비율을 위반하여 방송프로그램을 편성한 자
10. 제73조제1항·제2항 또는 제4항을 위반하여 방송광고를 한 자
10의2. 제73조제6항에 따라 정당한 사유 없이 합의를 하지 아니한 방송사업자 또는 같은 항에 따른 합의 없이 간접광고를 판매한 외주제작사
10의3. 제73조제8항을 위반하여 간접광고를 판매한 자
10의4. 제73조의2를 위반하여 방송광고 매출현황 자료를 제출하지 아니하거나 거짓으로 제출한 자
11. 제74조제1항 및 제2항의 규정에 위반하여 협찬고지를 한 자
11의2. 삭제 〈2010. 3. 22.〉
12. 제77조제3항 또는 제4항을 위반하여 이용약관의 신고수리 또는 변경신고수리를 받지 아니하거나 이용약관의 승인 또는 변경승인을 받지 아니하고 유료방송을 한 자
12의2. 제77조제6항을 위반하여 이용자에게 약관 변경을 통지하지 아니한 자
13. 제78조제1항의 규정에 위반하여 동시재송신을 하지 아니한 자
14. 제78조제4항에 위반하여 재송신을 한 자 및 방송사업자로부

터 업무를 위탁받아 방송을 위한 설비를 설치·운용하는 자로서 제78조제4항에 위반한 재송신을 가능하게 한 자

14의2. 외국방송사업자로서 다음 각 목의 어느 하나에 해당하는 자

가. 제78조의2제1항을 위반하여 승인받지 아니하고 재송신을 한 자

나. 제78조의2제3항을 위반하여 재송신을 한 자

다. 제78조의2제4항에 따른 자료제출 요구에 따르지 아니하거나 거짓으로 자료를 제출한 자

14의3. 제78조의2제6항을 위반하여 재송신을 하거나 같은 조 제7항에 따른 재송신의 범위와 기준을 초과하여 재송신을 한 자

15. 제80조를 위반하여 확인을 받지 아니한 자

16. 삭제 〈2016. 1. 27.〉

17. 제83조제1항에 따른 방송일지를 기록하지 아니하거나 허위로 기록한 자 또는 방송실시결과를 제출하지 아니한 자

18. 제83조제2항의 규정에 위반하여 방송프로그램 및 방송광고의 원본 또는 사본을 보존하지 아니한 자

19. 제84조제2항에 따른 신고수리를 받지 아니하고 폐업하거나 휴업한 자. 다만, 제9조제5항 본문에 따라 등록 또는 신고한 방송채널사용사업자는 제외한다.

19의2. 제85조의2제4항을 위반하여 자료제출을 거부하거나 거짓자료를 제출한 자

20. 제86조제1항의 규정에 위반하여 자체심의기구를 두지 아니하거나 방송프로그램을 심의하지 아니하거나 같은 조 제2항을 위반하여 허위, 과장 등 시청자가 오인할 수 있는 내용이 담긴 방송광고를 방송한 자

21. 제87조제1항의 규정에 위반하여 시청자위원회를 두지 아니한 자

22. 제89조제1항의 규정에 위반하여 시청자 평가프로그램을 편성하지 아니한 자

23. 제90조제3항의 규정에 위반하여 필요한 자료의 제출 또는 관계자의 출석·답변을 거부한 자

24. 제90조제4항의 규정에 위반하여 시청자위원회의 심의결과 및 그 처리에 관한사항을 방송미디어통신위원회에 보고하지 아니한 자

25. 삭제 〈2005. 1. 27.〉

25의2. 제98조제1항의 규정을 위반하여 자료제출을 하지 아니하거나 거짓으로 자료를 제출한 자

25의3. 제98조제3항에 따른 자료제출을 하지 아니하거나 거짓으로 자료를 제출한 자

26. 제98조의2제1항을 위반하여 재산상황을 제출하지 아니하거나 거짓으로 재산상황을 제출한 자

26의2. 제100조제2항의 규정을 위반한 방송출연자에 대한 경고, 출연제한 등의 조치를 취하지 아니한 자

27. 제100조제4항의 규정에 위반하여 방송미디어통신위원회의 결정사항전문을 방송하지 아니하거나 그 결과를 방송미디어통신위원회에 보고하지 아니한 자

28. 제100조제5항을 위반하여 방송미디어통신위원회의 결정사항 전문을 자사가 운영하는 인터넷 홈페이지에 게시하지 아니하거나 해당 상품을 구매한 소비자에게 통지하지 아니한 자 또는 그 결과를 방송미디어통신위원회에 보고하지 아니한 자

② 제90조의3제2항을 위반하여 특별한 사유 없이 자료를 제출하지 아니한 자에게는 1천만원 이하의 과태료를 부과한다. 〈신설 2022. 1. 11.〉

③제1항 및 제2항에 따른 과태료는 대통령령으로 정하는 바에 따라 방송미디어통신위원회(이하 "부과권자"라 한다)가 부과·징수한다. 〈개정 2008. 2. 29., 2013. 3. 23., 2017. 7. 26., 2020. 6. 9., 2022. 1. 11., 2025. 10. 1.〉

④ 삭제 〈2015. 12. 22.〉

⑤ 삭제 〈2015. 12. 22.〉

[제목개정 2022. 1. 11.]

제108조(과태료) ①다음 각 호의 어느 하나에 해당하는 자에게는 3천만원 이하의 과태료를 부과한다. 〈개정 2002. 4. 20., 2004. 3. 22., 2005. 5. 18., 2006. 10. 27., 2007. 7. 27., 2008. 2. 29., 2009. 7. 31., 2011. 7. 14., 2012. 1. 17., 2014. 5. 28., 2015. 3. 13., 2015. 6. 22., 2015. 12. 22., 2016. 1. 27., 2018. 3. 13., 2019. 12. 10., 2020. 6. 9., 2022. 1. 11., 2023. 4. 6., 2024. 1. 23., 2024. 10. 22., 2025. 8. 26., 2025. 10. 1.〉

1. 제4조제3항의 규정에 위반하여 다음 각 목의 어느 하나에 해

당하는 행위를 한 자

가. 제4조제3항을 위반하여 편성위원회의 제청 없이 방송편성책임자를 선임하거나(제4조의2제1항 각 호에 해당하는 방송사업자에 한정한다) 방송편성책임자를 선임하지 아니한 자

나. 제4조제3항을 위반하여 방송편성책임자의 성명을 방송시간 내에 매일 1회 이상 공표하지 아니한 자

1의2. 제4조제6항을 위반하여 방송편성규약을 준수하지 아니한 자

1의3. 제4조의2제2항을 위반하여 편성위원회의 심의·의결 사항을 이행하지 아니한 자

1의4. 제9조의3제2항에 따른 신고수리 또는 변경신고수리를 받지 아니하고 기술결합서비스를 제공한 자

1의5. 제9조의3제6항에 따른 신고수리를 받지 아니하고 기술결합서비스를 중지하거나 중단한 자

2. 제15조제1항제1호 단서에 따른 신고를 하지 아니한 자

2의2. 제15조제2항에 따른 신고를 하지 아니한 자

2의3. 제15조의2제1항 단서에 따른 신고를 하지 아니한 자

3. 제33조제4항을 위반하여 방송프로그램의 등급을 표시하지 아니한 자

3의2. 제35조의5제3항에 따른 자료를 제출하지 아니한 자

4. 제69조제3항부터 제6항까지의 규정을 위반하여 방송프로그램을 편성한 자

5. 제70조제1항부터 제4항까지 또는 제9항을 위반하여 채널을 구성·운용한 자

6. 제70조제5항 단서 또는 같은 조 제6항을 위반하여 채널을 운용한 자

7. 제70조제7항의 규정에 위반하여 특별한 이유없이 시청자가 자체제작한 방송프로그램을 방송하지 아니한 자

7의2. 제70조제8항을 위반하여 채널을 구성·운용한 자

7의3. 제70조의2제2항에 따른 명령을 위반한 자

8. 제71조제1항부터 제4항까지의 규정을 위반하여 방송프로그램을 편성한 자

9. 제72조제1항 및 제3항에 따른 편성비율을 위반하여 방송프로

그램을 편성한 자

10. 제73조제1항ㆍ제2항 또는 제4항을 위반하여 방송광고를 한 자

10의2. 제73조제6항에 따라 정당한 사유 없이 합의를 하지 아니한 방송사업자 또는 같은 항에 따른 합의 없이 간접광고를 판매한 외주제작사

10의3. 제73조제8항을 위반하여 간접광고를 판매한 자

10의4. 제73조의2를 위반하여 방송광고 매출현황 자료를 제출하지 아니하거나 거짓으로 제출한 자

11. 제74조제1항 및 제2항의 규정에 위반하여 협찬고지를 한 자

11의2. 삭제 〈2010. 3. 22.〉

12. 제77조제3항 또는 제4항을 위반하여 이용약관의 신고수리 또는 변경신고수리를 받지 아니하거나 이용약관의 승인 또는 변경승인을 받지 아니하고 유료방송을 한 자

12의2. 제77조제6항을 위반하여 이용자에게 약관 변경을 통지하지 아니한 자

13. 제78조제1항의 규정에 위반하여 동시재송신을 하지 아니한 자

14. 제78조제4항에 위반하여 재송신을 한 자 및 방송사업자로부터 업무를 위탁받아 방송을 위한 설비를 설치ㆍ운용하는 자로서 제78조제4항에 위반한 재송신을 가능하게 한 자

14의2. 외국방송사업자로서 다음 각 목의 어느 하나에 해당하는 자

가. 제78조의2제1항을 위반하여 승인받지 아니하고 재송신을 한 자

나. 제78조의2제3항을 위반하여 재송신을 한 자

다. 제78조의2제4항에 따른 자료제출 요구에 따르지 아니하거나 거짓으로 자료를 제출한 자

14의3. 제78조의2제6항을 위반하여 재송신을 하거나 같은 조 제7항에 따른 재송신의 범위와 기준을 초과하여 재송신을 한 자

15. 제80조를 위반하여 확인을 받지 아니한 자

16. 삭제 〈2016. 1. 27.〉

17. 제83조제1항에 따른 방송일지를 기록하지 아니하거나 허위로 기록한 자 또는 방송실시결과를 제출하지 아니한 자

18. 제83조제2항의 규정에 위반하여 방송프로그램 및 방송광고의 원본 또는 사본을 보존하지 아니한 자

19. 제84조제2항에 따른 신고수리를 받지 아니하고 폐업하거나 휴업한 자. 다만, 제9조제5항 본문에 따라 등록 또는 신고한 방송채널사용사업자는 제외한다.

19의2. 제85조의2제4항을 위반하여 자료제출을 거부하거나 거짓 자료를 제출한 자

20. 제86조제1항의 규정에 위반하여 자체심의기구를 두지 아니하거나 방송프로그램을 심의하지 아니하거나 같은 조 제2항을 위반하여 허위, 과장 등 시청자가 오인할 수 있는 내용이 담긴 방송광고를 방송한 자

21. 제87조제1항의 규정에 위반하여 시청자위원회를 두지 아니한 자

21의2. 제87조제2항에 따른 추천을 받지 아니하고 시청자위원회의 위원을 위촉한 자

22. 제89조제1항의 규정에 위반하여 시청자 평가프로그램을 편성하지 아니한 자

23. 제90조제3항의 규정에 위반하여 필요한 자료의 제출 또는 관계자의 출석·답변을 거부한 자

24. 제90조제4항의 규정에 위반하여 시청자위원회의 심의결과 및 그 처리에 관한사항을 방송미디어통신위원회에 보고하지 아니한 자

25. 삭제 〈2005. 1. 27.〉

25의2. 제98조제1항의 규정을 위반하여 자료제출을 하지 아니하거나 거짓으로 자료를 제출한 자

25의3. 제98조제3항에 따른 자료제출을 하지 아니하거나 거짓으로 자료를 제출한 자

26. 제98조의2제1항을 위반하여 재산상황을 제출하지 아니하거나 거짓으로 재산상황을 제출한 자

26의2. 제100조제2항의 규정을 위반한 방송출연자에 대한 경고, 출연제한 등의 조치를 취하지 아니한 자

27. 제100조제4항의 규정에 위반하여 방송미디어통신위원회의 결정사항전문을 방송하지 아니하거나 그 결과를 방송미디어통신위원회에 보고하지 아니한 자

28. 제100조제5항을 위반하여 방송미디어통신위원회의 결정사항 전문을 자사가 운영하는 인터넷 홈페이지에 게시하지 아니하거나 해당 상품을 구매한 소비자에게 통지하지 아니한 자 또는 그 결과를

방송미디어통신위원회에 보고하지 아니한 자

② 제90조의3제2항을 위반하여 특별한 사유 없이 자료를 제출하지 아니한 자에게는 1천만원 이하의 과태료를 부과한다. 〈신설 2022. 1. 11.〉

③제1항 및 제2항에 따른 과태료는 대통령령으로 정하는 바에 따라 방송미디어통신위원회(이하 "부과권자"라 한다)가 부과·징수한다. 〈개정 2008. 2. 29., 2013. 3. 23., 2017. 7. 26., 2020. 6. 9., 2022. 1. 11., 2025. 10. 1.〉

④ 삭제 〈2015. 12. 22.〉

⑤ 삭제 〈2015. 12. 22.〉

[제목개정 2022. 1. 11.]

[시행일: 2026. 2. 27.] 제108조

제109조(과징금 부과 및 징수) ①방송미디어통신위원회는 이 법의 규정에 의한 과징금을 부과하는 경우 다음 각 호의 사항을 참작하여야 한다. 〈개정 2008. 2. 29., 2013. 3. 23., 2017. 7. 26., 2020. 6. 9., 2025. 10. 1.〉

1. 위반행위의 내용 및 정도
2. 위반행위의 기간 및 횟수
3. 위반행위로 인하여 취득한 이익의 규모 등

②방송미디어통신위원회는 이 법의 규정을 위반한 방송사업자의 합병이 있는 경우에는 해당 법인이 행한 위반행위는 합병 후 존속하거나 합병에 의해 설립된 법인이 행한 행위로 보아 과징금을 부과·징수할 수 있다. 〈개정 2008. 2. 29., 2013. 3. 23., 2017. 7. 26., 2019. 12. 10., 2025. 10. 1.〉

③과징금을 부과받은 해당 방송사업자가 분할 또는 분할합병되는 경우(부과일에 분할 또는 분할합병되는 경우를 포함한다) 그 과징금은 다음 각 호의 법인이 연대하여 납부할 책임을 진다. 〈개정 2019. 12. 10.〉

1. 분할되는 법인
2. 분할 또는 분할합병으로 인하여 설립되는 법인
3. 분할되는 회사의 일부가 다른 회사와 합병하여 그 다른 회사가 존속하는 경우의 그 다른 법인

④과징금을 부과받은 방송사업자가 분할 또는 분할합병으로 인하

여 해산되는 경우(부과일에 해산되는 경우를 포함한다) 그 과징금은 다음 각 호의 법인이 연대하여 납부할 책임을 진다.

1. 분할 또는 분할합병으로 인하여 설립되는 법인

2. 분할되는 법인의 일부가 다른 법인과 합병하여 그 다른 법인이 존속하는 경우의 그 다른 법인

⑤방송미디어통신위원회는 과징금 납부의무자가 납부기한까지 과징금을 납부하지 아니한 때에는 기간을 정하여 독촉을 하고, 그 지정한 기간 내에 과징금을 납부하지 아니한 때에는 국세체납처분의 예에 따라 이를 징수할 수 있다. 〈개정 2008. 2. 29., 2013. 3. 23., 2017. 7. 26., 2020. 6. 9., 2025. 10. 1.〉

⑥제1항에 따른 과징금의 부과기준 및 과징금의 징수에 관하여 필요한 사항은 대통령령으로 정한다. 〈개정 2020. 6. 9.〉

[본조신설 2006. 10. 27.]

부칙 〈제6139호, 2000. 1. 12.〉

제1조 (시행일) 이 법은 공포후 2월이 경과한 날부터 시행하되, 부칙 제4조제2항의 규정은 공포한 날부터 시행한다.

제2조 (다른 법률의 폐지) 다음 각호의 법률은 이를 폐지한다.

1. 방송법
2. 종합유선방송법
3. 한국방송공사법
4. 유선방송관리법

제3조 (방송위원회등에 관한 경과조치) ①이 법 제20조의 규정에 의한 방송위원회는 이 법의 시행일 30일전까지 구성하여야 한다.

②이 법에 의한 방송위원회가 구성된 경우에는 종전의 방송법에 의한 방송위원회 또는 종합유선방송법에 의한 종합유선방송위원회는 해체된 것으로 본다.

③이 법 공포당시 종전의 방송법에 의한 방송위원회의 위원은 이 법 시행전에 임기가 만료되더라도 이 법에 의한 방송위원회가 구성될 때까지 그 직무를 행한다.

④제1항의 규정에 의한 방송위원회가 구성된 경우에는 이 법 시행일전까지 종전의 방송법에 의한 방송위원회 또는 종전의 종합유선방송법에 의한 종합유선방송위원회의 직무는 방송위원회가 행한다.

제4조 (한국방송공사의 정관등에 관한 경과조치) ①이 법 시행당시 종전의 한국방송공사법에 의한 한국방송공사는 이 법에 의한 한국방송공사로 본다. 이 경우 이 법 시행후 3월 이내에 정관을 변경하여 방송위원회의 인가를 받아야 한다.

②1999년 12월 31일 당시 종전의 한국방송공사법에 의한 수신료의 금액은 2000년 1월1일부터 이 법 제65조에 의한 국회의 승인을 얻은 것으로 본다.

③이 법에 의한 한국방송공사는 종전의 한국방송공사법에 의한 한국방송공사의 모든 권리와 의무를 승계한다.

제5조 (한국방송공사의 이사회·집행기관의 구성에 관한 경과조치) ①한국방송공사의 이사회 및 집행기관은 이 법 시행후 3월내에 이 법의 규정에 의하여 구성되어야 한다.

②이 법 시행당시의 한국방송공사의 이사장을 포함한 이사는 이 법에 의한 후임자가 선임될 때까지 그 직무를 행한다.

③이 법 시행당시의 한국방송공사의 사장, 부사장 및 감사는 이 법에 의한 후임자가 선임 또는 임명될 때까지 그 직무를 행한다.

제6조 (공익자금 및 공익자금관리위원회에 관한 경과조치) ①이 법 시행당시 한국방송광고공사법에 의한 한국방송광고공사가 조성 및 관리·운용하고 있는 공익자금은 이 법에 의하여 방송위원회가 조성 및 관리·운용하는 방송발전기금으로 본다.

②이 법에 의한 방송발전기금관리위원회가 구성된 경우에는 종전의 한국방송광고공사법에 의한 공익자금관리위원회는 해체된 것으로 본다.

제7조 (일반적 경과조치) ①이 법 시행당시 종전의 방송법·종합유선방송법·유선방송관리법 또는 한국방송공사법에 의하여 행정처분등 행정기관·방송위원회·종합유선방송위원회의 행위와 각종 신고등 행정기관·방송위원회·종합유선방송위원회에 대한 행위는 이 법에 의한 행위로 본다.

②방송위원회는 이 법 제9조제3항의 규정에 의한 종합유선방송사업의 승인을 별표에서 정하는 기간 동안 유예할 수 있다.

③종합유선방송사업자는 제2항의 유예기간 동안 지상파방송사업자가 행하는 방송을 녹음·녹화하여 재송신하여서는 아니된다.

④제9조제5항에 의한 등록을 하여야 하는 방송채널사용사업자의

경우 2000년 12월31일까지는 방송위원회의 승인을 얻어야 한다. 이 경우 승인의 요건과 절차에 관한 사항은 방송위원회규칙으로 정한다.

제8조 (방송사업 허가등에 관한 경과조치) ①이 법 시행당시 전파법에 의하여 방송국 허가를 받은 자는 이 법 제9조제1항의 규정에 의하여 허가를 받은 자로 본다.

②이 법 시행당시 종전의 종합유선방송법에 의하여 종합유선방송국 허가를 받은 자는 이 법 제9조제2항의 규정에 의하여 허가를 받은 자로, 프로그램공급업 허가를 받은 자는 이 법 제9조제5항의 규정에 의하여 승인을 얻거나 등록을 한 자로,전송망사업 지정을 받은 자는 이 법 제9조제10항의 규정에 의하여 등록한 자로 본다.

③이 법 시행당시 종전의 유선방송관리법에 의하여 유선방송사업자로 허가를 받은 자는 이 법 제9조제2항의 규정에 의하여 중계유선방송사업의 허가를 받은 자로, 음악유선방송사업자로 허가를 받은 자는 제9조제5항의 규정에 의하여 음악유선방송사업자로 등록한 자로 본다.

④이 법 시행당시 전광판방송을 행하고 있는 자는 이 법 제9조제5항의 규정에 의하여 전광판방송사업자로 등록한 자로 본다. 다만, 이 법 시행후 6월 이내에 등록증을 교부받아야 한다.

제9조 (방송사업자의 소유제한에 관한 특례) ①이 법 시행당시 정기간행물등록등에관한법률에 의한 일간신문을 경영하는 법인(특수관계자를 포함한다)으로서 종전의 종합유선방송법에 의한 보도프로그램공급업을 행하는 법인의 주식 또는 지분을 소유하고 있는 경우에는 이 법 제8조제3항의 규정에 불구하고 그 법인이 소유하고 있는 주식 또는 지분의 한도 안에서 주식 또는 지분을 계속 소유할 수 있다.

②이 법 시행당시 종전의 방송법 또는 종합유선방송법에 의하여 방송사업의 허가를 받거나 그 주식 또는 지분을 소유하고 있는 자가 대기업과 그 계열회사(특수관계자를 포함한다)에 해당되게 되는 경우에는 이 법 제8조제3항 및 제4항의 규정에 불구하고 그 자가 소유하고 있는 주식 또는 지분의 한도안에서 주식 또는 지분을 계속 소유할 수 있다.

③이 법 시행당시 법률 제5529호 방송법 부칙 제3조의 규정에 의하여 이 법 제8조제2항의 규정에 의한 소유한도를 초과하여 방송

사업자의 주식 또는 지분을 소유하고 있는 자는 그가 소유하고 있는 주식 또는 지분의 범위안에서 주식 또는 지분을 계속하여 소유할 수 있다.

제10조 (위성방송사업자에 대한 기금의 징수) 이 법 제37조제3항의 규정에 의한 위성방송사업자에 대한 기금의 징수시기는 위성방송사업자의 경영상황을 고려하여 대통령령으로 정한다.

제11조 (벌칙의 적용에 관한 경과조치) 이 법 시행전의 행위에 관한 벌칙의 적용에 있어서는 종전의 방송법·종합유선방송법·한국방송공사법 또는 유선방송관리법의 규정에 의한다.

제12조 (다른 법률의 개정) ①정부조직법중 다음과 같이 개정한다.

1. 제35조제1항중 "방송행정·출판"을 "영상·광고·출판"으로 하고, 부칙 제4조를 삭제한다.

②기금관리기본법중 다음과 같이 개정한다.

별표 2에 제128호를 다음과 같이 신설한다.

128. 방송법

제13조 (다른 법률과의 관계) 이 법 시행당시 다른 법률에서 종전의 방송법·종합유선방송법·한국방송공사법 또는 유선방송관리법의 규정을 인용하고 있는 경우에 이 법중 그에 해당하는 규정이 있는 경우에는 종전의 규정에 갈음하여 이 법의 해당 규정을 인용한 것으로 본다.

부칙 〈제6690호, 2002. 4. 20.〉

이 법은 공포한 날부터 시행한다.

부칙 〈제6803호, 2002. 12. 18.〉

이 법은 2003년 1월 1일부터 시행한다.

부칙 〈제6869호, 2003. 5. 10.〉

이 법은 공포한 날부터 시행한다.

부칙 〈제6905호, 2003. 5. 29.〉 (뉴스통신진흥에관한법률)

제1조 (시행일) 이 법은 공포 후 3월이 경과한 날부터 시행한다. 〈단서 생략〉

제2조 내지 제5조 생략
제6조 (다른 법률의 개정) ①생략
②방송법중 다음과 같이 개정한다.
제8조제3항중 "통신"을 각각 "뉴스통신진흥에관한법률의 규정에 의한 뉴스통신(이하 "뉴스통신"이라 한다)으로 하고, 동조제4하중 "통신"을 "뉴스통신"으로 한다.
③생략

부칙 〈제7188호, 2004. 3. 11.〉 (재난및안전관리기본법)
제1조 (시행일) 이 법은 공포한 날부터 3월을 넘지 아니하는 범위에서 대통령령이 정하는 날부터 시행한다.
제2조 내지 제9조 생략
제10조 (다른 법률의 개정) ①및 ②생략
③방송법중 다음과 같이 개정한다.
제75조제1항중 "재난관리법 제2조"를 "재난및안전관리기본법 제3조"로 한다.
④및 ⑤생략
제11조 생략

부칙 〈제7190호, 2004. 3. 12.〉 (정당법)
제1조 (시행일) 이 법은 공포한 날부터 시행한다. 〈단서 생략〉
제2조 내지 제8조 생략
제9조 (다른 법률의 개정) ①방송법중 다음과 같이 개정한다.
제8조제9항중 "정당(정당법에 의한 지구당을 포함한다)"를 "정당"으로 한다.
②생략

부칙 〈제7213호, 2004. 3. 22.〉
이 법은 공포한 날부터 시행한다.

부칙 〈제7370호, 2005. 1. 27.〉 (언론중재및피해구제등에관한법률)
제1조 (시행일) 이 법은 공포 후 6월이 경과한 날부터 시행한다.

제2조 내지 제4조 생략
제5조 (다른 법률의 개정) 방송법중 다음과 같이 개정한다.
제91조를 삭제한다.
제108조제1항제25호를 삭제한다.
제6조 생략

부칙 〈제7498호, 2005. 5. 18.〉
제1조 (시행일) 이 법은 공포한 날부터 시행한다.
제2조 (지역사업권료 징수에 관한 경과조치) ①종합유선방송사업자는 종전의 제12조제3항의 규정에 따라 방송위원회가 징수하는 지역사업권료를 이 법 시행일 전일까지 일수를 계산하여 납부하여야 한다.
②방송위원회는 제1항의 규정에 따라 징수한 지역사업권료를 제36조의 규정에 의한 방송발전기금에 납입하여야 한다.

부칙 〈제7655호, 2005. 8. 4.〉 (치료감호법)
제1조 (시행일) 이 법은 공포한 날부터 시행한다.
제2조 내지 제7조 생략
제8조 (다른 법률의 개정) ①및 ②생략
③방송법 일부를 다음과 같이 개정한다.
제13조제3항제6호를 다음과 같이 개정한다.
6. 「보안관찰법」에 의한 보안관찰처분, 「사회보호법」에 의한 보호감호 또는 「치료감호법」에 의한 치료감호의 집행 중에 있는 자
④내지 ⑨생략

부칙 〈제7815호, 2005. 12. 30.〉 (전파법)
제1조 (시행일) 이 법은 공포 후 6개월이 경과한 날부터 시행한다.
제2조 내지 제5조 생략
제6조 (다른 법률의 개정 등) ①방송법 일부를 다음과 같이 개정한다.
제103조제1항중 "무선국관리사업단"을 "한국전파진흥원"으로 한다.
②생략

부칙 〈제8050호, 2006. 10. 4.〉 (국가재정법)
제1조 (시행일) 이 법은 2007년 1월 1일부터 시행한다. 〈단서 생략〉

제2조 내지 제10조 생략
제11조 (다른 법률의 개정) ①내지 ㉙생략
㉚방송법 일부를 다음과 같이 개정한다.
제22조제5항 중 "예산회계법 제14조"를 "「국가재정법」 제6조"로 한다.
㉛내지 〈59〉생략
제12조 생략

부칙 〈제8060호, 2006. 10. 27.〉
제1조 (시행일) 이 법은 공포한 날부터 시행한다.
제2조 (방송사업자의 소유제한에 관한 경과조치) 이 법 시행당시 제8조제2항제2호의 개정규정에 적합하지 아니하게 된 자는 이 법 시행 후 1년 이내에 동 규정에 적합하게 하여야 한다.
제3조 (종합유선방송사업자 등의 지상파방송 재송신 승인의 유효기간에 관한 경과조치) 이 법 시행당시 제78조제4항 및 제5항의 규정에 의하여 각각 지상파방송 및 외국방송사업자가 행하는 방송에 대한 재송신 승인을 얻은 자는 제78조제6항의 개정규정에 의한 대통령령 시행당시에 각각 다시 재송신 승인을 얻은 것으로 본다.

부칙 〈제8101호, 2006. 12. 28.〉 (저작권법)
제1조 (시행일) 이 법은 공포 후 6개월이 경과한 날부터 시행한다. 〈단서 생략〉
제2조 내지 제14조 생략
제15조 (다른 법률의 개정) ①생략
②방송법 일부를 다음과 같이 개정한다.
제78조제3항 중 "저작권법 제69조"를 "「저작권법」 제85조"로 한다.
제16조 생략

부칙 〈제8301호, 2007. 1. 26.〉
①(시행일) 이 법은 공포 후 3개월이 경과한 날부터 시행한다.
②(유효기간) 제70조제6항의 개정규정은 2010년 6월 30일까지 효력을 가진다.

부칙 〈제8568호, 2007. 7. 27.〉

제1조 (시행일) 이 법은 공포 후 3개월이 경과한 날부터 시행한다.

제2조 (지상파방송사업자 간 소유제한에 관한 경과조치) ① 이 법 시행 당시 제8조제7항의 개정규정에 적합하지 아니하게 된 자는 이 법 시행 후 1년 이내에 같은 규정에 적합하게 하여야 한다.

② 제1항에 해당하는 기간 이내에는 제8조제11항과 제12항의 적용을 유예한다.

제3조 (외국방송사업자가 행하는 방송의 재송신에 관한 경과조치) 이 법 시행 당시 종전의 규정에 따라 종합유선방송사업자 및 위성방송사업자가 재송신의 승인을 얻은 외국방송사업자의 방송은 이 법 시행일부터 1년의 기간에 한하여 외국방송사업자가 제78조의2의 개정규정에 따라 재송신의 승인을 받은 것으로 본다. 다만, 제78조의2 제5항의 개정규정에 따라 승인이 취소된 때에는 그러하지 아니하다.

부칙 〈제8867호, 2008. 2. 29.〉 (방송통신위원회의 설치 및 운영에 관한 법률)

제1조(시행일 등) 이 법은 공포한 날부터 시행한다. 〈단서 생략〉

제2조 부터 제6조까지 생략

제7조(다른 법률의 개정) ① 부터 ③ 까지 생략

④ 방송법 일부를 다음과 같이 개정한다.

제8조제12항, 제15조제3항 각 호 외의 부분, 제15조의2제1항 본문 및 단서 · 제2항 각 호 외의 부분 · 제3항, 제42조의2, 제42조의4 제5호, 제70조제6항제6호 · 제8항 전단, 제75조제2항 전단, 제76조 제2항 전단 및 후단 · 제4항 · 제5항, 제76조의2제1항, 제76조의3제2항 전단 및 후단 · 제3항 · 제4항, 제76조의4, 제76조의5제2항, 제78조의2제1항 전단 · 제2항 각 호 외의 부분 · 제4항 · 제5항 각 호 외의 부분, 제100조제3항 중 "방송위원회"를 각각 "방송통신위원회"로 한다.

제9조의 제목 "(추천 · 허가 · 승인 · 등록 등)"을 "(허가 · 승인 · 등록 등)"으로 한다.

제9조제1항 중 "방송위원회의 추천을 받아 전파법이 정하는 바에 의하여 정보통신부장관의 방송국허가를"을 "「전파법」이 정하는 바에 따라 방송통신위원회의 방송국 허가를"로 한다.

제9조제2항 중 "방송위원회의 추천을 받아 대통령령이 정하는 기준에 적합하게 시설과 기술을 갖추어 정보통신부장관의 허가를"을 "대통령령이 정하는 기준에 적합하게 시설과 기술을 갖추어 방송통신위원회의 허가를"로 한다.

제9조제3항 전단 · 제5항 본문 및 단서 · 제6항 전단 · 제8항 전단, 제10조제2항, 제11조, 제12조제2항, 제14조제1항 단서, 제17조제2항 · 제3항 각 호 외의 부분 · 제1호 · 제2호, 제45조제2항, 제46조제3항, 제50조제4항, 제58조제2항, 제59조제1항 · 제3항 · 제4항, 제60조, 제65조, 제66조제3항, 제69조제8항, 제75조제3항, 제77조제1항 전단 · 제2항, 제78조제2항 · 제4항, 제83조제1항, 제88조제2항, 제89조제3항, 제90조제2항 · 제4항, 제97조, 제98조제1항 · 제2항, 제99조제1항 각 호 외의 부분, 제100조제1항 각 호 외의 부분 본문 · 제4항 · 제5항 본문 · 제6항 · 제7항, 제106조제2항제2호, 제108조제1항제24호 · 제27호 중 "방송위원회"를 각각 "방송통신위원회"로 한다.

제9조제3항 후단 · 제6항 후단 · 제8항 후단, 제18조제2항, 제20조부터 제30조까지, 제33조제2항제11호, 제34조, 제41조, 제42조를 각각 삭제한다.

제9조제10항, 제79조제4항, 제82조 전단 중 "정보통신부장관에게"를 각각 "방송통신위원회에"로 한다.

제9조제11항 전단 중 "방송위원회의 추천을 받아 「전파법」이 정하는 바에 따라 정보통신부장관의 방송국 허가를"을 "「전파법」이 정하는 바에 따라 방송통신위원회의 방송국 허가를"로 한다.

제9조제12항 중 "추천 · 허가 · 승인"을 "허가 · 승인"으로 한다.

제10조제1항 각 호 외의 부분 중 "방송위원회는 제9조제1항 및 제2항의 추천"을 "방송통신위원회는 제9조제1항 및 제2항의 허가"로 한다.

제10조제3항 중 "방송위원회는 종합유선방송사업을 하고자 하는 자를 추천하고자 할 때에는"을 "방송통신위원회는 종합유선방송사업을 하고자 하는 자를 허가할 때에는"으로 한다.

제12조제1항 전단 중 "방송위원회는 제9조제2항의 규정에 의하여 종합유선방송사업 또는 중계유선방송사업을 허가 추천할 때에는"을 "방송통신위원회는 제9조제2항에 따라 종합유선방송사업 또는 중계

유선방송사업을 허가할 때에는"으로 한다.

제14조제6항을 다음과 같이 한다.

⑥ 방송통신위원회는 방송사업자·중계유선방송사업자 또는 전송망사업자가 제1항부터 제3항까지의 규정을 위반하게 된 경우에 방송사업자·중계유선방송사업자 또는 전송망사업자나 그 위반의 원인을 제공한 주식 또는 지분의 소유자에 대하여 6개월 이내의 기간을 정하여 해당 사항을 시정할 것을 명할 수 있다.

제15조제1항 각 호 외의 부분 전단 중 "방송위원회 또는 정보통신부장관으로부터 변경허가 추천, 변경허가"를 "방송통신위원회로부터 변경허가"로 한다.

제15조제2항 각 호 외의 부분 중 "방송위원회 및 정보통신부장관에게 각각"을 "방송통신위원회에"로 한다.

제17조제1항 중 "방송위원회의 재허가 추천을 받아 정보통신부장관의"를 "방송통신위원회의"로 한다.

제17조제3항 각 호 외의 부분·제4항 중 "재허가 추천"을 각각 "재허가"로 한다.

제18조제1항 각 호 외의 부분 본문 중 "정보통신부장관 또는 방송위원회가 각각"을 "방송통신위원회가"로 한다.

제19조, 제101조 각 호 외의 부분 중 "방송위원회 또는 정보통신부장관은"을 각각 "방송통신위원회는"으로 한다.

제3장의 제목 "방송위원회"를 "방송통신위원회의 소속위원회 등"으로 한다.

제31조제1항 내지 제3항, 제35조제1항·제2항, 제36조, 제37조제2항 내지 제4항·제6항, 제38조제1항제12호, 제39조제1항·제3항 본문, 제40조 중 "위원회"를 각각 "방송통신위원회"로 한다.

제31조제3항, 제35조제3항, 제39조제4항, 제70조제5항 본문·제7항, 제74조제2항, 제75조제4항, 제83조제3항, 제84조제3항, 제87조제2항 중 "위원회규칙"을 각각 "방송통신위원회규칙"으로 한다.

제32조제1항 중 "방송위원회"를 "방송통신심의위원회"로 한다.

제32조제2항, 제33조제1항·제2항제12호·제4항 중 "위원회"를 각각 "방송통신심의위원회"로 한다.

제32조제3항·제4항, 제33조제5항 중 "위원회"를 각각 "방송통신심의위원회"로 한다.

제33조제4항 중 “위원회규칙”을 “방송통신심의위원회규칙”으로 한다.

제35조의2제1항 · 제2항, 제35조의3제1항 · 제2항, 제37조제7항 · 제8항, 제38조제2항 중 “위원회”를 각각 “방송통신위원회”로 한다.

제35조의2제3항 및 제76조의2제3항 중 “위원회규칙”을 각각 “방송통신위원회규칙”으로 한다.

제38조제2항 중 “위원장”을 “방송통신위원회 위원장”으로 한다.

제39조제3항 단서, 제92조제2항, 제96조제1항 중 “문화관광부장관”을 각각 “문화체육관광부장관”으로 한다.

제42조의3제2항 중 “방송위원회 부위원장”을 “방송통신위원회 위원장이 방송통신위원회 위원 중에서 위촉한 1인”으로 하고, 같은 조 제3항 중 “방송위원회 위원장이 위촉하되, 위원중 1인은 방송위원회 상임위원으로 하고, 나머지 3인은 지역방송을 대표할 수 있다고 방송위원회 위원장”을 “방송통신위원회 위원장이 위촉하되, 위원중 1인은 방송통신위원회 위원으로 하고, 나머지 3인은 지역방송을 대표할 수 있다고 방송통신위원회 위원장” 으로 한다.

제43조제6항 중 “기획예산처장관”을 각각 “기획재정부장관”으로 한다.

제76조제2항 후단 중 “문화관광부장관”을 “문화체육관광부장관”으로 한다.

제76조의2제2항 중 “방송위원회 위원장이 방송위원회”를 “방송통신위원회 위원장이 방송통신위원회”로 한다.

제79조제1항, 제81조, 제92조제3항, 제96조제2항, 제99조제2항 중 “정보통신부장관은”을 각각 “방송통신위원회는”으로 한다.

제79조제2항 전단, 제80조 전단 중 “정보통신부장관”을 각각 “방송통신위원회”로 한다.

제82조 중 “정보통신부령”을 “대통령령”으로 한다.

제84조제1항 중 “방송위원회 및 정보통신부장관에게 각각”을 “방송통신위원회에”로 한다.

제100조제1항 단서 중 “심의규정 등의 위반정도가”를 “방송통신심의위원회는 심의규정 등의 위반정도가”로 한다.

제101조제1호 중 “재허가 · 재허가 추천”을 “재허가”로 한다.

제103조제1항 중 “방송위원회 또는 정보통신부장관”을 “방송통신위원회”로 한다.

제103조제1항 중 “시 · 도지사 또는 체신청장에게 위임”을 “시 · 도지사, 소속기관의 장 또는 체신청장에게 위임 · 위탁”으로 한다.

제103조제2항 중 “방송위원회”를 “방송통신심의위원회”로 한다.

제104조를 다음과 같이 한다.

제104조(벌칙적용에 있어서의 공무원의 의제) 제103조에 따라 권한을 위탁받은 사무에 종사하는 자는 형법이나 그 밖의 법률에 따른 벌칙의 적용에 있어서 이를 공무원으로 본다.

제108조제2항 중 “방송위원회 또는 정보통신부장관(이하 "부과권자"라 한다)이”를 “방송통신위원회(이하 "부과권자"라 한다)가”로 하고, 같은 조 제3항 및 제4항 중 “부과권자”를 각각 “부과권자”로 한다.

제109조제1항 · 제2항 · 제5항 중 “방송위원회 또는 정보통신부장관은”을 각각 “방송통신위원회는”으로 한다.

⑤ 부터 ⑳ 까지 생략

제8조 부터 제12조까지 생략

부칙 〈제9280호, 2008. 12. 31.〉 (정부기업예산법)

제1조(시행일) 이 법은 2009년 1월 1일부터 시행한다.

제2조 부터 제4조까지 생략

제5조(다른 법률의 개정) ① 부터 ④ 까지 생략

⑤ 방송법 일부를 다음과 같이 개정한다.

제55조제2항 중 “기업예산회계법”을 “「정부기업예산법」”으로 한다.

⑥ 부터 ⑨ 까지 생략

제6조 생략

부칙 〈제9785호, 2009. 7. 31.〉 (신문 등의 진흥에 관한 법률)

제1조(시행일) 이 법은 공포 후 6개월이 경과한 날부터 시행한다.

제2조 부터 제7조까지 생략

제8조(다른 법률의 개정) ① 부터 ④ 까지 생략

⑤ 법률 제9786호 방송법 일부개정법률 일부를 다음과 같이 개정한다.

제8조제5항 중 “「신문 등의 자유와 기능보장에 관한 법률」”을 “「신문 등의 진흥에 관한 법률」”로 한다.

⑥ 부터 ⑭ 까지 생략

제9조 생략

부칙 〈제9786호, 2009. 7. 31.〉

제1조(시행일) 이 법은 공포 후 3개월이 경과한 날부터 시행한다. 다만, 제69조의2의 개정규정은 제35조의4제4항의 개정규정에도 불구하고 공포 후 1년이 경과한 날부터 시행한다.

제2조(허가·승인의 유효기간에 관한 경과조치) 이 법 시행 당시 종전의 규정에 따라 방송사업 등의 허가 또는 승인을 받은 자의 허가 또는 승인에 관한 유효기간은 제16조의 개정규정에도 불구하고 종전의 규정에 따른다.

제3조(방송사업자의 소유규제 적용에 관한 경과조치) ① 제8조제2항 및 제3항의 개정규정에도 불구하고 대기업과 그 계열회사(특수관계자를 포함한다) 또는 일간신문이나 뉴스통신을 경영하는 법인(특수관계자를 포함한다)은 2012년 12월 31일까지 지상파방송사업자(지역방송을 제외한다)의 최다액 출자자 또는 경영권을 실질적으로 지배하는 자가 될 수 없다. 이를 위반하는 경우에 제8조제13항의 개정규정에 따른 시정조치를 명할 수 있다.

② 이 법 시행 당시 법률 제6139호 방송법 부칙 제9조제3항에 따라 제8조제2항의 개정규정에 따른 소유한도를 초과하여 방송사업자의 주식 또는 지분을 소유하고 있는 자는 그가 소유하고 있는 주식 또는 지분의 범위에서 그 주식 또는 지분을 계속하여 소유할 수 있다.

제4조(행정명령에 관한 적용례) 제18조제1항의 개정규정은 이 법 시행 후 최초로 발생하는 같은 항 각 호의 어느 하나에 해당하는 경우부터 적용한다.

제5조(과징금부과처분에 관한 적용례) 제100조제1항 및 제4항의 개정규정은 이 법 시행 후 최초로 발생하는 과징금 부과 대상이 되는 위반행위부터 적용한다.

제6조(다른 법률의 개정) 신문 등의 자유와 기능보장에 관한 법률 일부를 다음과 같이 개정한다.

제15조제2항 중 “없으며, 방송법에 의한 종합편성 또는 보도에 관한 전문편성을 행하는 방송사업(이하 "방송사업"이라 한다. 이하 이 조에서 같다)을 겸영할 수 없다”를 “없다”로 하고, 같은 조 제3항 중 “방송사업”을 “「방송법」에 따른 종합편성 또는 보도에 관한

전문편성을 행하는 방송사업"으로 한다.

부칙 〈제10165호, 2010. 3. 22.〉 (방송통신발전 기본법)
제1조(시행일) 이 법은 공포 후 6개월이 경과한 날부터 시행한다. 다만, ···〈생략〉···, 부칙 제6조제1항, 같은 조 제2항(제36조부터 제40조까지, 제69조제8항 및 제89조제3항의 개정규정에 한한다)부터 제5항까지 및 같은 조 제7항·제8항 및 제10항은 2011년 1월 1일부터 시행한다.
제2조 부터 제5조까지 생략
제6조(다른 법률의 개정) ① 생략
② 방송법 일부를 다음과 같이 개정한다.
제35조의2, 제36조부터 제40조까지를 각각 삭제한다.
제69조제8항 중 "기금"을 "「방송통신발전 기본법」 제24조에 따른 방송통신발전기금"으로 한다.
제75조를 삭제한다.
제85조 중 "제71조 내지 제75조의 규정을"을 "제71조부터 제74조까지의 규정을"로 한다.
제89조제3항 중 "기금"을 "「방송통신발전 기본법」 제24조에 따른 방송통신발전기금"으로 한다.
제108조제1항제11호의2를 삭제한다.
③ 부터 ⑩ 까지 생략
제7조 생략

부칙 〈제10166호, 2010. 3. 22.〉 (전기통신사업법)
제1조(시행일) 이 법은 공포 후 6개월이 경과한 날부터 시행한다.
제2조 부터 제6조까지 생략
제7조(다른 법률의 개정) ① 생략
② 방송법 일부를 다음과 같이 개정한다.
제9조제5항 중 "전기통신사업법 제21조"를 "「전기통신사업법」 제22조"로 한다.
제79조제3항 중 "전기통신기본법에 의한"을 "「전기통신사업법」에 따른"으로 한다.
③ 부터 ⑨ 까지 생략

제8조 및 제9조 생략

부칙 〈제10363호, 2010. 6. 8.〉
이 법은 공포한 날부터 시행한다.

부칙 〈제10856호, 2011. 7. 14.〉
이 법은 공포 후 3개월이 경과한 날부터 시행한다. 다만, 제2조제7호, 제35조, 제35조의3제1항 및 제70조제7항의 개정규정은 공포한 날부터 시행하고, 제35조의5, 제85조의2 및 제108조제1항제3호의2 · 제19호의2의 개정규정은 공포 후 6개월이 경과한 날부터 시행한다.

부칙 〈제11199호, 2012. 1. 17.〉
이 법은 공포 후 6개월이 경과한 날부터 시행한다.

부칙 〈제11373호, 2012. 2. 22.〉 (방송광고판매대행 등에 관한 법률)
제1조(시행일) 이 법은 공포 후 3개월이 경과한 날부터 시행한다. 〈단서 생략〉
제2조 부터 제10조까지 생략
제11조(다른 법률의 개정) ① 생략
② 방송법 일부를 다음과 같이 개정한다.
제17조제3항에 제5호의2를 다음과 같이 신설한다.
5의2. 「방송광고판매대행 등에 관한 법률」 제20조제2항에 따른 네트워크 지역지상파방송사업자와 중소지상파방송사업자에 대한 방송광고 판매 지원 이행 정도
제73조제5항을 삭제한다.
③ 및 ④ 생략
제12조 생략

부칙 〈제11710호, 2013. 3. 23.〉
제1조(시행일) 이 법은 공포한 날부터 시행한다.
제2조(경과조치) ① 이 법 시행 전에 방송통신위원회가 행한 고시 ·

행정처분, 그 밖의 방송통신위원회의 행위와 방송통신위원회에 대한 신청·신고, 그 밖의 행위 중 그 소관이 방송통신위원회로부터 미래창조과학부장관으로 이관되는 사항에 관한 행위는 미래창조과학부장관의 행위 또는 미래창조과학부장관에 대한 행위로 본다.

② 이 법 시행 당시 그 소관이 방송통신위원회로부터 미래창조과학부장관으로 이관되는 사항에 관한 방송통신위원회규칙은 이를 대체하는 미래창조과학부령이 제정·시행되기 전까지는 미래창조과학부령으로 본다.

부칙 〈제12033호, 2013. 8. 13.〉

제1조(시행일) 이 법은 공포한 날부터 시행한다.

제2조(결산서 제출 등에 관한 적용례) 제59조의 개정규정은 2013회계연도 결산부터 적용한다.

부칙 〈제12093호, 2013. 8. 13.〉 (한국교육방송공사법)

제1조(시행일) 이 법은 공포한 날부터 시행한다.

제2조 생략

제3조(다른 법률의 개정) 방송법 일부를 다음과 같이 개정한다.

제54조제1항제6호, 제68조 및 제78조제1항 본문 중 "한국교육방송공사법"을 각각 "「한국교육방송공사법」"으로 한다.

부칙 〈제12677호, 2014. 5. 28.〉

제1조(시행일) 이 법은 공포 후 3개월이 경과한 날부터 시행한다. 다만, 부칙 제2조는 공포한 날부터 시행하고, 제18조·제70조의2제1항·제77조·제90조의2·제108조제1항제12호의2의 개정규정은 공포 후 6개월이 경과한 날부터 시행하며, 제70조의2제2항 및 제108조제1항제7호의2의 개정규정은 공포 후 2년이 경과한 날부터 시행한다.

제2조(시청자미디어센터 설립을 위한 준비행위) ① 방송통신위원회 위원장은 제90조의2의 개정규정에 따른 시청자미디어센터의 설립에 필요한 사무를 처리하기 위하여 시청자미디어센터 설립위원회(이하 "설립위원회"라 한다)를 설치한다.

② 설립위원회는 방송통신위원회 위원장이 위촉하는 5명 이내의

위원으로 구성하며, 설립위원회 위원장은 설립위원회 위원 중에서 방송통신위원회 위원장이 지명한다. 설립위원회 업무 보좌를 위하여 필요한 직원을 둘 수 있다.

③ 설립위원회는 시청자미디어센터의 정관을 작성하여 방송통신위원회 위원장의 인가를 받은 후 지체 없이 시청자미디어센터의 설립등기를 하여야 한다.

④ 설립위원회 설치에 필요한 경비는 국가가 부담한다.

⑤ 설립위원회는 시청자미디어센터의 설립등기 후 시청자미디어센터의 장에게 지체 없이 업무를 인계하여야 하며, 인계가 끝난 때에는 설립위원회는 해산되고 설립위원회 위원은 해촉된 것으로 본다.

⑥ 제3항에 따른 설립등기가 완료된 때에는 종전의 방송통신위원회와 한국방송통신전파진흥원 간에 체결된 시청자미디어센터 운영 등 시청자 지원 사업 관련 위탁 협약은 해약된 것으로 본다. 이 경우 협약 사업비 잔액과 그 협약에 따라 형성된 자산 및 인력 등에 대한 권리·의무는 시청자미디어센터가 승계한다.

제3조(공사의 이사 및 집행기관의 결격사유에 관한 경과조치) 이 법 시행 당시 공사의 이사 또는 집행기관인 사람이 이 법 시행 전에 발생한 사유로 제48조제1항의 개정규정 및 제50조제6항의 준용규정에 해당하게 된 경우에는 제48조제1항의 개정규정 및 제50조제6항의 준용규정에도 불구하고 종전의 규정에 따른다.

제4조(사장의 국회 인사청문에 관한 적용례) 제50조제2항의 개정규정은 이 법 시행 후 최초로 임명되는 사장부터 적용한다.

제5조(다른 법률의 개정) ① 국회법 일부를 다음과 같이 개정한다.

제65조의2제2항제1호(법률 제12422호 특별감찰관법 부칙 제2조제1항에 따라 개정된 것을 말한다) 중 "한국은행 총재 또는 특별감찰관"을 "한국은행 총재·특별감찰관 또는 한국방송공사 사장"으로 한다.

② 인사청문회법 일부를 다음과 같이 개정한다.

제6조제3항(법률 제12422호 특별감찰관법 부칙 제2조제2항에 따라 개정된 것을 말한다) 중 "한국은행 총재 또는 특별감찰관"을 "한국은행 총재·특별감찰관 또는 한국방송공사 사장"으로 한다.

부칙 〈제12743호, 2014. 6. 3.〉 (지역방송발전지원 특별법)

제1조(시행일) 이 법은 공포 후 6개월이 경과한 날부터 시행한다.
제2조 및 제3조 생략
제4조(다른 법률의 개정) ① 방송법 일부를 다음과 같이 개정한다.
제42조의2 앞의 "제3장의2 지역방송발전위원회"를 삭제한다.
제42조의2를 다음과 같이 한다.
제42조의2(지역방송발전위원회의 설치) 방송통신위원회에 지역방송발전위원회를 둔다.
제42조의3 및 제42조의4를 각각 삭제한다.
② 생략

부칙 〈제13220호, 2015. 3. 13.〉
이 법은 공포한 날부터 시행한다. 다만, 제14조제3항의 개정규정은 2015년 3월 15일부터 시행하고, 제2조제4호, 제70조제6항 및 제108조제1항제6호의 개정규정은 공포 후 6개월이 경과한 날부터 시행하며, 법률 제12677호 방송법 일부개정법률 제108조제1항제7호의2 및 제7호의3의 개정규정은 2016년 5월 29일부터 시행한다.

부칙 〈제13341호, 2015. 6. 22.〉
제1조(시행일) 이 법은 공포 후 3개월이 경과한 날부터 시행한다. 다만, 제72조 및 제108조제1항제9호의 개정규정은 공포 후 9개월이 경과한 날부터 시행한다.
제2조(유효기간) 제8조제16항제2호 및 제3호, 같은 조 제17항은 2018년 6월 27일까지 효력을 가진다.

부칙 〈제13519호, 2015. 12. 1.〉 (전파법)
제1조(시행일) 이 법은 공포 후 6개월이 경과한 날부터 시행한다.
제2조(다른 법률의 개정) ① 방송법 일부를 다음과 같이 개정한다.
제2조제3호마목 중 "공중선전력"을 "안테나공급전력"으로 한다.
② 생략

부칙 〈제13580호, 2015. 12. 22.〉
제1조(시행일) 이 법은 공포 후 6개월이 경과한 날부터 시행한다. 다만, 제98조 및 제98조의2의 개정규정은 2016년 1월 1일부터 시

행하고, 제35조제1항·제3항, 제85조의2제1항제8호, 제90조의2, 제100조제1항 및 제108조제3항부터 제5항까지의 개정규정은 공포한 날부터 시행한다.
제2조(경과조치) 이 법 시행 당시 종전의 제90조의2에 따라 설립된 법인은 제90조의2의 개정규정에 따라 설립된 시청자미디어재단으로 본다.
제3조(다른 법률의 개정) 방송통신위원회의 설치 및 운영에 관한 법률 일부를 다음과 같이 개정한다.
제12조제16호 중 "시청자미디어센터"를 "시청자미디어재단"으로 한다.

부칙 〈제13821호, 2016. 1. 27.〉
제1조(시행일) 이 법은 공포 후 6개월이 경과한 날부터 시행한다. 다만, 제8조제3항·제5항, 제13조제3항제6호, 제18조제1항제8호, 제81조 및 제104조제1항의 개정규정은 공포한 날부터 시행한다.
제2조(제재조치 등에 관한 적용례) 제100조제1항의 개정규정은 이 법 시행 후 발생하는 위반행위부터 적용한다.
제3조(결격사유에 관한 경과조치) 이 법 시행 당시 제9조제11항에 따라 공동체라디오방송사업 허가를 받은 법인의 대표자 또는 방송편성책임자가 이 법 시행 전에 발생한 사유로 인하여 제13조제3항의 개정규정에 따른 결격사유에 해당하게 된 경우에는 이 법 시행일부터 6개월간은 종전의 규정에 따른다.
제4조(다른 법률의 개정) 콘텐츠산업 진흥법 일부를 다음과 같이 개정한다.
제29조제1항 단서 중 "「방송법」 제35조의3에 따른 분쟁조정의 대상"을 "「방송법」 제35조의3에 따른 분쟁조정의 대상(같은 법 제2조제27호에 따른 외주제작사가 분쟁의 당사자인 경우는 제외한다)"으로 한다.

부칙 〈제13978호, 2016. 2. 3.〉 (한국수화언어법)
제1조(시행일) 이 법은 공포 후 6개월이 경과한 날부터 시행한다.
제2조(다른 법률의 개정) ① 생략
② 방송법 일부를 다음과 같이 개정한다.

제69조제8항 전단 중 "수화"를 "한국수어"로 한다.
③부터 ⑨까지 생략
제3조 생략

부칙 〈제14598호, 2017. 3. 14.〉
이 법은 공포 후 6개월이 경과한 날부터 시행한다.

부칙 〈제14839호, 2017. 7. 26.〉 (정부조직법)
제1조(시행일) ① 이 법은 공포한 날부터 시행한다. 다만, 부칙 제5조에 따라 개정되는 법률 중 이 법 시행 전에 공포되었으나 시행일이 도래하지 아니한 법률을 개정한 부분은 각각 해당 법률의 시행일부터 시행한다.
제2조 부터 제4조까지 생략
제5조(다른 법률의 개정) ①부터 〈362〉까지 생략
〈363〉 방송법 일부를 다음과 같이 개정한다.
제8조제13항 각 호 외의 부분, 같은 항 제1호, 같은 조 제18항, 제9조제1항 후단, 같은 조 제2항 전단 및 후단, 같은 조 제3항, 같은 조 제5항 본문 및 단서, 같은 조 제6항 · 제8항, 같은 조 제10항 각 호 외의 부분 전단 및 후단, 같은 조 제11항 후단, 제9조의3제1항 각 호 외의 부분, 같은 항 제2호, 같은 조 제2항 · 제3항, 같은 조 제5항 전단, 같은 조 제6항, 제10조제1항 각 호 외의 부분, 같은 조 제2항 · 제3항, 제11조, 제12조제1항 전단, 같은 조 제2항, 제14조제3항 단서, 같은 조 제6항 각 호 외의 부분, 같은 항 제1호, 제15조제1항 각 호 외의 부분 전단, 같은 조 제3항 각 호 외의 부분 본문, 제15조의2제1항 각 호 외의 부분 본문 및 단서, 같은 항 제1호, 같은 조 제2항 각 호 외의 부분, 같은 조 제3항, 제17조제1항 전단, 같은 조 제2항, 같은 조 제3항 각 호 외의 부분, 제18조제1항 각 호 외의 부분 본문, 같은 항 제13호, 같은 조 제2항 · 제4항, 제19조제1항 · 제2항, 제69조의2제4항, 제70조제6항제6호, 제70조의2제1항 · 제2항, 제77조제1항 본문 및 단서, 같은 조 제3항, 제78조제2항, 같은 조 제4항 각 호 외의 부분, 제78조의2제1항 전단, 같은 조 제2항 각 호 외의 부분, 같은 조 제4항, 같은 조 제5항 각 호 외의 부분, 제79조제1항, 같은 조 제2항 전단, 같은 조

제4항, 제80조 전단, 제83조제1항 각 호 외의 부분, 같은 항 제1호, 제84조제1항 각 호 외의 부분, 같은 항 제2호, 제85조2제2항 후단, 제92조제3항, 제96조제2항, 제99조제1항 각 호 외의 부분, 같은 조 제2항, 제101조 각 호 외의 부분, 제103조제1항, 제108조제2항, 제109조제1항 각 호 외의 부분 및 같은 조 제2항·제5항 중 "미래창조과학부장관"을 각각 "과학기술정보통신부장관"으로 한다.

제9조의3제6항, 제70조제5항 본문, 같은 조 제7항, 제83조제3항 및 제84조제3항 중 "미래창조과학부령"을 각각 "과학기술정보통신부령"으로 한다.

제103조제2항 중 "미래창조과학부"를 "과학기술정보통신부"로 한다.

법률 제14598호 방송법 일부개정법률 제90조제4항 후단 중 "미래창조과학부장관"을 "과학기술정보통신부장관"으로 한다.

〈364〉부터 〈382〉까지 생략

제6조 생략

부칙 〈제15468호, 2018. 3. 13.〉

제1조(시행일) 이 법은 공포한 날부터 시행한다. 다만, 제100조제5항 및 제108조제1항제28호의 개정규정은 공포 후 6개월이 경과한 날부터 시행한다.

제2조(결산서 제출 등에 관한 적용례) 제59조의 개정규정은 2017회계연도 결산부터 적용한다.

제3조(인터넷 홈페이지 게시 등에 관한 적용례) 제100조제5항의 개정규정은 상품소개와 판매에 관한 전문편성을 행하는 방송채널사용사업자가 이 법 시행 후 최초로 허위, 과장 등 시청자가 오인할 수 있는 내용으로서 제33조에 따른 심의규정으로 정하는 사항을 위반하여 과징금을 부과받거나 제재조치명령을 받은 경우부터 적용한다.

부칙 〈제16014호, 2018. 12. 24.〉

제1조(시행일) 이 법은 공포 후 6개월이 경과한 날부터 시행한다.

제2조(재허가·재승인의 심사사항에 관한 적용례) 제17조제3항의 개정규정은 이 법 시행 후 최초로 방송사업자·중계유선방송사업자 또

는 방송채널사용사업자에 대하여 재허가 또는 재승인을 하는 경우부터 적용한다.

부칙 〈제16750호, 2019. 12. 10.〉

제1조(시행일) 이 법은 공포한 날부터 시행한다. 다만, 제33조제2항제14호의 개정규정은 공포 후 3개월이 경과한 날부터 시행하고, 제18조제3항 및 제4항의 개정규정은 공포 후 6개월이 경과한 날부터 시행한다.

제2조(등록취소에 관한 적용례) 제18조제3항의 개정규정은 같은 개정규정 시행일부터 5년 이상 계속하여 방송을 행하지 아니하거나, 같은 개정규정 시행일 이후에 제84조제1항에 따른 신고를 하지 아니하고 폐업한 경우부터 적용한다.

제3조(방송사업자의 소유제한에 관한 특례) 제18조제3항의 개정규정 시행 당시 종전의 규정에 따라 다른 방송사업을 겸영하거나 그 주식 또는 지분을 소유하고 있는 방송사업자는 제8조제7항에도 불구하고 같은 개정규정 시행 당시 그가 소유하고 있는 주식 또는 지분의 범위에서 그 주식 또는 지분을 계속하여 소유할 수 있다.

제4조(과태료의 적용에 관한 경과조치) 이 법 시행 전의 위반행위에 대하여 과태료를 적용할 때에는 종전의 규정에 따른다.

부칙 〈제17347호, 2020. 6. 9.〉 (법률용어 정비를 위한 과학기술정보방송통신위원회 소관 32개 법률 일부개정을 위한 법률)

이 법은 공포한 날부터 시행한다.

부칙 〈제17632호, 2020. 12. 8.〉

제1조(시행일) 이 법은 공포한 날부터 시행한다.

제2조(정관의 변경인가에 관한 적용례) 제45조제3항 및 제4항의 개정규정은 이 법 시행 이후 정관의 변경인가를 신청하는 경우부터 적용한다.

부칙 〈제17799호, 2020. 12. 29.〉 (독점규제 및 공정거래에 관한 법률)

제1조(시행일) 이 법은 공포 후 1년이 경과한 날부터 시행한다. 〈단

서 생략〉
제2조 부터 제24조까지 생략
제25조(다른 법률의 개정) ①부터 ㉕까지 생략
㉖ 방송법 일부를 다음과 같이 개정한다.
제8조제3항 중 "「독점규제 및 공정거래에 관한 법률」 제2조제2호"를 "「독점규제 및 공정거래에 관한 법률」 제2조제11호"로 한다.
제91조제1항제5호 단서 중 "「독점규제 및 공정거래에 관한 법률」 제19조제1항"을 "「독점규제 및 공정거래에 관한 법률」 제40조제1항"으로 한다.
㉗부터 〈82〉까지 생략
제26조 생략

부칙 〈제18225호, 2021. 6. 8.〉
이 법은 공포 후 6개월이 경과한 날부터 시행한다.

부칙 〈제18516호, 2021. 10. 19.〉
이 법은 공포 후 6개월이 경과한 날부터 시행한다.

부칙 〈제18648호, 2021. 12. 28.〉
이 법은 공포 후 6개월이 경과한 날부터 시행한다.

부칙 〈제18732호, 2022. 1. 11.〉
제1조(시행일) 이 법은 공포 후 6개월이 경과한 날부터 시행한다.
제2조(이용약관의 신고에 관한 적용례) 제77조제2항의 개정규정은 이 법 시행 이후 방송사업자·중계유선방송사업자 및 음악유선방송사업자가 이용약관을 신고하거나 변경신고하는 경우부터 적용한다.
제3조(유선방송국설비의 준공검사 제도 폐지에 관한 적용례) 제79조제2항의 개정규정은 이 법 시행 전에 유선방송국설비를 설치하여 준공검사를 받아야 하거나 준공검사 절차가 진행 중인 경우에도 적용한다.
제4조(기술결합서비스의 승인 등에 관한 경과조치) ① 이 법 시행 전에 과학기술정보통신부장관 또는 방송통신위원회가 종전의 제9조의3제1항 또는 제5항에 따라 기술결합서비스의 승인 또는 재승인을

한 경우에는 제9조의3제2항의 개정규정에 따라 기술결합서비스의 신고를 수리한 것으로 본다.

② 이 법 시행 전에 지상파방송사업자 등이 종전의 제9조의3제1항 또는 제5항에 따라 기술결합서비스의 승인 또는 재승인을 신청하여 승인·재승인 절차가 진행 중인 경우에는 제9조의3제1항의 개정규정에 따라 이 법 시행일에 기술결합서비스의 신고를 한 것으로 보고, 그 수리여부를 결정한다.

③ 이 법 시행 전에 거짓이나 그 밖의 부정한 방법으로 종전의 제9조의3에 따른 승인 또는 재승인을 받아 기술결합서비스를 제공한 자에 대한 벌칙은 제105조제2호의 개정규정에도 불구하고 종전의 제105조제2호에 따른다.

④ 이 법 시행 전에 종전의 제9조의3에 따른 승인 또는 재승인을 받지 아니하고 기술결합서비스를 제공한 자에 대한 벌칙은 제105조제3호 및 제108조제1항제1호의2의 개정규정에도 불구하고 종전의 제105조제3호에 따른다.

부칙 〈제18866호, 2022. 6. 10.〉

이 법은 공포 후 6개월이 경과한 날부터 시행한다.

부칙 〈제19326호, 2023. 4. 6.〉

이 법은 공포한 날부터 시행한다.

부칙 〈제20059호, 2024. 1. 23.〉

이 법은 공포 후 6개월이 경과한 날부터 시행한다.

부칙 〈제20147호, 2024. 1. 30.〉

이 법은 공포 후 1년이 경과한 날부터 시행한다.

부칙 〈제20473호, 2024. 10. 22.〉

제1조(시행일) 이 법은 공포 후 6개월이 경과한 날부터 시행한다.

제2조(방송채널사용사업의 등록에 관한 경과조치) 이 법 시행 당시 종전의 제9조제5항 본문에 따라 등록한 방송채널사용사업자로서 제9조제5항의 개정규정에 따라 신고의 대상이 되는 방송채널사용사업자

는 제9조제5항의 개정규정에 따라 신고하여 같은 조 제12항의 개정규정에 따라 과학기술정보통신부장관이 신고를 수리한 것으로 본다.

부칙 〈제20952호, 2025. 4. 22.〉
이 법은 공포 후 6개월이 경과한 날부터 시행한다.

부칙 〈제21043호, 2025. 8. 26.〉
제1조(시행일) 이 법은 공포한 날부터 시행한다. 다만, 제17조 · 제87조 · 제88조 · 제89조 · 제90조 · 제106조 · 제108조의 개정규정은 공포 후 6개월이 경과한 날부터 시행한다.
제2조(한국방송공사의 이사회 · 집행기관의 구성에 관한 경과조치) ① 한국방송공사의 이사회는 이 법 시행 이후 3개월 이내에 이 법의 개정규정에 따라 구성되어야 한다.
② 이 법 시행 당시의 한국방송공사의 이사장을 포함한 이사는 이 법의 개정규정에 따른 후임자가 선임될 때까지 그 직무를 수행한다.
③ 이 법 시행 당시의 한국방송공사의 사장, 부사장 및 감사는 이 법의 개정규정에 따른 후임자가 선임 또는 임명될 때까지 그 직무를 수행한다.
제3조(보도에 관한 전문편성을 행하는 방송채널사용사업자에 관한 경과조치) 이 법 시행 당시 재직하고 있던 보도에 관한 전문편성을 행하는 방송채널사용사업자의 대표자 및 보도책임자는 이 법 시행 이후 3개월 이내에 제20조 및 제21조의 개정규정에 따라 대표자와 보도책임자가 임명될 때까지 그 직무를 수행한다.
제4조(다른 법률의 개정) 방송통신위원회의 설치 및 운영에 관한 법률 일부를 다음과 같이 개정한다.
제12조제2호 중 "추천"을 "임명제청"으로 한다.

부칙 〈제21066호, 2025. 10. 1.〉 (방송미디어통신위원회의 설치 및 운영에 관한 법률)
제1조(시행일) 이 법은 공포한 날부터 시행한다. 다만, 부칙 제7조에 따라 개정되는 법률 중 이 법 시행 전에 공포되었으나 시행일이 도래하지 아니한 법률을 개정한 부분은 각각 해당 법률의 시행일부

터 시행한다.

제2조 부터 제6조까지 생략

제7조(다른 법률의 개정) ①부터 ⑮까지 생략

⑯ 방송법 일부를 다음과 같이 개정한다.

제4조의2제3항제2호 후단 중 "방송통신위원회규칙"을 "방송미디어통신위원회규칙"으로 한다.

제8조제4항 중 "방송통신위원회"를 "방송미디어통신위원회"로 하고, 같은 조 제13항 각 호 외의 부분 중 "과학기술정보통신부장관 또는 방송통신위원회"를 "방송미디어통신위원회"로 하며, 같은 항 각 호를 다음과 같이 하고, 같은 조 제18항 중 "과학기술정보통신부장관은"을 "방송미디어통신위원회는"으로 한다.

1. 제2항부터 제5항까지, 제10항, 제14항 및 제15항을 위반한 자

2. 제6항부터 제9항까지를 위반한 자(제14조제6항에 해당하는 방송사업자와 전송망사업자로 한정한다)

제9조제1항 전단 및 후단 중 "방송통신위원회"를 각각 "방송미디어통신위원회"로 하고, 같은 조 제2항을 다음과 같이 하며, 같은 조 제3항 중 "과학기술정보통신부장관"을 "방송미디어통신위원회"로 한다.

② 위성방송사업을 하고자 하는 자는 제1항의 절차에 따라야 하고, 종합유선방송사업 또는 중계유선방송사업을 하고자 하는 자는 대통령령으로 정하는 기준에 적합하게 시설과 기술을 갖추어 방송미디어통신위원회의 허가를 받아야 한다.

제9조제5항 각 호 외의 부분 본문 중 "과학기술정보통신부장관에게"를 각각 "방송미디어통신위원회에"로 하고, 같은 항 각 호 외의 부분 단서 중 "전문편성을 행하는 방송채널사용사업을 하려는 자는 방송통신위원회의 승인을 받아야 하고,"를 "전문편성 또는"으로, "과학기술정보통신부장관의 승인을 받아야 한다"를 "방송미디어통신위원회의 승인을 받아야 한다"로 하며, 같은 조 제6항ㆍ제8항 중 "과학기술정보통신부장관"을 각각 "방송미디어통신위원회"로 하고, 같은 조 제10항 각 호 외의 부분 전단 중 "과학기술정보통신부장관에게"를 "방송미디어통신위원회에"로 하며, 같은 항 각 호 외의 부분 후단 중 "과학기술정보통신부장관은"을 "방송미디어통신위원회는"으로 하고, 같은 조 제11항을 다음과 같이 하며, 같은 조 제12항 중 "과학기술정보통신부장관은"을 "방송미디어통신위원회는"으로 한다.

⑪ 공동체라디오방송사업을 하고자 하는 자는 방송미디어통신위원회의 허가를 받아야 한다. 이 경우 방송미디어통신위원회는 과학기술정보통신부장관에게 「전파법」에 따른 무선국 개설과 관련된 기술적 심사를 의뢰하고, 과학기술정보통신부장관으로부터 송부 받은 심사결과를 허가에 반영하여야 한다. 이 외의 공동체라디오방송사업자의 편성, 재원 등 운영에 필요한 세부사항은 대통령령으로 정한다.

제9조의3제1항 각 호 외의 부분 전단 중 "다음 각 호의 구분에 따라"를 "방송미디어통신위원회에"로 하고, 같은 항 각 호를 삭제하며, 같은 조 제2항 중 "과학기술정보통신부장관 또는 방송통신위원회"를 "방송미디어통신위원회"로 하고, 같은 조 제3항 중 "방송통신위원회"를 "방송미디어통신위원회"로 하며, 같은 조 제5항 각 호 외의 부분 중 "다음 각 호의 구분에 따라"를 "방송미디어통신위원회규칙으로 정하는 바에 따라 방송미디어통신위원회에"로 하고, 같은 항 각 호를 삭제하며, 같은 조 제6항 중 "과학기술정보통신부장관 또는 방송통신위원회"를 "방송미디어통신위원회"로 한다.

제9조의4제1항 중 "과학기술정보통신부령"을 "방송미디어통신위원회규칙"으로 하고, 같은 조 제2항 중 "과학기술정보통신부령"을 "방송미디어통신위원회규칙"으로, "과학기술정보통신부장관에게"를 "방송미디어통신위원회에"로 하며, 같은 조 제3항 중 "과학기술정보통신부장관은"을 "방송미디어통신위원회는"으로 한다.

제10조제1항 각 호 외의 부분 및 같은 조 제2항 중 "과학기술정보통신부장관 또는 방송통신위원회"를 각각 "방송미디어통신위원회"로 하고, 같은 조 제3항 중 "과학기술정보통신부장관은"을 "방송미디어통신위원회는"으로 한다.

제11조 중 "과학기술정보통신부장관은"을 "방송미디어통신위원회는"으로 한다.

제12조제1항 전단 중 "과학기술정보통신부장관은"을 "방송미디어통신위원회는"으로 하고, 같은 조 제2항 중 "과학기술정보통신부장관이"를 "방송미디어통신위원회가"로 한다.

제14조제1항 각 호 외의 부분 단서 중 "방송통신위원회"를 "방송미디어통신위원회"로 하고, 같은 조 제3항 단서 중 "과학기술정보통신부장관이"를 "방송미디어통신위원회가"로 하며, 같은 조 제6항 각 호 외의 부분 중 "과학기술정보통신부장관 또는 방송통신위원회"를

"방송미디어통신위원회"로, "다음 각 호의 구분에 따른 자"를 "해당 방송사업자, 중계유선방송사업자 또는 전송망사업자나 위반의 원인을 제공한 주식 · 지분의 소유자"로 하고, 같은 항 각 호를 삭제한다.

제15조제1항 각 호 외의 부분 전단 중 "과학기술정보통신부장관 또는 방송통신위원회"를 "방송미디어통신위원회"로 하고, 같은 항 제1호 단서 중 "과학기술정보통신부장관에게"를 "방송미디어통신위원회에"로 하며, 같은 조 제2항 각 호 외의 부분 중 "지상파방송사업자 또는 공동체라디오방송사업자"를 "방송사업자 · 중계유선방송사업자 · 음악유선방송사업자 또는 전광판방송사업자"로, "방송통신위원회"를 "방송미디어통신위원회"로 하고, 같은 항 제2호를 다음과 같이 하며, 같은 조 제3항을 삭제하고, 같은 조 제4항을 제3항으로 하며, 같은 조 제3항(종전의 제4항) 전단 중 "과학기술정보통신부장관은"을 "방송미디어통신위원회는"으로 한다.

2. 방송편성책임자(방송사업자에 한정한다)

제15조의2제1항 각 호 외의 부분 본문 중 "다음 각 호의 구분에 따라 과학기술정보통신부장관 또는 방송통신위원회"를 "방송미디어통신위원회"로 하고, 같은 항 각 호 외의 부분 단서 중 "과학기술정보통신부장관에게"를 "방송미디어통신위원회에"로 하며, 같은 항 각 호를 삭제하고, 같은 조 제2항 각 호 외의 부분 및 같은 조 제3항 중 "과학기술정보통신부장관 또는 방송통신위원회"를 각각 "방송미디어통신위원회"로 하며, 같은 조 제4항 전단 중 "과학기술정보통신부장관은"을 "방송미디어통신위원회는"으로 한다.

제17조제1항 전단, 같은 조 제2항 및 같은 조 제3항 각 호 외의 부분 중 "과학기술정보통신부장관 또는 방송통신위원회"를 각각 "방송미디어통신위원회"로 한다.

제18조제1항 각 호 외의 부분 본문 중 "과학기술정보통신부장관 또는 방송통신위원회가 소관 업무에 따라"를 "방송미디어통신위원회가"로 하고, 같은 항 제13호를 다음과 같이 하며, 같은 조 제2항 중 "과학기술정보통신부장관 또는 방송통신위원회"를 "방송미디어통신위원회"로 하고, 같은 조 제3항 각 호 외의 부분 중 "과학기술정보통신부장관은"을 "방송미디어통신위원회는"으로 하며, 같은 조 제5항 중 "과학기술정보통신부장관 또는 방송통신위원회"를 "방송미디어통신위원회"로 한다.

13. 제85조의2제1항제7호를 위반하여 같은 조 제2항의 시정조치 명령을 받은 때

제19조제1항 및 제2항 중 "과학기술정보통신부장관 또는 방송통신위원회"를 각각 "방송미디어통신위원회"로 한다.

제31조제1항 및 제2항 중 "방송통신위원회"를 각각 "방송미디어통신위원회"로 하고, 같은 조 제3항 중 "방송통신위원회 위원장이 방송통신위원회"를 "방송미디어통신위원회 위원장이 방송미디어통신위원회"로, "방송통신위원회규칙"을 "방송미디어통신위원회규칙"으로 한다.

제32조 전단, 제33조제1항, 같은 조 제2항제17호, 같은 조 제5항 전단 및 같은 조 제6항 중 "방송통신심의위원회"를 각각 "방송미디어통신심의위원회"로 한다.

제35조제1항 중 "방송통신위원회"를 "방송미디어통신위원회"로 하고, 같은 조 제2항 중 "방송통신위원회 위원장이 방송통신위원회"를 "방송미디어통신위원회 위원장이 방송미디어통신위원회"로 하며, 같은 조 제3항 중 "방송통신위원회규칙"을 "방송미디어통신위원회규칙"으로 한다.

제35조의3제1항 각 호 외의 부분 본문 및 같은 조 제2항 중 "방송통신위원회"를 각각 "방송미디어통신위원회"로 하고, 같은 조 제3항 각 호 외의 부분 전단 중 "방송통신위원회위원장이 방송통신위원회"를 "방송미디어통신위원회 위원장이 방송미디어통신위원회"로 한다.

제35조의4제1항 중 "방송통신위원회"를 "방송미디어통신위원회"로 하고, 같은 조 제2항 중 "방송통신위원회위원장이 방송통신위원회"를 "방송미디어통신위원회 위원장이 방송미디어통신위원회"로 한다.

제35조의5제1항 중 "방송통신위원회"를 "방송미디어통신위원회"로 하고, 같은 조 제2항 중 "방송통신위원회 위원장이 방송통신위원회"를 "방송미디어통신위원회 위원장이 방송미디어통신위원회"로 하며, 같은 조 제4항 중 "방송통신위원회"를 "방송미디어통신위원회"로 한다.

제42조의2, 제45조제2항부터 제4항까지 및 제46조제3항 각 호 외의 부분 전단 중 "방송통신위원회"를 각각 "방송미디어통신위원

회”로 한다.

제46조제3항제4호 및 제5호 중 “방송통신위원회규칙”을 각각 “방송미디어통신위원회규칙”으로 한다.

제50조제4항, 제58조제2항, 제59조제1항·제3항부터 제5항까지, 제60조, 제65조, 제66조제3항, 제69조제8항 후단 및 같은 조 제12항 후단 중 “방송통신위원회”를 각각 “방송미디어통신위원회”로 한다.

제50조의2제2항 후단 중 “방송통신위원회규칙”을 “방송미디어통신위원회규칙”으로 한다.

제69조의2제3항 중 “방송통신위원회”를 “방송미디어통신위원회”로 하고, 같은 조 제4항 중 “과학기술정보통신부장관 또는 방송통신위원회”를 “방송미디어통신위원회”로 하며, 같은 조 제5항 전단 중 “방송통신위원회”를 “방송미디어통신위원회”로 한다.

제70조제5항 본문 중 “과학기술정보통신부령”을 “방송미디어통신위원회규칙”으로 하고, 같은 조 제6항제6호 중 “과학기술정보통신부장관이 방송통신위원회와 협의하여”를 “방송미디어통신위원회가”로 하며, 같은 조 제7항 중 “과학기술정보통신부령”을 “방송미디어통신위원회규칙”으로 하고, 같은 조 제8항 전단 중 “방송통신위원회”를 “방송미디어통신위원회”로 한다.

제70조의2제1항 및 제2항 중 “과학기술정보통신부장관은”을 각각 “방송미디어통신위원회는”으로 한다.

제73조의2 각 호 외의 부분 전단, 같은 조 제3호, 제76조제2항 전단·후단, 같은 조 제4항·제5항 및 제76조의2제1항 중 “방송통신위원회”를 각각 “방송미디어통신위원회”로 하고, 같은 조 제2항 중 “방송통신위원회 위원장이 방송통신위원회”를 “방송미디어통신위원회 위원장이 방송미디어통신위원회”로 하며, 같은 조 제3항 중 “방송통신위원회규칙”을 “방송미디어통신위원회규칙”으로 한다.

제74조제2항 중 “방송통신위원회규칙”을 “방송미디어통신위원회규칙”으로 한다.

제76조의3제2항 전단·후단, 같은 조 제3항·제4항, 제76조의4 및 제76조의5제2항 중 “방송통신위원회”를 각각 “방송미디어통신위원회”로 한다.

제77조제1항 중 “과학기술정보통신부장관에게”를 “방송미디어통신

위원회에"로 하고, 같은 조 제3항 중 "과학기술정보통신부장관은"을 "방송미디어통신위원회는"으로 하며, 같은 조 제4항 각 호 외의 부분 중 "과학기술정보통신부장관"을 "방송미디어통신위원회"로 하고, 같은 조 제5항 각 호 외의 부분 및 같은 조 제7항 중 "과학기술정보통신부장관은"을 각각 "방송미디어통신위원회는"으로 한다.

제78조제2항 중 "과학기술정보통신부장관이"를 "방송미디어통신위원회가"로 하고, 같은 조 제4항 각 호 외의 부분, 제78조의2제1항 전단 중 "과학기술정보통신부장관"을 각각 "방송미디어통신위원회"로 하며, 같은 조 제2항 각 호 외의 부분, 같은 조 제4항 및 같은 조 제5항 각 호 외의 부분, 제79조제1항 중 "과학기술정보통신부장관은"을 각각 "방송미디어통신위원회는"으로 하고, 같은 조 제4항 중 "과학기술정보통신부장관에게"를 "방송미디어통신위원회에"로 한다.

제80조 전단 중 "과학기술정보통신부장관"을 "방송미디어통신위원회"로 한다.

제83조제1항 각 호 외의 부분 중 "다음 각 호의 구분에 따라 과학기술정보통신부장관 또는 방송통신위원회"를 "방송미디어통신위원회"로 하고, 같은 항 각 호를 삭제하며, 같은 조 제3항 중 "소관 업무에 따라 과학기술정보통신부령 또는 방송통신위원회규칙"을 "방송미디어통신위원회규칙"으로 한다.

제84조제1항 각 호 외의 부분 중 "다음 각 호의 구분에 따라 과학기술정보통신부장관 또는 방송통신위원회"를 "방송미디어통신위원회"로 하고, 같은 항 각 호를 삭제하며, 같은 조 제2항 중 "과학기술정보통신부장관 또는 방송통신위원회"를 "방송미디어통신위원회"로 하고, 같은 조 제4항 중 "과학기술정보통신부령 또는 방송통신위원회규칙"을 "방송미디어통신위원회규칙"으로 한다.

제85조의2제2항 전단 중 "방송통신위원회"를 "방송미디어통신위원회"로 하고, 같은 항 후단을 삭제하며, 같은 조 제3항 본문, 같은 조 제4항 및 제6항, 제86조제3항, 제88조제2항, 제90조제2항 및 같은 조 제4항 전단 중 "방송통신위원회"를 각각 "방송미디어통신위원회"로 하고, 같은 항 후단을 삭제한다.

제87조제2항 중 "방송통신위원회규칙"을 "방송미디어통신위원회규칙"으로 한다.

법률 제21043호 방송법 일부개정법률 제87조제2항을 다음과 같이 한다.

② 제1항에 따른 방송사업자는 각 지역과 분야 및 각 계층의 시청자를 대표할 수 있는 자 중에서 제1항제1호부터 제3호까지의 방송사업자는 제4조의2에 따른 편성위원회, 같은 항 제4호부터 제8호까지의 방송사업자는 방송미디어통신위원회규칙으로 정하는 단체의 추천을 받아 시청자위원회의 위원을 위촉한다.

법률 제21043호 방송법 일부개정법률 제88조제2항을 다음과 같이 한다.

② 시청자위원회의 대표자는 방송미디어통신위원회에 출석하여 의견을 진술할 수 있다.

법률 제21043호 방송법 일부개정법률 제90조제4항을 다음과 같이 한다.

④ 제1항에 따른 방송사업자는 시청자위원회의 심의결과 및 그 처리에 관한 사항을 방송미디어통신위원회에 보고하여야 한다.

제90조의2제1항, 제91조의7제1항 각 호 외의 부분 본문 및 같은 조 제2항 중 "방송통신위원회"를 각각 "방송미디어통신위원회"로 한다.

제90조의3제1항, 같은 조 제2항 전단, 같은 조 제3항 및 제96조제2항 중 "과학기술정보통신부장관은"을 각각 "방송미디어통신위원회는"으로 한다.

제92조제3항 중 "과학기술정보통신부장관은"을 "과학기술정보통신부장관과 방송미디어통신위원회는"으로 한다.

제97조, 제98조제1항ㆍ제3항, 제98조의2제1항 본문 및 같은 조 제2항 중 "방송통신위원회"를 각각 "방송미디어통신위원회"로 한다.

제99조제1항 각 호 외의 부분 중 "과학기술정보통신부장관 또는 방송통신위원회는 소관 업무에 따라"를 "방송미디어통신위원회는"으로 하고, 같은 조 제2항 중 "과학기술정보통신부장관은"을 "방송미디어통신위원회는"으로 한다.

제100조제1항 각 호 외의 부분 전단 중 "방송통신위원회"를 "방송미디어통신위원회"로 하고, 같은 항 각 호 외의 부분 단서 중 "방송통신심의위원회"를 "방송미디어통신심의위원회"로 하며, 같은 조 제3항 각 호 외의 부분, 같은 조 제4항, 같은 조 제5항 전단ㆍ후단, 같은 조 제6항 본문, 같은 조 제7항 및 제8항 중 "방송통신위원회"를 각각 "방송미디어통신위원회"로 한다.

제101조 각 호 외의 부분 중 “과학기술정보통신부장관 또는 방송통신위원회”를 “방송미디어통신위원회”로 한다.

제103조제1항 중 “방송통신위원회”를 “방송미디어통신위원회”로, “위임”을 “위임하거나 다른 행정기관의 장, 그 행정기관의 소속 기관의 장에게 위탁”으로 하고, 같은 조 제2항 중 “방송통신위원회”를 “방송미디어통신위원회”로 한다.

제103조의2 중 “과학기술정보통신부장관은”을 “방송미디어통신위원회는”으로 한다.

제106조제2항제2호, 제108조제1항제24호·제27호 및 제28호 중 “방송통신위원회”를 각각 “방송미디어통신위원회”로 하고, 같은 조 제3항, 제109조제1항 각 호 외의 부분 및 같은 조 제2항·제5항 중 “과학기술정보통신부장관 또는 방송통신위원회”를 각각 “방송미디어통신위원회”로 한다.

제108조제1항제2호의2 중 “제15조제2항 및 제3항”을 “제15조제2항”으로 한다.

⑰부터 ㊸까지 생략

제8조 생략

별표 / 서식

[별표] 부칙제7조제2항에서규정한유예기간

방송법 시행령

[시행 2025. 10. 1.] [대통령령 제35810호, 2025. 10. 1., 타법개정]

**개정 예정 법률 밑줄 별도 표시.

방송법 시행령

[시행 2025. 10. 1.] [대통령령 제35810호, 2025. 10. 1., 타법개정]

제1장 총칙

제1조(목적) 이 영은 「방송법」에서 위임된 사항과 그 시행에 관하여 필요한 사항을 규정함을 목적으로 한다. <개정 2006. 3. 10.>

제1조의2(용어의 정의) 이 영에서 사용하는 용어의 정의는 다음과 같다. <개정 2006. 3. 10., 2013. 3. 23., 2025. 4. 22.>

1. "지상파텔레비전방송사업자"라 함은 텔레비전방송을 행하는 지상파방송사업(이하 "지상파텔레비전방송사업"이라 한다)을 하기 위하여 「방송법」(이하 "법"이라 한다) 제9조제1항의 규정에 의하여 허가를 받은 자를 말한다.

2. "지상파라디오방송사업자"라 함은 라디오방송을 행하는 지상파방송사업을 하기 위하여 법 제9조제1항의 규정에 의하여 허가를 받은 자를 말한다.

3. "지상파이동멀티미디어방송사업자"라 함은 이동멀티미디어방송을 행하는 지상파방송사업(이하 "지상파이동멀티미디어방송사업"이라 한다)을 하기 위하여 법 제9조제1항의 규정에 의하여 허가를 받은 자를 말한다.

4. "위성이동멀티미디어방송사업자"라 함은 이동멀티미디어방송을 행하는 위성방송사업(이하 "위성이동멀티미디어방송사업"이라 한다)을 하기 위하여 법 제9조제2항의 규정에 의하여 허가를 받은 자를 말한다.

5. "일반위성방송사업자"라 함은 위성이동멀티미디어방송사업을 제외한 위성방송사업을 하기 위하여 법 제9조제2항의 규정에 의하여 허가를 받은 자를 말한다.

6. “텔레비전방송채널사용사업자”란 텔레비전방송을 행하는 방송채널사용사업(이하 “텔레비전방송채널사용사업”이라 한다)을 하기 위하여 법 제9조제5항제1호 또는 같은 항 제2호다목에 따라 등록 또는 신고를 하거나 같은 항 단서에 따라 승인을 받은 자를 말한다.

7. “라디오방송채널사용사업자”란 라디오방송을 행하는 방송채널사용사업(이하 “라디오방송채널사용사업”이라 한다)을 하기 위하여 법 제9조제5항제2호가목에 따라 신고를 하거나 같은 항 단서에 따라 승인을 받은 자를 말한다.

8. “데이터방송채널사용사업자”란 데이터방송을 행하는 방송채널사용사업(이하 “데이터방송채널사용사업”이라 한다)을 하기 위하여 법 제9조제5항제2호나목에 따라 신고를 하거나 같은 항 단서에 따라 승인을 받은 자를 말한다.

9. “지상파방송채널사용사업자”라 함은 지상파방송사업자와 방송채널사용계약을 체결하여 그 채널을 사용하여 지상파방송을 행하는 방송채널사용사업자를 말한다.

10. “지상파이동멀티미디어방송채널사용사업자”라 함은 지상파이동멀티미디어방송사업자와 방송채널사용계약을 체결하여 그 채널을 사용하여 지상파방송을 행하는 방송채널사용사업자를 말한다.

11. “위성이동멀티미디어방송채널사용사업자”라 함은 위성이동멀티미디어방송사업자와 방송채널사용계약을 체결하여 그 채널을 사용하여 위성방송을 행하는 방송채널사용사업자를 말한다.

[본조신설 2004. 9. 17.]

제1조의3(위성이동멀티미디어방송사업자의 보조설비) 위성이동멀티미디어방송사업자가 행하는 방송의 보조와 난시청 해소를 위하여 연주소(방송사항의 제작·편성 및 조정에 필요한 설비와 그 종사자의 총체를 말한다. 이하 같다)를 갖추지 않고 개설하는 지상의 무선국은 인공위성의 무선국의 보조설비로 본다. 〈개정 2021. 1. 5.〉

[본조신설 2004. 9. 17.]

제2조 삭제 〈2015. 9. 11.〉

제3조(특수관계자의 범위) ①법 제8조제2항에서 “대통령령이 정하는 특수한 관계에 있는 자”란 본인과 다음 각 호의 어느 하나에 해당하는 관계에 있는 자(이하 “특수관계자”라 한다)를 말한다. 〈개정 2004. 9. 17., 2006. 3. 10., 2010. 1. 26., 2016. 5. 27., 2021.

12. 28.〉

1. 본인이 개인인 경우에는 다음 각 목의 어느 하나에 해당하는 자

가. 배우자(사실상의 혼인관계에 있는 자를 포함한다), 6촌 이내의 혈족 또는 4촌 이내의 인척

나. 본인이 단독으로 또는 가목의 자와 합하여 100분의 30 이상을 출자 또는 출연하거나 주요 경영사항에 대하여 사실상 영향력을 행사하고 있는 법인(법인격이 없는 사단 또는 재단을 포함한다. 이하 이 조에서 같다) 및 그 임원

다. 본인이 단독으로 또는 그와 가목 또는 나목의 관계에 있는 자와 합하여 100분의 30 이상을 출자 또는 출연하거나 주요 경영사항에 대하여 사실상 영향력을 행사하고 있는 법인 및 그 임원

2. 본인이 법인인 경우에는 다음 각 목의 어느 하나에 해당하는 자

가. 임원

나. 계열회사(「독점규제 및 공정거래에 관한 법률」 제2조제12호의 규정에 의한 계열회사를 말한다) 및 그 임원

다. 단독으로 또는 제1호 각 목의 어느 하나에 해당하는 관계에 있는 자와 합하여 본인에게 100분의 30 이상을 출자 또는 출연하거나 본인의 주요 경영사항에 대하여 사실상 영향력을 행사하고 있는 개인 및 그와 제1호 각 목의 어느 하나에 해당하는 관계에 있는 개인, 법인 및 그 임원

라. 본인이 단독으로 또는 그와 가목 내지 다목의 어느 하나에 해당하는 관계에 있는 자와 합하여 100분의 30 이상을 출자 또는 출연하거나 주요 경영사항에 대하여 사실상 영향력을 행사하고 있는 법인 및 그 임원

②제1항에도 불구하고 법 제8조제2항을 적용할 때 제1항제1호 나목·다목 및 동항제2호 나목 내지 라목에 해당하는 자 중 본인과 다음 각 호의 어느 하나에 해당하는 관계에 있지 아니한 자로서 본인이 법인의 주요 경영사항 또는 개인의 의사결정 등에 지배적인 영향력을 행사하지 아니하는 것으로 방송미디어통신위원회규칙이 정하는 자는 특수관계자로 보지 아니한다. 〈신설 2006. 3. 10., 2008. 2. 29., 2016. 5. 27., 2025. 10. 1.〉

1. 개인인 경우

본인의 사용인(법인인 경우에는 임원, 개인인 경우에는 상업사용

인 및 고용계약에 의한 피용인을 말한다. 이하 같다)이었거나 사용인인 자

2. 법인인 경우

본인과 채무보증이나 자금대차가 있는 자

③제1항의 규정에서 "임원"이라 함은 이사·감사·무한책임사원 또는 사실상 이와 동등한 지위에 있는 자를 말한다. 〈신설 2004. 9. 17., 2006. 3. 10.〉

④제1항의 규정에서 "주요 경영사항에 대하여 사실상 영향력을 행사하는"경우라 함은 다음 각호의 어느 하나에 해당하는 경우를 말한다. 〈신설 2004. 9. 17., 2006. 3. 10., 2008. 2. 29., 2013. 3. 23., 2017. 7. 26., 2025. 10. 1.〉

1. 단독으로 또는 다른 자와 계약 또는 합의에 의하여 당해 법인의 대표자나 임원의 과반수 이상을 선임할 수 있는 경우

2. 통상적인 범위를 초과하여 당해 법인과 자금·자산·상품·용역 등의 거래를 하고 있거나 당해 법인에 채무보증을 하거나 당해 법인으로부터 채무보증을 받고 있는 경우

3. 제1호 및 제2호에 준하는 경우로서 방송미디어통신위원회규칙으로 정하는 경우

⑤ 삭제 〈2016. 5. 27.〉

제2장 방송사업자 등

제4조(소유제한의 범위 등) ①법 제8조제3항에 따라 지상파방송사업 및 종합편성 또는 보도에 관한 전문편성을 행하는 방송채널사용사업을 겸영하거나 그 주식 또는 지분을 소유할 수 없는 기업집단에 속하는 회사와 그 계열회사는 「독점규제 및 공정거래에 관한 법률」 제2조제11호 및 제12호에 따른 기업집단 및 계열회사 중에서 같은 법 제31조에 따라 지정된 상호출자제한기업집단 중 상호출자제한기업집단으로 지정된 날을 기준으로 자산총액이 10조원 이상인 기업집단에 속하는 기업으로 한다. 〈개정 2002. 12. 26., 2004. 9. 17., 2006. 3. 10., 2008. 12. 31., 2021. 12. 28.〉

② 법 제8조제4항에 따라 지상파방송사업자, 종합편성 또는 보도에 관한 전문편성을 행하는 방송채널사용사업자의 주식 또는 지분을 소유하려는 일간신문을 경영하는 법인(특수관계자를 포함한다)은 주

식 또는 지분을 소유하려는 날이 속하는 사업연도의 직전 사업연도 1년간의 다음 각 호의 자료를 방송미디어통신위원회에 제출해야 한다. 〈신설 2010. 1. 26., 2010. 10. 1., 2018. 10. 30., 2022. 10. 25., 2025. 10. 1.〉

1. 신문의 전체 발행부수 및 유가 판매부수. 유가 판매부수는 가구대상 판매부수, 영업장대상 판매부수 및 가판 판매부수로 구분해야 한다.

2. 재무제표 및 재무제표에 대한 회계감사인(「주식회사 등의 외부감사에 관한 법률」 제2조제7호에 따른 감사인을 말한다. 이하 이 항에서 같다)의 감사보고서

3. 연결재무제표 및 연결재무제표에 대한 회계감사인의 감사보고서(「주식회사 등의 외부감사에 관한 법률」 제2조제1호에 따른 주식회사 중 연결재무제표를 작성하는 주식회사의 경우에 한정한다)

4. 그 밖에 이사회 구성현황 등 방송미디어통신위원회가 경영 투명성을 위해 필요하다고 인정하여 고시로 정하는 자료

③ 방송미디어통신위원회는 제2항에 따라 자료를 제출받은 경우 그 자료를 제출한 일간신문을 경영하는 법인이 지상파방송사업자, 종합편성 또는 보도에 관한 전문편성을 행하는 방송채널사용사업자의 주식 또는 지분을 소유한 사실을 안 날부터 1개월 이내에 제출받은 자료를 공개하여야 한다. 〈신설 2010. 1. 26., 2025. 10. 1.〉

④ 법 제8조제4항에 따른 구독률은 「통계법」 제3조제3호에 따른 통계작성기관이 조사·발표하는 해당 사업연도의 직전 연도 총 가구수에서 같은 연도의 일정 기간 동안 특정 일간신문을 유료로 구독하는 가구 수가 차지하는 비율로 산정한다. 이 경우 방송미디어통신위원회는 문화체육관광부장관과 협의하여 정하는 기관 또는 단체의 자료를 활용하여 산정한다. 〈개정 2022. 10. 25., 2025. 10. 1.〉

⑤법 제8조제6항에서 "대통령령이 정하는 범위를 초과"하는 경우란 다음 각 호의 어느 하나에 해당하는 경우를 말한다. 〈개정 2010. 1. 26., 2017. 12. 12.〉

1. 특정 방송사업자(방송채널사용사업자를 제외한다. 이하 이 호에서 같다)의 매출액(결산상 매출액중 방송광고수입, 방송수신료수입, 방송프로그램판매수입등 방송사업으로 인한 매출액에 한한다. 이하 같다)과 당해 방송사업자와 특수관계자인방송사업자의 매출액

을 합한 매출액이 전체 방송사업자의 매출액 총액중 차지하는 비율이 100분의 33을 초과하게 되는 경우. 다만, 법 제8조제2항 각호에 규정된 방송사업자의 경우를 제외한다.

2. 지상파방송사업자가 특정 위성방송사업자의 주식 또는 지분을 100분의 33을 초과하여 소유하는 경우

3. 삭제 〈2017. 12. 12.〉

4. 지상파방송사업자가 특정 종합유선방송사업자의 주식 또는 지분을 100분의 33을 초과하여 소유하는 경우

5. 종합유선방송사업자가 특정 지상파방송사업자의 주식 또는 지분을 100분의 33을 초과하여 소유하는 경우

⑥ 법 제8조제7항에서 "대통령령으로 정하는 범위를 초과"하는 경우란 특정 지상파방송사업자가 전체 텔레비전방송채널사용사업자 수의 100분의 5를 초과하여 텔레비전방송채널사용사업을 경영(겸영하거나 주식 또는 지분 총수의 100분의 5 이상을 소유하는 경우를 말한다. 이하 이 조에서 같다)하는 경우를 말한다. 〈개정 2022. 8. 16.〉

⑦법 제8조제8항 본문에서 "대통령령으로 정하는 범위를 초과"하는 경우란 다음 각 호의 어느 하나에 해당하는 경우를 말한다. 〈개정 2004. 9. 17., 2008. 2. 22., 2008. 2. 29., 2008. 12. 31., 2010. 1. 26., 2014. 2. 5., 2022. 8. 16., 2025. 10. 1.〉

1. 지상파텔레비전방송사업자 또는 지상파라디오방송사업자가 다음 각 목의 어느 하나에 해당하는 경우

가. 다른 지상파텔레비전방송사업자 또는 지상파라디오방송사업자의 주식 또는 지분의 100분의 7 이상을 소유하는 경우

나. 자신의 주식 또는 지분을 소유하고 있는 다른 지상파텔레비전방송사업자 또는 지상파라디오방송사업자의 주식 또는 지분의 100분의 5 이상을 소유하는 경우

다. 전체 지상파방송사업자수의 10분의 1을 초과하여 다른 지상파방송사업자(지상파이동멀티미디어방송사업자는 제외한다)의 주식 또는 지분을 소유하는 경우

2. 지상파텔레비전방송사업자 또는 지상파라디오방송사업자가 지상파이동멀티미디어방송사업을 행하는 경우에는 방송미디어통신위원회가 행정구역 및 방송구역을 고려하여 고시하는 방송권역별로 다음 각 목의 어느 하나에 해당하는 경우

가. 방송권역별 지상파이동멀티미디어방송사업자수가 3 이상 6 미만인 경우에는 방송권역별 전체 지상파이동멀티미디어방송사업자수의 3분의 1을 초과하여 경영하는 경우

나. 방송권역별 지상파이동멀티미디어방송사업자수가 6 이상인 경우에는 방송권역별 전체 지상파이동멀티미디어방송사업자수의 5분의 1을 초과하여 경영하는 경우

3. 삭제 〈2015. 9. 11.〉
4. 삭제 〈2014. 2. 5.〉
5. 삭제 〈2022. 8. 16.〉
6. 삭제 〈2022. 8. 16.〉

⑧ 삭제 〈2024. 12. 31.〉

⑨제6항에 따라 방송채널사용사업자의 수를 산정하는 경우에는 제13조의3에 따른 방송채널사용사업 수의 산정기준에 따른다. 〈신설 2007. 8. 7., 2008. 2. 22., 2010. 1. 26., 2025. 4. 22.〉

제4조의2(유료방송사업 가입자 수의 산정) ① 법 제8조제16항 각 호 및 같은 조 제17항 각 호에 따른 방송사업자(이하 "유료방송사업자"라 한다)의 가입자 수는 해당 방송사업자로부터 방송서비스를 제공받기로 계약이 체결된 단말장치(유료방송사업자로부터 전송된 신호를 가입자의 텔레비전 수상기에 전달하는 장치를 말한다. 이하 같다)의 수로 산정하되, 단말장치가 제공되지 아니하는 경우에는 계약이 체결된 단자(텔레비전 수상기에 연결하여 유료방송사업자로부터 전송된 신호를 수신할 수 있는 접속점을 말한다. 이하 같다)의 수로 산정한다.

② 제1항에도 불구하고 유료방송사업자가 사회적 약자의 편의나 복지 증진 등 영업 외의 목적으로 무상의 방송서비스를 제공하기로 계약을 체결한 단말장치 또는 단자의 수는 가입자 수에서 제외한다.

[본조신설 2015. 9. 11.]

제4조의3(유료방송사업 가입자 수의 검증) ① 유료방송사업자는 제4조의2에 따라 산정한 가입자 수의 월별 현황 자료를 매월 말일부터 2개월 이내에 방송미디어통신위원회에 제출하여야 한다. 〈개정 2017. 7. 26., 2025. 10. 1.〉

② 방송미디어통신위원회는 제1항에 따라 제출받은 자료의 정확성을 확인하고 가입자 수를 확정하기 위하여 가입자 수의 검증을

실시한다. 〈개정 2017. 7. 26., 2025. 10. 1.〉
③ 제2항에 따른 검증은 서류검토, 현장실사 및 표본조사 등 방송미디어통신위원회가 정하여 고시하는 방법으로 실시한다. 〈개정 2017. 7. 26., 2025. 10. 1.〉
④ 방송미디어통신위원회는 제2항 및 제3항에 따라 검증을 실시한 후 그 검증 결과를 유료방송에 관한 전문가 등으로 구성된 전문심의회의 심의를 거쳐 확정한다. 〈개정 2017. 7. 26., 2025. 10. 1.〉
⑤ 제4항에 따른 전문심의회의 구성·운영 등에 필요한 사항은 방송미디어통신위원회가 정하여 고시한다. 〈개정 2017. 7. 26., 2025. 10. 1.〉
⑥ 제2항부터 제4항까지의 규정에 따른 검증은 제1항에 따라 반기(半期) 동안 제출된 월별 현황 자료를 기준으로 진행하되 매 반기 종료일부터 4개월 이내에 마쳐야 한다.
⑦ 방송미디어통신위원회는 제4항에 따라 확정된 검증 결과를 유료방송사업자에게 통보하여야 한다. 〈개정 2017. 7. 26., 2025. 10. 1.〉
⑧ 유료방송사업자는 제7항에 따라 통보받은 검증 결과에 대하여 이의가 있는 경우에는 통보받은 날부터 7일 이내에 방송미디어통신위원회에 이의를 제기할 수 있다. 〈개정 2017. 7. 26., 2025. 10. 1.〉
⑨ 방송미디어통신위원회는 제8항에 따른 이의가 이유 있다고 인정되는 경우에는 재검증을 실시하여야 한다. 이 경우 재검증의 방법 및 절차에 관하여는 제2항부터 제4항까지의 규정을 준용한다. 〈개정 2017. 7. 26., 2025. 10. 1.〉
⑩ 제9항에 따른 재검증은 한차례만 실시하되, 제8항에 따른 이의 제기가 있은 날부터 1개월 이내에 마쳐야 한다.
[본조신설 2015. 9. 11.]

제4조의4(특정 종합유선방송사업자 및 특정 위성방송사업자에 대한 시정명령의 기준) 법 제8조제16항 및 제17항을 위반한 특정 종합유선방송사업자 및 특정 위성방송사업자에 대하여 법 제99조제1항제2호에 따라 시정을 명하는 경우 법 제8조제16항 및 제17항의 위반 여부는 제4조의3에 따른 검증을 거쳐 확정된 반기별 월평균 가입자

수를 기준으로 한다.

[본조신설 2015. 9. 11.]

제5조(방송사업 등의 허가) ① 법 제9조제1항 및 제2항에 따라 지상파방송사업 · 위성방송사업 · 종합유선방송사업 · 중계유선방송사업을 하려는 자는 허가신청서에 다음 각 호의 서류를 첨부하여 방송통신위원회에 제출하여야 한다. 〈개정 2010. 1. 26., 2013. 3. 23., 2017. 7. 26., 2025. 10. 1.〉

1. 신청인에 관한 사항을 기재한 서류
2. 사업계획서
3. 시설설치계획서
4. 일간신문을 경영하는 법인이 주식 또는 지분을 소유하고 있는 법인이 지상파방송사업의 허가를 신청하는 경우에는 제4조제2항에서 정하는 자료

② 제1항에 따른 허가 신청은 다음 각 호의 기준에 따라 하여야 한다. 〈개정 2017. 12. 12.〉

1. 지상파방송사업의 허가 신청은 방송유형별로 할 것
2. 위성방송사업의 허가 신청은 인공위성의 무선국별로 할 것. 이 경우 위성이동멀티미디어방송사업자가 행하는 위성방송의 난시청 해소를 위하여 연주소를 갖추지 아니하고 개설하는 무선국의 허가절차는 「전파법 시행령」이 정하는 바에 따른다.
3. 종합유선방송사업의 허가 신청은 방송구역을 명시하여 법인별로 신청할 것
4. 중계유선방송사업의 허가 신청은 방송구역별로 신청할 것

③ 방송미디어통신위원회는 제1항에 따른 허가신청서를 접수한 때에는 접수일부터 90일 이내에 법 제10조제1항 각 호의 사항 및 전파관계 법령이 정하는 사항을 심사하여 허가여부를 결정하고, 허가를 하는 경우에는 신청인에게 허가서를 내주어야 한다. 〈개정 2013. 3. 23., 2017. 7. 26., 2025. 10. 1.〉

④ 종합유선방송사업 또는 중계유선방송사업을 하려는 자는 다음 각 호의 요건에 적합하여야 한다.

1. 시설설치계획이 법 제79조제1항에 따른 종합유선방송사업 또는 중계유선방송사업의 기술기준에 적합할 것
2. 수신자의 편의와 최소한의 방송품질을 보장할 것

3. 방송기술개발 및 시설의 고도화에 관한 정부시책에 부합할 것

⑤ 제1항부터 제4항까지의 허가에 필요한 구체적인 절차 및 방법은 방송미디어통신위원회규칙으로 정한다. 〈개정 2013. 3. 23., 2017. 7. 26., 2025. 10. 1.〉

[전문개정 2008. 2. 29.]

제6조 삭제 〈2008. 2. 29.〉

제7조(중계유선방송사업자의 종합유선방송사업 승인) ①법 제9조제3항의 규정에 의하여 중계유선방송사업자가 종합유선방송사업의 승인을 얻고자 하는 경우에는 다음 각호의 요건을 갖추어 승인신청서에 시설전환계획서를 첨부하여 방송미디어통신위원회에 제출하여야 한다. 〈개정 2008. 2. 29., 2013. 3. 23., 2017. 7. 26., 2025. 10. 1.〉

1. 시설전환계획이 법 제79조제1항의 규정에 의한 종합유선방송사업의 기술기준에 적합할 것

2. 중계유선방송사업자의 가입자수가 그가 소재하는 종합유선방송사업구역안의 전체가구수중 차지하는 비율이 당해 사업구역의 범위와 특성을 고려하여 방송미디어통신위원회가 고시하는 비율 이상일 것

②방송미디어통신위원회는 제1항의 규정에 의하여 승인신청서를 접수한 때에는 제1항 각호의 사항 및 법 제10조제1항 각호의 사항을 심사한 후 그 결과를 90일 이내에 신청인에게 통보하여야 한다. 〈개정 2008. 2. 29., 2013. 3. 23., 2017. 7. 26., 2025. 10. 1.〉

③종합유선방송사업의 승인에 필요한 구체적인 절차 및 방법에 관하여는 방송미디어통신위원회규칙으로 정한다. 〈개정 2008. 2. 29., 2013. 3. 23., 2017. 7. 26., 2025. 10. 1.〉

제7조의2 삭제 〈2008. 2. 22.〉

제8조(방송채널사용사업의 등록) ①법 제9조제5항제1호에 따라 방송채널사용사업의 등록을 하려는 자는 다음 각 호의 사항을 적은 등록신청서에 편성계획서 및 사업계획서를 첨부하여 방송미디어통신위원회에 제출하여야 한다. 〈개정 2004. 9. 17., 2008. 2. 22., 2008. 2. 29., 2013. 3. 23., 2017. 7. 26., 2025. 4. 22., 2025. 10. 1.〉

1. 사업자명

2. 대표자 및 편성책임자
3. 납입자본금 및 실질자본금
4. 방송프로그램 공급분야
5. 발행주식 또는 지분 총수의 100분의 5 이상을 가진 주주 또는 출자자의 구성
6. 주된 사무소의 소재지
7. 법 제9조의2제1항제2호에 따른 송출시설의 소재지

②방송미디어통신위원회는 제1항에 따른 등록신청서를 접수하였을 때에는 신청내용이 법령에 위반되는지 여부와 사실관계의 확인을 거쳐 30일 이내에 신청인에게 등록증을 발급해야 한다. 〈개정 2008. 2. 29., 2013. 3. 23., 2017. 7. 26., 2025. 4. 22., 2025. 10. 1.〉

③제1항 및 제2항에서 규정한 사항 외에 방송채널사용사업의 등록에 필요한 구체적인 절차 및 방법은 방송미디어통신위원회규칙으로 정한다. 〈개정 2008. 2. 29., 2013. 3. 23., 2017. 7. 26., 2025. 4. 22., 2025. 10. 1.〉

제8조의2(방송채널사용사업의 신고) ① 법 제9조제5항제2호에 따라 방송채널사용사업의 신고를 하려는 자는 다음 각 호의 사항을 적은 신고서에 편성계획서 및 사업계획서를 첨부하여 방송미디어통신위원회에 제출해야 한다. 〈개정 2025. 10. 1.〉

1. 사업자명
2. 대표자 및 편성책임자
3. 납입자본금 및 실질자본금
4. 방송프로그램 공급분야
5. 발행주식 또는 지분 총수의 100분의 5 이상을 가진 주주 또는 출자자의 구성
6. 법 제9조의2제2항제2호에 따른 송출시설의 소재지

② 방송미디어통신위원회는 제1항에 따른 신고서를 접수하였을 때에는 신청내용이 법령에 위반되는지 여부와 사실관계의 확인을 거쳐 30일 이내에 신청인에게 신고증을 발급해야 한다. 〈개정 2025. 10. 1.〉

③ 제1항 및 제2항에서 규정한 사항 외에 방송채널사용사업의 신고에 필요한 구체적인 절차 및 방법은 방송미디어통신위원회규칙으로 정한다. 〈개정 2025. 10. 1.〉

[본조신설 2025. 4. 22.]

제9조(전광판방송사업 및 음악유선방송사업의 등록) ①법 제9조제5항 본문에 따라 전광판방송사업 또는 음악유선방송사업을 하고자 하는 자는 다음 각호의 사항을 기재한 등록신청서를 방송미디어통신위원회에 제출하여야 한다. 〈개정 2008. 2. 29., 2013. 3. 23., 2017. 7. 26., 2025. 4. 22., 2025. 10. 1.〉

1. 사업자명
2. 대표자 및 편성책임자
3. 사업구역
4. 사업목적 및 내용

②제8조제2항 및 동조제3항의 규정은 전광판방송사업 또는 음악유선방송사업의 등록에 관하여 이를 준용한다.

제10조(방송채널사용사업의 승인) ①법 제9조제5항 단서에 따라 종합편성, 보도에 관한 전문편성 및 상품소개와 판매에 관한 전문편성을 행하는 방송채널사용사업을 하려는 자는 방송미디어통신위원회에 방송채널사용사업승인신청서에 다음 각 호의 서류를 첨부하여 제출하여야 한다. 〈개정 2008. 2. 29., 2010. 1. 26., 2013. 3. 23., 2017. 7. 26., 2025. 10. 1.〉

1. 신청인에 관한 사항을 적은 서류
2. 사업계획서
3. 일간신문을 경영하는 법인이 주식 또는 지분을 소유하고 있는 법인이 종합편성 또는 보도전문편성을 하는 방송채널사용사업의 승인을 신청하는 경우에는 제4조제2항에서 정하는 자료

②방송미디어통신위원회는 제1항의 규정에 의한 승인신청서를 접수한 때에는 법 제10조제1항 각호의 사항을 심사하여 승인여부를 결정하고 그 결과를 60일 이내에 신청인에게 통보하여야 한다. 〈개정 2008. 2. 29., 2013. 3. 23., 2017. 7. 26., 2025. 10. 1.〉

③ 방송채널사용사업의 승인에 필요한 구체적인 절차 및 방법에 관하여는 방송미디어통신위원회규칙으로 정한다. 〈개정 2013. 3. 23., 2017. 7. 26., 2025. 10. 1.〉

제11조(외국 인공위성을 이용한 위성방송사업 등의 승인) ①법 제9조제6항 및 동조제8항의 규정에 의하여 외국 인공위성의 무선설비를 이용하여 위성방송을 하거나 외국 인공위성의 무선국의 특정채널

을 사용하고자 하는 자는 승인신청서에 다음 각호의 서류를 첨부하여 방송미디어통신위원회에 제출하여야 한다. 〈개정 2008. 2. 29., 2013. 3. 23., 2017. 7. 26., 2025. 10. 1.〉

1. 신청인에 관한 사항을 기재한 서류
2. 외국 인공위성의 무선설비 또는 무선국의 특정채널 이용계약서
3. 사업계획서
4. 시설설치계획서

②방송미디어통신위원회는 제1항의 규정에 의한 승인신청서를 접수한 때에는 법 제10조제1항 각호의 사항을 심사한 후 승인여부를 결정하고 그 결과를 90일 이내에 신청인에게 통보하여야 한다. 〈개정 2008. 2. 29., 2013. 3. 23., 2017. 7. 26., 2025. 10. 1.〉

③제7조제3항의 규정은 외국 인공위성을 이용한 위성방송 또는 방송채널을 사용하는 사업의 승인에 관하여 이를 준용한다.

제12조(전송망사업의 등록) ①법 제9조제10항에 따라 전송망사업을 하려는 자는 다음 각 호의 사항을 기재한 등록신청서에 사업계획서 및 시설설치계획서를 첨부하여 방송미디어통신위원회에 제출하여야 한다. 〈개정 2008. 2. 29., 2013. 3. 23., 2015. 9. 11., 2017. 7. 26., 2025. 10. 1.〉

1. 등록신청인에 관한 사항
2. 자본금
3. 기술인력현황
4. 사업구역

② 법 제9조제10항제1호에서 "재정능력 및 기술인력 등 대통령령으로 정하는 등록요건"이란 별표 1의 재정능력 및 기술인력 요건을 말한다. 〈신설 2015. 9. 11.〉

③방송미디어통신위원회는 제1항에 따른 등록신청서를 접수한 때에는 신청내용이 법 제9조제10항 각 호의 어느 하나에 해당하는지 여부와 사실관계의 확인을 거쳐 30일 이내에 신청인에게 등록증을 교부하여야 한다. 〈개정 2008. 2. 29., 2013. 3. 23., 2015. 9. 11., 2017. 7. 26., 2025. 10. 1.〉

④전송망사업자가 등록한 사항을 변경하고자 하는 때에는 방송미디어통신위원회 고시로 정하는 바에 따라 방송미디어통신위원회에 변경등록을 하여야 한다. 〈개정 2008. 2. 29., 2013. 3. 23.,

2015. 9. 11., 2017. 7. 26., 2025. 10. 1.〉

⑤전송망사업의 등록에 필요한 구체적인 절차 및 방법에 관하여는 방송미디어통신위원회 고시로 정한다. 〈개정 2008. 2. 29., 2013. 3. 23., 2015. 9. 11., 2017. 7. 26., 2025. 10. 1.〉

제13조(공동체라디오방송사업의 허가신청 등) ① 법 제9조제11항에 따라 공동체라디오방송사업을 하려는 자는 방송미디어통신위원회규칙으로 정하는 허가신청서에 다음 각 호의 서류를 첨부하여 방송미디어통신위원회에 제출하여야 한다. 〈개정 2025. 10. 1.〉

1. 신청인에 관한 사항을 기재한 서류
2. 사업계획서
3. 시설설치계획서

② 방송미디어통신위원회는 제1항에 따른 허가신청서를 접수하면 접수일부터 90일 이내에 법 제10조제1항 각 호의 사항 및 전파관계법령이 정하는 사항을 심사하여 허가여부를 결정하고, 허가를 하는 경우에는 신청인에게 허가서를 내주어야 한다. 〈개정 2025. 10. 1.〉

③ 제1항 및 제2항의 허가에 필요한 구체적인 절차 및 방법은 방송미디어통신위원회규칙으로 정한다. 〈개정 2025. 10. 1.〉

[전문개정 2008. 2. 29.]

제13조의2(공동체라디오방송사업자의 운영 등) ①공동체라디오방송사업자는 해당 채널의 매월 전체 방송시간의 100분의 60 이상을 허가를 받은 주된 방송분야의 방송프로그램으로 편성하여야 한다. 〈개정 2014. 11. 24.〉

②공동체라디오방송사업자의 재원은 다음 각 호의 금액으로 충당한다.

1. 기부금
2. 지방자치단체의 보조금
3. 법 제73조제2항에 따른 방송광고수입금
4. 법 제74조에 따른 협찬고지 수입금
5. 그 밖의 수입금

[본조신설 2007. 8. 7.]

제13조의3(방송채널사용사업 등록 및 신고의 자본금 요건 적용기준 등) ① 동일인이 여러 개의 방송채널사용사업을 겸영하는 경우에 법 제9조의2제1항제1호 및 같은 조 제2항제1호에 따른 자본금 요건의

적용 기준은 다음 각 호의 구분에 따른다. 〈개정 2025. 4. 22.〉

1. 법 제9조제5항제1호에 따라 등록하려는 경우: 각각의 텔레비전방송채널사용사업별로 법 제9조의2제1항제1호의 자본금 요건 적용

2. 법 제9조제5항제2호가목에 따라 신고하려는 경우: 15개 라디오방송채널사용사업별로 법 제9조의2제2항제1호의 자본금 요건 적용

3. 법 제9조제5항제2호나목에 따라 신고하려는 경우: 3개 데이터방송채널사용사업별로 법 제9조의2제2항제1호의 자본금 요건 적용

4. 법 제9조제5항제2호다목에 따라 신고하려는 경우: 각각의 텔레비전방송채널사용사업별로 법 제9조의2제2항제1호의 자본금 요건 적용

② 제1항에 따른 자본금 요건의 적용기준이 되는 방송채널사용사업 수의 산정기준은 다음 각 호와 같다. 〈개정 2025. 4. 22.〉

1. 방송채널사용사업의 등록신청 또는 신고의 단위가 되는 텔레비전방송채널사용사업, 라디오방송채널사용사업 또는 데이터방송채널사용사업의 각각의 방송분야를 1개의 방송채널사용사업으로 산정한다.

2. 동일인이 동일한 방송분야를 일정한 시차를 두고 여러 채널을 통하여 방송하는 경우에는 이를 1개의 방송채널사용사업으로 산정한다.

3. 시청자가 특정 시간 및 특정 방송프로그램을 선택하여 시청할 수 있도록 방송프로그램을 제공하는 방송채널사용사업의 경우에는 동일인이 제공하는 동일한 방송분야별로 1개의 방송채널사용사업으로 산정한다.

[본조신설 2008. 2. 22.]

[제목개정 2025. 4. 22.]

제13조의4(기술결합서비스의 신고) ① 법 제9조의3제1항 전단에 따라 기술결합서비스의 제공을 신고하려는 자는 방송미디어통신위원회 규칙으로 정하는 기술결합서비스 제공 신고서에 다음 각 호의 사항을 포함한 기술결합서비스 제공계획서를 첨부하여 법 제9조의3제1항에 따라 방송미디어통신위원회에 제출해야 한다. 〈개정 2017. 7. 26., 2022. 6. 28., 2025. 10. 1.〉

1. 기술결합서비스 제공 사유
2. 기술결합서비스 제공 방식과 제공 방식을 설명하는 도면
3. 기술결합서비스를 제공하려는 방송구역
4. 기술결합서비스를 이용하는 시청자의 권익 보호에 관한 사항

② 법 제9조의3제1항 후단에 따라 신고한 기술결합서비스의 내용을 변경하려는 자는 방송미디어통신위원회규칙으로 정하는 기술결합서비스 변경 신고서에 변경 내용과 그 변경 사유를 포함한 기술결합서비스 변경계획서를 첨부하여 법 제9조의3제1항에 따라 방송미디어통신위원회에 제출해야 한다. 〈개정 2022. 6. 28., 2025. 10. 1.〉

③ 법 제9조의3제2항에서 "시청자의 권익보호와 공정경쟁의 촉진 등 대통령령으로 정하는 기준"이란 다음 각 호의 기준을 말한다. 〈개정 2022. 6. 28.〉

1. 제공하려는 기술결합서비스가 기술적으로 실현 가능할 것
2. 제공하려는 기술결합서비스가 기술발전 방향 및 방송서비스 품질 향상에 부합할 것
3. 제공하려는 기술결합서비스가 방송시장의 공정경쟁 촉진에 기여할 수 있을 것
4. 기술결합서비스를 이용하는 시청자의 권익을 보호할 수 있는 구체적인 방안이 마련되어 있을 것

④ 법 제9조의3제2항에서 "대통령령으로 정하는 기한"이란 30일을 말한다. 〈개정 2022. 6. 28.〉

⑤ 방송미디어통신위원회가 법 제9조의3제2항 및 이 조 제4항에서 정한 기간 내에 신고수리 여부 또는 민원 처리 관련 법령에 따른 처리기간의 연장을 신고인에게 통지하지 않으면 그 기간(민원 처리 관련 법령에 따라 처리기간이 연장 또는 재연장된 경우에는 해당 처리기간으로 한다)이 끝난 날의 다음 날에 신고를 수리한 것으로 본다. 〈신설 2022. 6. 28., 2025. 10. 1.〉

[본조신설 2016. 6. 21.]

[제목개정 2022. 6. 28.]

제13조의5(기술중립서비스 신고의 수리기준) 법 제9조의4제3항에서 "시청자의 권익보호와 공정경쟁의 촉진 등 대통령령으로 정하는 기준"이란 다음 각 호의 기준을 모두 충족하는 것을 말한다.

1. 법 제9조의4제1항에 따라 종합유선방송사업자, 위성방송사업자 또는 「인터넷 멀티미디어 방송사업법」 제2조제5호가목에 따른 인터넷 멀티미디어 방송 제공사업자 상호 간에 다른 사업자의 전송방식을 이용하여 제공하는 서비스(이하 "기술중립서비스"라 한다)가 기술발전 방향 및 방송서비스 품질 향상에 부합할 것
2. 기술중립서비스의 특정 제공 방식에 따라 현저히 유리하거나 불리한 조건을 부가하는 등 시청자의 선택권을 제한하거나 권익을 저해하지 않을 것
[본조신설 2022. 12. 9.]

제14조(외국자본의 출자 및 출연) 법 제14조제1항제3호에서 "대통령령이 정하는 비율"이라 함은 외국의 정부나 단체 또는 외국인이 소유하고 있는 당해 법인의 주식 또는 지분의 합이 당해 법인의 주식 또는 지분 총수의 100분의 50에 해당하는 경우(외국의 정부나 단체 또는 외국인이 최다액 출자자인 경우를 포함한다)를 말한다.
[전문개정 2001. 3. 20.]

제15조(변경허가 등) ① 법 제15조제1항제1호 단서에 따라 「독점규제 및 공정거래에 관한 법률」 제2조제12호에 따른 계열회사인 법인의 합병 신고를 하려는 자는 방송미디어통신위원회규칙으로 정하는 합병신고서에 다음 각 호의 서류를 첨부하여 방송미디어통신위원회에 제출해야 한다. 〈신설 2024. 7. 16., 2025. 10. 1.〉
1. 합병계약서 사본
2. 합병 후 존속하거나 합병으로 신설되는 법인의 정관
3. 제4항제1호 및 제2호의 기준에 적합함을 증명하는 서류
② 방송미디어통신위원회는 제1항에 따라 합병신고서를 제출받은 경우에는 「전자정부법」 제36조제1항에 따른 행정정보의 공동이용을 통하여 신고인 및 합병의 상대방 법인의 법인 등기사항증명서를 확인해야 한다. 〈신설 2024. 7. 16., 2025. 10. 1.〉
③ 법 제15조제1항제7호에서 "대통령령으로 정하는 중요한 시설의 변경"이란 다음 각 호의 변경을 말한다. 〈개정 2002. 12. 26., 2003. 4. 17., 2017. 12. 12., 2022. 8. 16., 2024. 7. 16.〉
1. 지상파방송의 방송구역 변경을 초래하는 주전송장치의 변경
2. 법 제79조제1항에 따른 기술기준의 적합여부에 영향을 미치는 운용채널의 변경

④ 법 제15조제4항 전단에서 “신고 내용의 사실 여부 등 대통령령으로 정하는 기준”이란 다음 각 호의 기준을 말한다. 〈신설 2024. 7. 16.〉

1. 신고인과 합병의 상대방 법인이 「독점규제 및 공정거래에 관한 법률」 제2조제12호에 따른 계열회사일 것

2. 「독점규제 및 공정거래에 관한 법률」 제9조에 따른 기업결합의 제한에 해당되지 않을 것(해당 합병이 같은 법 제11조제1항 및 제2항에 따른 기업결합 신고 대상인 경우만 해당한다)

3. 신고 내용이 사실일 것

⑤ 방송미디어통신위원회는 제1항에 따른 신고를 받은 날부터 15일 이내에 신고수리 여부를 신고인에게 통지해야 한다. 〈신설 2024. 7. 16., 2025. 10. 1.〉

제15조의2(최다액출자자 등 변경승인) ①법 제15조의2제1항 본문에 따라 승인을 받으려는 자는 다음 각 호에 정한 기한 내에 방송미디어통신위원회에 승인을 신청하여야 한다. 〈개정 2008. 2. 29., 2008. 7. 29., 2013. 3. 23., 2013. 8. 27., 2017. 7. 26., 2025. 10. 1.〉

1. 최다액출자자(당해 사업자의 출자자 본인과 그의 특수관계자의 주식 또는 지분을 합하여 의결권이 있는 주식 또는 지분의 비율이 가장 많은 자를 말한다. 이하 같다)가 되려는 경우

가. 「자본시장과 금융투자업에 관한 법률」 제166조에 따른 장외거래로 주식 또는 지분을 취득하는 경우에는 계약·합의를 한 날부터 30일 이내

나. 「자본시장과 금융투자업에 관한 법률」에 따른 증권시장에서 주식을 취득(다자간매매체결회사에서의 취득을 포함한다)하는 경우에는 주식을 취득하기 60일 이전

2. 경영권을 실질적으로 지배하려는 경우

가. 제2항제1호 및 제2호에 해당하는 경우에는 계약 또는 합의를 한 날부터 30일 이내

나. 제2항제3호에 해당하는 경우에는 의사결정에 사실상 영향력을 행사하는 원인행위를 한 날부터 30일 이내

②법 제15조의2제5항에서 “경영권을 실질적으로 지배하는 자에 해당하는 경우”란 다음 각 호의 어느 하나에 해당하는 경우를 말한

다. <개정 2022. 6. 28.>

1. 주주 또는 지분권자와의 계약 또는 합의에 따라 100분의 50(지상파방송사업 및 종합편성 또는 보도에 관한 전문편성을 행하는 방송채널사용사업의 경우에는 100분의 30) 이상에 해당하는 의결권을 행사하게 되는 경우

2. 최다액출자자가 아닌 주주 또는 지분권자들이 100분의 50(지상파방송사업 및 종합편성 또는 보도에 관한 전문편성을 행하는 방송채널사용사업의 경우에는 100분의 30) 이상에 해당하는 의결권을 공동으로 행사하기로 합의하는 경우

3. 대표이사나 임원의 2분의 1이상의 임면 또는 영업의 양도·양수에 관한 의사결정에 사실상 영향력을 행사하는 경우

③방송미디어통신위원회는 제1항에 따른 승인 신청을 접수하면 접수일부터 60일 이내에 그 결과를 신청인에게 통보하여야 한다. 다만, 방송미디어통신위원회는 불가피한 사유가 있으면 30일 이내의 범위에서 그 기간을 연장할 수 있다. <개정 2008. 2. 29., 2013. 3. 23., 2017. 7. 26., 2025. 10. 1.>

④ 삭제 <2008. 2. 29.>

⑤법 제15조의2제1항 본문에 따라 최다액출자자의 승인을 받은 해당 종합유선방송사업자 또는 중계유선방송사업자는 전파관계 법령이 정하는 바에 따라 허가증을 재발급 받아야 한다. <개정 2011. 8. 19., 2013. 3. 23., 2025. 10. 1.>

⑥법 제15조의2제1항 단서에 따라 신고하려는 자는 제1항 각 호에서 정한 기한 내에 방송미디어통신위원회에 신고를 하여야 한다. <개정 2008. 2. 29., 2013. 3. 23., 2017. 7. 26., 2025. 10. 1.>

⑦제1항부터 제6항까지에 규정된 것 외에 승인 및 신고 절차에 필요한 사항은 방송미디어통신위원회규칙으로 정한다. <개정 2008. 2. 29., 2013. 3. 23., 2017. 7. 26., 2025. 10. 1.>

[본조신설 2007. 8. 7.]

제16조(허가 및 승인의 유효기간 등) ① 법 제16조에 따른 허가 또는 승인의 유효기간은 7년으로 한다. 다만, 종합편성이나 보도에 관한 전문편성을 하는 방송채널사용사업 승인의 유효기간은 5년으로 한다. <개정 2022. 8. 16.>

② 방송미디어통신위원회는 제1항에도 불구하고 시청자 권익 보

호, 공적책임 실현, 공정성 및 공익성 보장 등을 위하여 필요하다고 판단하는 경우에는 법 제10조 및 제17조제3항에 따른 심사결과를 고려하여 2년을 초과하지 아니하는 범위에서 허가 및 승인의 유효기간을 단축하여 허가하거나 승인할 수 있다. 〈신설 2010. 1. 26., 2013. 3. 23., 2017. 7. 26., 2025. 10. 1.〉

③ 법 제17조제1항에 따라 재허가를 받으려는 자는 허가유효기간 만료 6개월 전까지 방송미디어통신위원회에 재허가를 신청하여야 한다. 〈개정 2008. 2. 29., 2010. 1. 26., 2013. 3. 23., 2017. 7. 26., 2025. 10. 1.〉

④법 제17조제2항의 규정에 의하여 재승인을 받고자 하는 자는 승인유효기간 만료 6월전까지 방송미디어통신위원회에 재승인을 신청하여야 한다. 〈개정 2008. 2. 29., 2010. 1. 26., 2013. 3. 23., 2017. 7. 26., 2025. 10. 1.〉

⑤방송미디어통신위원회는 제3항에 따라 재허가신청을 접수한 때에는 방송품질 유지와 수신자 보호를 위하여 방송미디어통신위원회 고시로 정하는 바에 따라 기술 및 시설에 대한 검사를 실시하여야 한다. 〈개정 2002. 12. 26., 2008. 2. 29., 2010. 1. 26., 2013. 3. 23., 2017. 7. 26., 2024. 12. 31., 2025. 10. 1.〉

⑥ 법 제17조제3항제2호의2에서 "대통령령으로 정하는 법령"이란 다음 각 호의 구분에 따른 법률과 그 시행을 위한 하위법령을 말한다. 〈신설 2019. 6. 25.〉

1. 지상파방송사업자, 공동체라디오방송사업자, 종합편성 또는 보도에 관한 전문편성을 행하는 방송채널사용사업자

가. 「방송통신발전 기본법」

나. 「전파법」

다. 「정보통신망 이용촉진 및 정보보호 등에 관한 법률」

라. 「독점규제 및 공정거래에 관한 법률」

2. 종합유선방송사업자, 위성방송사업자 또는 중계유선방송사업자

가. 「방송통신발전 기본법」

나. 「전파법」

다. 「정보통신망 이용촉진 및 정보보호 등에 관한 법률」

라. 「독점규제 및 공정거래에 관한 법률」

3. 상품소개와 판매에 관한 전문편성을 행하는 방송채널사용사업자

가. 「방송통신발전 기본법」

나. 「정보통신망 이용촉진 및 정보보호 등에 관한 법률」

다. 「독점규제 및 공정거래에 관한 법률」

라. 「대규모유통업에서의 거래 공정화에 관한 법률」

⑦ 제3항에 따른 재허가의 절차에 관하여는 제5조를 준용하고, 제4항에 따른 재승인의 절차에 관하여는 제10조를 준용한다. 〈개정 2008. 2. 29., 2010. 1. 26., 2019. 6. 25.〉

[제목개정 2010. 1. 26., 2019. 6. 25.]

제17조(허가 · 승인 · 등록 · 신고수리의 취소 등) ① 법 제18조제1항 및 제2항에 따른 허가 · 승인 · 등록 · 신고수리의 취소, 업무정지, 광고 중단 및 허가 · 승인의 유효기간 단축 명령의 기준은 별표 1의2와 같다. 〈개정 2010. 1. 26., 2015. 9. 11., 2020. 6. 9., 2022. 6. 28.〉

② 방송미디어통신위원회는 법 제18조제3항에 따라 방송채널사용사업자의 등록 또는 신고수리를 취소하려면 다음 각 호의 구분에 따른 확인을 해야 한다. 다만, 제2호가목에 대해서는 국세청장에게 확인을 요청할 수 있다. 〈신설 2020. 6. 9., 2021. 2. 17., 2025. 4. 22., 2025. 10. 1.〉

1. 법 제18조제3항제1호의 경우: 법 제83조제1항에 따른 방송실시결과의 미제출 내역 등 확인

2. 법 제18조제3항제2호의 경우: 다음 각 목의 어느 하나의 확인

가. 「부가가치세법」 제8조제8항에 따른 폐업신고 확인

나. 현장조사를 통한 사실상 폐업상태 확인

③방송미디어통신위원회는 제1항에 따른 허가 · 승인 · 등록 · 신고수리의 취소, 업무정지, 광고 중단 및 허가 · 승인의 유효기간 단축 명령을 하는 경우에는 해당 방송사업자 · 중계유선방송사업자 · 음악유선방송사업자 · 전광판방송사업자 또는 전송망사업자에게 서면으로 이를 통지해야 한다. 〈개정 2001. 3. 20., 2008. 2. 29., 2010. 1. 26., 2013. 3. 23., 2017. 7. 26., 2020. 6. 9., 2022. 6. 28., 2025. 10. 1.〉

④ 방송미디어통신위원회는 법 제18조제5항에 따라 허가 · 승인 · 등록 · 신고수리가 취소된 사업자 또는 재허가 · 재승인을 받지 못한 사업자에게 방송을 계속하도록 명령하는 경우에는 다음 각 호의 사

항을 정하여 서면으로 해야 한다. 〈신설 2010. 1. 26., 2013. 3. 23., 2017. 7. 26., 2018. 9. 11., 2020. 6. 9., 2025. 4. 22., 2025. 10. 1.〉

1. 방송을 계속하는 기간

2. 방송을 계속하여야 할 방송사업 및 사업자 종류

3. 그 밖에 시청자 보호 등을 위하여 명령을 받은 사업자가 준수하여야 하는 사항

⑤ 제4항에 따른 명령(이하 "방송연장 명령"이라 한다)을 받은 사업자는 방송을 계속하는 기간 동안 방송관련 법령을 준수하여야 하며, 방송미디어통신위원회가 지정한 날까지 방송을 계속하기 위한 사업계획서를 작성하여 제출해야 한다. 〈신설 2010. 1. 26., 2013. 3. 23., 2017. 7. 26., 2020. 6. 9., 2025. 10. 1.〉

⑥ 방송연장 명령을 받은 자는 지체 없이 그 명령내용에 관한 방송미디어통신위원회의 결정사항 전문을 방송하고, 그 방송결과를 방송미디어통신위원회에 보고하여야 한다. 〈신설 2010. 1. 26., 2013. 3. 23., 2017. 7. 26., 2020. 6. 9., 2025. 10. 1.〉

[제목개정 2022. 6. 28.]

제18조 삭제 〈2007. 8. 7.〉

제19조 삭제 〈2007. 8. 7.〉

제3장 소속위원회 등 〈개정 2013. 3. 23.〉

제20조 삭제 〈2008. 2. 29.〉

제21조(방송과 유사한 정보의 심의) ①법 제32조에서 "대통령령이 정하는 정보"라 함은 방송사업자·중계유선방송사업자 및 전광판방송사업자가 전기통신회선을 통하여 "방송", "TV" 또는 "라디오" 등의 명칭을 사용하면서 일정한 편성계획에 따라 유통시키는 정보를 말한다. 〈개정 2011. 8. 19.〉

②방송미디어통신심의위원회는 제1항에서 규정한 정보가 법 제33조의 규정에 의한 방송심의에 관한 규정을 위반한 때에는 그 정보의 제공자에 대하여 이의 시정을 권고할 수 있다. 〈개정 2008. 2. 29., 2025. 10. 1.〉

제21조의2 삭제 〈2010. 1. 26.〉

제21조의3(방송분쟁조정위원회 구성 및 운영) ① 법 제35조의3제1

항에 따라 방송미디어통신위원회에 두는 방송분쟁조정위원회(이하 "방송분쟁조정위원회"라 한다) 위원은 비상임으로 한다. 〈개정 2025. 10. 1.〉

② 방송분쟁조정위원회 위원장은 회의를 소집하고, 그 의장이 된다.

③ 방송분쟁조정위원회 위원장이 부득이한 사유로 직무를 수행할 수 없는 경우에는 방송분쟁조정위원회 위원 중에서 방송미디어통신위원회 위원장이 지명하는 사람이 그 직무를 대행한다. 〈개정 2025. 10. 1.〉

④ 방송분쟁조정위원회는 재적위원 과반수의 출석으로 개의(開議)하고, 출석위원 과반수의 찬성으로 의결한다.

⑤ 제1항부터 제4항까지에서 규정한 사항 외에 방송분쟁조정위원회의 구성 및 운영 등에 필요한 사항은 방송미디어통신위원회가 정하여 고시한다. 〈개정 2025. 10. 1.〉

[전문개정 2016. 7. 26.]

제21조의4(미디어다양성위원회의 직무) 법 제35조의4제3항제4호에 따른 여론 다양성 보장을 위하여 필요한 사항은 다음 각 호와 같다. 〈개정 2010. 10. 1., 2025. 10. 1.〉

1. 신문 구독률의 시청점유율 환산 기준·방법 결정
2. 방송과 관련된 미디어다양성 교육 계획 수립
3. 그 밖에 방송의 여론 다양성 증진을 위해 필요하다고 인정하여 방송미디어통신위원회 위원장이 요청하는 사항

[본조신설 2010. 1. 26.]

제21조의5(미디어다양성위원회 구성 및 운영 등) ① 법 제35조의4에 따른 미디어다양성위원회는 위원장 1명을 포함한 7명 이상 9명 이하의 위원으로 구성한다.

② 미디어다양성위원회 위원장은 방송미디어통신위원회 위원장이 미디어다양성위원회 위원 중에서 지명한다. 〈개정 2025. 10. 1.〉

③ 미디어다양성위원회 위원은 다음 각 호에 해당하는 사람 중에서 방송미디어통신위원회 위원장이 위촉한다. 〈개정 2025. 10. 1.〉

1. 판사·검사·변호사로 5년 이상 재직한 사람
2. 「고등교육법」 제2조에 따른 학교에서 신문방송, 통계, 법률, 행정, 경제 관련 학과의 교수로 5년 이상 재직한 사람

3. 방송, 신문, 인터넷 및 광고관련 업계에서 5년 이상 종사한 자로 시청률·구독률 등에 대한 지식과 경험이 풍부한 사람

4. 그 밖에 미디어다양성에 관한 지식과 경험이 풍부한 사람

④ 미디어다양성위원회 위원의 임기는 2년으로 하며, 한 차례만 연임할 수 있다. 다만, 보궐 위원의 임기는 전임자의 남은 기간으로 한다.

⑤ 미디어다양성위원회 위원장이 부득이한 사유로 직무를 수행할 수 없을 때에는 방송미디어통신위원회 위원장이 지명하는 위원이 그 직무를 대행한다. 〈개정 2025. 10. 1.〉

⑥ 미디어다양성위원회는 직무수행과 관련하여 전문적인 사항을 검토하기 위하여 필요한 경우 분과위원회를 둘 수 있다.

⑦ 제1항부터 제6항까지에서 규정한 사항 외에 미디어다양성위원회의 운영과 분과위원회의 구성·운영 등에 필요한 사항은 방송미디어통신위원회규칙으로 정한다. 〈개정 2025. 10. 1.〉

[본조신설 2010. 1. 26.]

제22조(방송시장경쟁상황평가위원회의 심의사항, 구성 및 운영) ① 법 제35조의5제1항에 따른 방송시장경쟁상황평가위원회(이하 "평가위원회"라 한다)는 다음 각 호의 사항을 심의한다. 〈개정 2025. 10. 1.〉

1. 방송시장(인터넷 멀티미디어 방송을 포함한다. 이하 이 조에서 같다)의 경쟁상황 분석 및 평가에 관한 사항

2. 방송시장의 효율적인 경쟁체제 구축과 공정한 경쟁 환경 조성을 위한 제도 개선에 관한 사항

3. 그 밖에 방송시장의 공정한 경쟁 정책 수립을 위하여 방송미디어통신위원회 위원장 및 평가위원회 위원장이 회의에 부치는 사항

② 평가위원회의 위원은 다음 각 호의 사람 중에서 방송미디어통신위원회 위원장이 방송미디어통신위원회의 동의를 받아 위촉한다. 〈개정 2012. 2. 29., 2025. 10. 1.〉

1. 「고등교육법」 제2조제1호부터 제3호까지의 규정에 따른 학교의 방송·통신 또는 공정경쟁과 관련한 학과에서 조교수 이상의 직위로 5년 이상 재직하였거나 재직 중인 사람

2. 공인된 연구기관에서 방송·통신 또는 공정경쟁과 관련된 분야의 연구원으로 5년 이상 재직하였거나 재직 중인 사람

3. 판사·검사 또는 변호사로서 5년 이상 재직하였거나 재직 중

인 사람
4. 방송·통신 등 미디어 사업과 관련된 단체 등에서 임원으로 재직 중이거나 5년 이상 재직하였던 사람
5. 그 밖에 방송·통신 시장의 공정경쟁에 관한 전문지식과 경험이 풍부한 사람
③ 평가위원회 위원장은 방송미디어통신위원회 위원장이 평가위원회 위원 중에서 지명한다. 〈개정 2025. 10. 1.〉
④ 위원의 임기는 2년으로 하며, 한 차례만 연임할 수 있다. 다만, 제2항제4호의 임원 중 직위를 정하여 위촉되는 위원의 임기는 그 직위에 재임하는 기간으로 한다.
⑤ 평가위원회 위원장은 평가위원회 회의를 소집하고 그 의장이 된다.
⑥ 평가위원회 회의는 방송미디어통신위원회 위원장이나 평가위원회 위원장이 필요하다고 인정할 때 또는 평가위원회 재적위원 3분의 1 이상의 요구가 있을 때 평가위원회 위원장이 소집한다. 〈개정 2025. 10. 1.〉
⑦ 평가위원회 위원장이 제6항에 따라 평가위원회 회의를 소집하려면, 회의 일시·장소 및 회의 안건을 정하여 회의 개최 3일 전까지 각 평가위원회 위원에게 통지하여야 한다. 다만, 긴급하거나 그 밖에 부득이한 사유가 있는 경우에는 그러하지 아니하다.
⑧ 평가위원회는 재적위원 과반수 출석과 출석위원 과반수 찬성으로 의결한다.
⑨ 평가위원회에 출석한 위원에게는 예산의 범위에서 수당을 지급할 수 있다.
⑩ 제1항부터 제9항까지에서 규정한 사항 외에 평가위원회의 심의사항, 구성 및 운영에 필요한 사항은 평가위원회의 의결을 거쳐 방송미디어통신위원회규칙으로 정한다. 〈개정 2025. 10. 1.〉
[본조신설 2012. 1. 13.]
제23조(경쟁상황 평가의 기준·절차 및 방법 등) ① 평가위원회가 경쟁상황을 평가하기 위하여 단위시장을 획정(劃定)할 때에는 다음 각 호의 사항을 고려하여야 한다.
1. 서비스의 수요대체성 및 공급대체성
2. 서비스의 제공범위 또는 지리적 범위

3. 서비스의 판매와 관련된 거래적 특수성

4. 서비스 이용자의 특성

② 평가위원회가 제1항에 따라 획정된 단위시장을 기초로 하여 경쟁상황을 평가하는 경우에는 다음 각 호의 사항을 종합적으로 고려하여야 한다.

1. 시장구조: 경쟁사업자의 수, 경쟁사업자 간의 주식 또는 지분 소유관계, 진입장벽, 시장점유율 등

2. 서비스 이용자의 대응력: 서비스 이용에 관한 정보접근의 용이성, 대체 서비스 또는 사업자 전환의 용이성 등

3. 시장성과: 사업자의 요금 · 품질의 수준, 수익성 등

4. 사업자의 행위: 요금 · 품질경쟁 및 기술혁신의 정도 등

5. 그 밖에 방송사업 및 인터넷 멀티미디어 방송사업의 단위시장의 상황

③ 평가위원회는 경쟁상황 평가를 위하여 필요하다고 인정하는 경우에는 관계 전문가와 이해관계자의 의견을 들을 수 있다.

[본조신설 2012. 1. 13.]

제23조의2 삭제 〈2010. 12. 27.〉

제24조 삭제 〈2010. 12. 27.〉

제25조 삭제 〈2008. 2. 29.〉

제3장의2 삭제 〈2014. 12. 3.〉

제25조의2 삭제 〈2014. 12. 3.〉

제25조의3 삭제 〈2014. 12. 3.〉

제4장 한국방송공사

제26조(설립등기) ①법 제43조제8항의 규정에 의한 한국방송공사(이하 “공사”라 한다)의 설립등기는 최초의 자본금 납입이 있은 날부터 2주일내에 하여야 한다.

②제1항의 규정에 의한 설립등기에 있어서는 다음 각호의 사항을 등기하여야 한다.

1. 목적

2. 명칭

3. 주된 사무소의 소재지

4. 자본금
5. 출자의 방법과 그 납입액
6. 공고의 방법
7. 사장의 성명과 주소
8. 이사장 · 이사 및 감사의 성명과 주민등록번호
③ 삭제 〈2025. 1. 21.〉

제27조(지역방송국의 설치등기) 공사는 지역방송국을 설치한 경우에는 설치 후 2주일 이내에 주된 사무소의 소재지에서 설치된 지역방송국의 명칭, 소재지 및 설치 연월일을 등기해야 한다.
[전문개정 2025. 1. 21.]

제28조(이전등기) ① 공사는 주된 사무소를 이전한 경우에는 이전 후 2주일 이내에 종전 소재지 또는 새 소재지에서 새 소재지와 이전 연월일을 등기해야 한다.
② 공사는 지역방송국을 이전한 경우에는 이전 후 2주일 이내에 주된 사무소의 소재지에서 새 소재지와 이전 연월일을 등기해야 한다.
[전문개정 2025. 1. 21.]

제29조(변경등기) 공사는 제26조제2항 각 호 또는 제27조의 등기사항이 변경된 경우(제28조에 따른 이전등기에 해당하는 경우는 제외한다)에는 변경 후 2주일 이내에 주된 사무소의 소재지에서 변경사항을 등기해야 한다.
[전문개정 2025. 1. 21.]

제30조(등기신청서의 첨부서류) 제26조 내지 제29조의 규정에 의한 각 등기의 신청서에는 다음 각호의 서류를 첨부하여야 한다.
1. 제26조의 규정에 의한 설립등기에 있어서는 정관 및 출자액과 임원의 자격을 증명하는 서류
2. 제27조의 규정에 의한 지역방송국의 설치등기에 있어서는 지역방송국의 설치를 증명하는 서류
3. 제28조의 규정에 의한 이전등기에 있어서는 주된 사무소 또는 지역방송국의 이전을 증명하는 서류
4. 제29조의 규정에 의한 변경등기에 있어서는 당해 변경사항을 증명하는 서류

제31조(등기기간의 기산) 이 영의 규정에 의한 등기사항으로서 방송미디어통신위원회의 인가를 받거나 승인을 얻어야 할 사항이 있는

때에는 그 인가서 또는 승인서가 도달된 날부터 제26조 내지 제29조의 규정에 의한 등기기간을 기산한다. 〈개정 2008. 2. 29., 2025. 10. 1.〉

제32조(정관의 기재사항) 법 제45조제1항제13호에서 "대통령령이 정하는 사항"이라 함은 다음 각호의 사항을 말한다.

1. 재산의 관리 및 처분에 관한 사항
2. 자본금에 관한 사항

제32조의2(결격사유) 법 제48조제1항제5호에 따른 자문이나 고문의 역할을 한 사람은 「공직선거법」 제61조에 따른 선거사무소, 선거연락소 또는 선거대책기구에 설치된 자문단, 고문단, 특보단, 위원회 등 선거관련 조직에 속하여 자문이나 고문의 역할을 한 사람으로 한다.

[본조신설 2014. 8. 27.]

제33조(경영평가 및 공표) ①법 제49조제1항제6호의 규정에 의하여 공사의 이사회는 다음 각호의 사항을 포함하는 경영평가를 매년 실시한다.

1. 경영목표 설정의 타당성 평가
2. 예산집행의 효율성 평가
3. 인사·조직 등 경영관리제도의 평가
4. 재무상태 등 경영실적의 평가
5. 연구개발사업의 평가
6. 시설투자의 평가
7. 기타 공사의 발전과 경영개선을 위하여 필요한 사항

②이사회는 제1항의 규정에 의한 경영평가를 실시하기 위하여 경영평가단을 구성·운영하여야 한다.

③경영평가단이 경영평가를 실시한 때에는 그 결과를 이사회에 보고하여야 하며, 이사회는 이를 매 회계연도 종료후 5월 이내에 다음 각호의 방법으로 공표하여야 한다. 〈개정 2006. 3. 10.〉

1. 공사의 자체방송을 통한 방송 및 공사의 인터넷홈페이지 게시
2. 다른 방송사업자 및 일간신문에의 보고서 제공

④이사회는 경영평가 결과와 관련하여 개선을 요하는 사항이 있다고 인정하는 때에는 사장에게 개선 또는 시정조치를 요구할 수 있다.

제34조(방송기술의 개발) 공사는 법 제54조제1항제10호의 규정에

의한 방송에 관한 조사·연구 및 발전업무를 촉진하기 위하여 매년 예산중 이사회가 정하는 일정비율 이상의 금액을 방송기술의 발전을 위한 연구개발분야에 투자하여야 한다.

제35조(예산 및 회계처리) 공사의 예산 및 회계처리에 관하여는 사업의 경영성과 및 재정상태를 명백히 하기 위하여 재산의 증감 및 변동을 발생사실에 의하여 회계처리하여야 하며, 텔레비전 방송수신료(이하 "수신료"라 한다)의 수입에 대하여는 징수사실에 의하여 회계처리하여야 한다. 〈개정 2014. 11. 24.〉

제35조의2(이사·집행기관의 보수 등의 공개) ① 이사회는 법 제55조의2에 따라 이사·집행기관의 보수 등을 매 분기가 끝나는 날부터 30일 이내에 공사의 홈페이지에 공개해야 한다.

② 이사회가 제1항에 따른 공개를 할 때에는 다음 각 호의 구분에 따른 기준을 준수해야 한다.

1. 법 제55조의2제1호의 사항: 이사·집행기관의 보수와 각종 수당을 종류별로 구분할 것

2. 법 제55조의2제2호 중 업무추진비 집행 내역에 관한 사항: 집행 목적·일자, 대상인원, 금액 등을 집행건별로 구분할 것

[본조신설 2022. 4. 19.]

제36조(재원) 법 제56조에서 "대통령령이 정하는 수입"이라 함은 다음 각호의 수입을 말한다.

1. 방송광고수입
2. 방송프로그램 판매수익
3. 법 제54조제2항 또는 법 제61조의 규정에 의한 정부보조금
4. 협찬 수입
5. 위성방송 등 새로운 매체를 통한 수입
6. 송신업무의 수탁에 따른 수입
7. 사채 또는 차입금
8. 전년도 이월금
9. 기타 방송사업에 부수되는 수입

제37조(보조금 등) 국가가 법 제54조제2항 및 법 제61조의 규정에 의하여 공사에 대하여 비용의 일부를 보조하거나 재정자금을 융자하거나 공사의 사채를 인수함에 있어서는 「국가재정법」·「재정융자 특별회계법」과 「보조금 관리에 관한 법률」등 관계법령이 정하는 바에

의한다. <개정 2006. 3. 10., 2006. 12. 29., 2016. 4. 28.>
제37조의2(결산서의 첨부서류) 법 제59조제2항제2호에서 “대통령령으로 정하는 서류”란 다음 각 호의 서류를 말한다.

1. 합계잔액시산표
2. 예산 대비 결산 재무상태표 및 손익계산서
3. 「공인회계사법」 제23조에 따른 회계법인의 감사보고서

[본조신설 2014. 11. 24.]
제38조(수상기의 등록) ①법 제64조 본문의 규정에 의하여 텔레비전수상기(이하 “수상기”라 한다)를 소지한 자는 그 수상기를 소지한 날부터 30일 이내에 공사, 법 제67조제2항의 규정에 의하여 공사로부터 수상기의 등록업무 및 수신료 징수업무를 위탁받은 수상기의 생산자·판매인·수입판매인 또는 공사가 지정하는 자(이하 “판매인등”이라 한다)에게 수상기 등록신청을 하여야 한다.

②공사 또는 판매인등은 제1항의 규정에 의한 수상기 등록신청을 받은 때에는 수상기등록대장에 필요한 사항을 기재하여야 한다.

③공사 또는 법 제67조제2항의 규정에 의하여 공사가 지정하는 자로서 등록업무 및 징수업무를 위탁받은 자(이하 “지정받은 자”라 한다)는 제1항의 규정에 의한 등록을 하지 아니한 수상기 소지자에 대하여 등록을 권고할 수 있다.
제39조(등록이 면제되는 수상기) 법 제64조 단서에 따라 등록이 면제되는 수상기는 다음 각 호와 같다. <개정 2025. 10. 1.>

1. 1세대가 주거전용의 동일 주택 안에 2대 이상의 수상기를 가지고 있는 경우 1대 외의 수상기
2. 이동 중 수신을 목적으로 하는 개인휴대용 수상기
3. 자동차·선박 또는 항공기에 갖추고 있는 수상기
4. 흑백수상기
5. 수상기의 생산자가 제조한 것으로서 출고되지 않은 수상기
6. 수상기의 판매인 또는 수입판매인이 영업을 목적으로 보관 또는 진열하고 있는 수상기
7. 「전기사업법」에 따른 전기사업자가 제공하는 전기가 공급되어 있지 않은 지역 안에 있는 수상기
8. 「관세법」에 따라 장치(藏置) 중인 수상기
9. 「폐기물관리법」제46조제1항제3호에 따라 폐가전제품을 수집·

운반하는 자가 영업을 목적으로 보관 중인 수상기

10. 군 및 의무경찰대 영내에 갖추고 있는 수상기

11. 교도소의 수용자 또는 소년원 원생의 시청을 위해 갖추고 있는 수상기

12. 한센병자치료보호시설에 한센병환자를 위해 갖추고 있는 수상기

13. 「초·중등교육법」 제2조 및 「고등교육법」 제2조에 따른 학교의 교실 또는 시청각실에 교육목적으로 갖추고 있는 수상기

14. 「영유아보육법」에 따른 어린이집의 영유아를 위해 갖추고 있는 수상기

15. 노인의 후생복지를 위해 경로당 등에 갖추고 있는 수상기

16. 「사회복지사업법」에 따른 사회복지시설 중 무료시설의 수용자 및 이용자를 위해 해당 시설에서 갖추고 있는 수상기

17. 주한 외국기관 또는 외국군대의 소속원인 외국인 또는 그 가족이 가지고 있는 수상기

18. 조약 또는 법령에 따라 조세 및 이와 유사한 공과금을 면제받는 외국인 또는 그 가족이 가지고 있는 수상기

19. 국가 또는 지방자치단체가 일반시청을 목적으로 하지 않는 공무용 또는 홍보·교육용으로 갖추고 있는 수상기

20. 국가안보를 목적으로 설치·운영하는 공시청안테나시설에 가입된 수상기 중 행정안전부장관이 방송미디어통신위원회와 협의하여 지정하는 수상기

21. 국가 또는 지방자치단체가 주관하는 전시회에 전시 중인 수상기

22. 방송사업자 및 중계유선방송사업자의 사무소에 갖추고 있는 수상기

23. 그 밖에 방송미디어통신위원회가 지정하는 수상기

[전문개정 2019. 4. 9.]

제40조(등록변경신고) ①제38조의 규정에 의하여 수상기를 등록한 자(이하 “수상기등록자”라 한다)가 수상기의 설치장소 및 소지대수의 변경등 수상기등록사항을 변경한 때에는 2주일내에 공사 또는 지정받은 자에게 그 변경사항을 신고하여야 한다.

②공사 또는 지정받은자는 수상기등록자가 제1항의 규정에 의한

신고를 하지 아니한 때에는 그 사실을 확인하여 수상기등록대장에 이를 기재할 수 있다.

③수상기등록자의 수신료 납부의무는 제1항의 규정에 의한 변경사항신고의 지연 또는 불이행으로 소멸하지 아니한다. 다만, 제41조제3항의 규정에 의하여 수상기등록이 말소된 때에는 그러하지 아니하다.

제41조(등록말소) ①수상기등록자는 그 등록된 수상기가 다음 각호의 1에 해당하게 된 때에는 2주일내에 공사 또는 지정받은 자에게 수상기의 등록말소를 신청하여야 한다.

1. 수상기를 양도한 때
2. 노후 또는 파손으로 인하여 시청이 불가능하게 된 때
3. 멸실 기타의 사유로 수상기를 계속하여 소지할 수 없는 때

②제1항의 규정에 의한 말소신청을 받은 자는 그 사실을 확인하여 수상기등록을 말소한다.

③공사 또는 지정받은 자는 그 수상기등록자의 소재가 분명하지 아니한 수상기에 대하여는 이를 확인한 후 그 등록을 말소할 수 있다.

제42조(수신료의 징수) ①수신료는 다음 각호의 기준에 따라 이를 징수한다.

1. 주거전용의 주택안에 설치된 수상기에 대하여는 세대별로 1대의 수상기의 수신료만을 징수한다.
2. 제1호외의 경우에는 소지한 수상기의 대수에 따라 수신료를 징수한다.
3. 수상기를 최초로 소지한 날이 속하는 달의 수신료는 이를 징수하지 아니한다.
4. 제41조제2항의 규정에 의하여 등록이 말소된 날이 속하는 달의 수신료는 이를 징수하지 아니한다.
5. 제44조제1항 각호의 규정에 의한 수신료 면제사유가 해제된 날이 속하는 달 또는 제44조제3항의 규정에 의하여 수신료가 면제된 날이 속하는 달의 수신료는 이를 징수하지 아니한다.

②수신료는 월단위로 계산하되, 1월을 1기로 하여 징수한다. 다만, 수신료의 효율적인 징수를 위하여 필요하다고 인정하는 경우에는 2월을 1기로 하여 징수할 수 있다.

第43조(수신료의 납부통지) ①공사 또는 지정받은 자가 수신료를 징수하고자 하는 때에는 다음 각호의 사항을 명시한 수신료 납부통지서를 납부기한 7일전까지 수상기등록자에게 도달하도록 송부하여야 한다. 다만, 방문하여 징수하는 때에는 그러하지 아니하다.

1. 납부금액
2. 징수대상월
3. 납부기한
4. 납부장소
5. 제47조의 규정에 의한 수신료체납에 대한 가산금

②지정받은 자가 수신료를 징수하는 때에는 지정받은 자의 고유업무와 관련된 고지행위와 결합하여 이를 행하여서는 안 된다. 〈개정 2023. 7. 12.〉

第44조(수신료의 면제) ① 법 제64조 단서에 따라 다음 각 호의 어느 하나에 해당하는 수상기에 대해 수신료를 면제한다. 다만, 제1호부터 제4호까지의 규정에 해당하는 수상기 중 영업을 목적으로 한 공간에 설치한 수상기는 제외한다. 〈개정 2021. 4. 6., 2025. 10. 1.〉

1. 「국민기초생활 보장법」 제7조제1항제1호에 따른 생계급여의 수급자 또는 같은 항 제3호에 따른 의료급여의 수급자가 가지고 있는 수상기
2. 「국가유공자 등 예우 및 지원에 관한 법률」에 따라 등록된 국가유공자 중 같은 법 제4조제1항제2호 · 제4호 · 제6호 · 제12호 · 제15호 및 제17호에 따른 애국지사 · 전상군경 · 공상군경 · 4 · 19혁명부상자 · 공상공무원 및 국가사회발전 특별공로상이자가 가지고 있는 수상기
3. 「독립유공자예우에 관한 법률」에 따라 등록된 순국선열 및 애국지사의 유족이 가지고 있는 수상기
4. 「5 · 18민주유공자예우 및 단체설립에 관한 법률」에 따라 등록된 5 · 18민주유공자 중 같은 법 제4조제2호에 따른 5 · 18민주화운동부상자가 가지고 있는 수상기
5. 「장애인복지법」에 따라 등록된 시각 · 청각장애인이 생활하는 가정의 수상기
6. 질권이 설정되어 다른 사람이 보관 중인 수상기
7. 국가기관에 의하여 압수 또는 압류 중인 수상기

8. 영업을 목적으로 설치한 수상기 중 1개월 이상의 휴업으로 시청하지 않는 수상기

9. 영업장소의 월 전력사용량이 0킬로와트인 경우에 해당 영업장소에 설치된 수상기(월 0킬로와트인 달의 수신료에 한정한다)

10. 주거전용의 주택용 전력사용량이 월 50킬로와트 미만인 세대가 가지고 있는 수상기(월 50킬로와트 미만인 달의 수신료에 한정하며, 별장을 제외한다)

11. 공사가 행하는 텔레비전방송 중 전부 또는 일부의 시청이 불가능한 지역(이하 "난시청지역"이라 한다)에 거주하거나 소재하는 자가 가지고 있는 수상기. 다만, 건물 및 구축물의 신축 등 인위적인 원인으로 인해 시청이 불가능한 경우에는 그렇지 않다.

12. 그 밖에 방송미디어통신위원회가 지정하는 수상기

② 제1항 각 호의 어느 하나에 해당하는 수상기를 가지고 있는 자는 수신료를 면제받으려면 수신료 면제대상임을 증명할 수 있는 자료(제1항제6호부터 제8호까지의 규정에 해당하는 경우로 한정한다)를 갖추어 공사 또는 지정받은 자에게 신청해야 한다.

③ 공사 또는 지정받은 자는 제2항에 따른 신청을 받으면 이를 확인하여 수상기등록대장에 수신료 면제대상임을 기재하고 면제신청일이 속한 달부터 수신료를 면제해야 한다.

④ 제1항제11호에 따른 난시청지역의 범위는 방송미디어통신위원회의 승인을 얻어 공사가 정한다. 〈개정 2025. 10. 1.〉

[전문개정 2019. 4. 9.]

제45조(수신료의 감액) ①법 제64조 단서의 규정에 의하여 다음 각호의 1에 해당하는 수상기에 대하여는 수신료의 일부를 감액한다. 다만, 제1호에 해당하는 수상기에 대하여는 매 6월분에 대하여 1월분의 수신료의 반액에 해당하는 금액을 감액한다. 〈개정 2008. 2. 29., 2012. 7. 17., 2025. 10. 1.〉

1. 수신료 체납이 없는 자가 6월분 이상의 수신료를 일시에 납부하는 경우에 있어서의 당해 수상기

2. 방송미디어통신위원회가 수신료의 감액이 필요하다고 인정하여 지정하는 수상기

② 제1항제1호에 해당하는 수상기에 대하여 수신료의 감액을 받으려는 자는 공사 또는 지정받은 자에게 수신료의 감액을 신청하여

야 한다. 〈신설 2012. 7. 17.〉

③ 제2항에 따른 신청을 받은 공사 또는 지정받은 자는 제1항 단서에 따라 수신료를 감액하여야 한다. 〈신설 2012. 7. 17.〉

④ 공사 또는 지정받은 자는 수신료 감액 사유 및 수신료 감액 신청 절차를 공사 또는 지정받은 자의 인터넷 홈페이지에 게시하는 등 수상기등록자가 알기 쉬운 방법으로 공지해야 한다. 〈신설 2019. 4. 9.〉

제46조(과오납금 등의 처리) ① 공사 또는 지정받은 자는 수신료의 과오납이 발생한 경우에는 그 과오납금을 환급해야 한다.

② 수상기등록자가 수신료를 납부한 후 다음 각 호의 어느 하나에 해당하게 된 경우에는 공사 또는 지정받은 자는 그 잔여분을 환급해야 한다.

1. 제41조에 따른 수상기의 등록말소
2. 제44조에 따른 수신료의 면제
3. 제45조에 따른 수신료의 감액

③ 제1항 및 제2항에도 불구하고 수상기등록자가 환급을 원하지 않는 경우에는 환급금액을 해당 수상기등록자가 납부해야 하는 수신료에 충당할 수 있다.

[전문개정 2019. 4. 9.]

제47조(가산금·추징금 등의 징수) ①법 제66조제1항에 따른 수신료체납에 대한 가산금은 그 수신료체납액의 100분의 3에 해당하는 금액으로 한다. 〈개정 2019. 4. 9.〉

②공사 또는 지정받은 자는 납부기한 내에 수신료를 납부하지 않은 자에 대해서는 납부기한 경과 후 20일 이내에 다음 각 호의 사항을 명시한 독촉장을 발부해야 한다. 〈개정 2019. 4. 9.〉

1. 수신료체납액, 가산금 및 가산금 부과근거
2. 납부기한(독촉장 발부일부터 10일 이상으로 한다)
3. 납부장소
4. 납부기한내에 납부하지 아니한 때에는 강제징수한다는 뜻

③공사 또는 지정받은자는 법 제66조제2항의 규정에 의하여 추징금을 징수하고자 하는 때에는 다음 각호의 사항을 명시한 추징금납부통지서를 발부하여야 한다.

1. 추징금액

2. 부과근거
3. 납부기한
4. 납부장소
5. 납부기한내에 납부하지 아니한 때에는 강제징수한다는 뜻

④제3항에 따른 추징금납부통지서는 납부기한 10일전까지 법 제64조에 따른 등록을 하지 않은 수상기소지자에게 도달하도록 송부하여야 한다. 〈개정 2019. 4. 9.〉

⑤공사는 법 제66조제3항의 규정에 의하여 수신료·가산금 및 추징금을 체납처분하기 위하여 방송미디어통신위원회의 승인을 얻고자 하는 때에는 체납대상범위 및 체납금액등을 명시하여 신청하여야 한다. 〈개정 2008. 2. 29., 2025. 10. 1.〉

제48조(수수료의 지급) 공사는 법 제67조제3항의 규정에 의하여 판매인등에게 그가 징수한 수신료 금액의 100분의 15 이내의 범위안에서 수수료를 지급하여야 한다.

제49조(교육방송에 대한 수신료의 지원) 공사는 법 제68조의 규정에 의하여 교육방송의 실시를 위한 경비를 지원하기 위하여 법 제54조제1항제6호의 규정에 의하여 한국교육방송공사가 행하는 방송에 대한 송신지원에 소요되는 금액과는 별도로 매년 수신료 수입의 100분의 3에 해당하는 금액을 한국교육방송공사에 지원하여야 한다.

제5장 방송사업의 운영 등

제50조(방송프로그램의 편성 등) ①종합편성을 행하는 방송사업자는 법 제69조제3항 전단에 따라 보도에 관한 방송프로그램, 교양에 관한 방송프로그램 및 오락에 관한 방송프로그램이 상호간에 조화를 이루도록 편성하되, 그 구체적인 기준은 다음 각 호와 같다. 〈개정 2001. 3. 20., 2004. 9. 17., 2007. 8. 7., 2021. 4. 30.〉

1. 텔레비전방송프로그램 및 라디오방송프로그램의 경우 오락에 관한 방송프로그램을 해당 채널의 매반기 전체 방송시간의 100분의 60 이하로 편성할 것. 다만, 지상파이동멀티미디어방송사업자의 경우 100분의 60 이상으로 편성할 수 있다.
2. 데이터방송프로그램의 경우 오락에 관한 방송프로그램을 해당 채널의 매반기 전체 방송내용물의 100분의 60 이하로 편성할 것

②제1항에서 “보도에 관한 방송프로그램”이라 함은 국내외 정치·

경제·사회·문화 등의 전반에 관하여 시사적인 취재보도·논평 또는 해설 등의 방송프로그램을, "교양에 관한 방송프로그램"이라 함은 국민의 교양향상 및 교육을 목적으로 하는 방송프로그램과 어린이·청소년의 교육을 목적으로 하는 방송프로그램을, "오락에 관한 방송프로그램"이라 함은 국민정서의 함양과 여가생활의 다양화를 목적으로 하는 방송프로그램을 말한다. 〈개정 2001. 3. 20., 2007. 8. 7.〉

③법 제69조제3항 후단의 규정에 의한 주시청시간대는 다음 각호와 같다.

1. 평일 : 오후 7시부터 오후 11시까지
2. 토요일·일요일 및 공휴일 : 오후 6시부터 오후 11시까지

④법 제69조제4항에서 "대통령령으로 정하는 기준"이란 다음 각 호의 기준을 말한다. 〈개정 2004. 9. 17., 2007. 8. 7., 2021. 4. 30.〉

1. 텔레비전방송채널 또는 라디오방송채널의 경우 사업자별로 다음 각 목의 비율에 따라 편성할 것

가. 지상파방송사업자: 해당 채널의 매반기 전체 방송시간의 100분의 60 이상. 다만, 지상파이동멀티미디어방송사업자의 경우 100분의 60 이하로 편성할 수 있다.

나. 종합유선방송사업자 및 위성방송사업자: 해당 채널의 매반기 전체 방송시간의 100분의 70 이상

다. 방송채널사용사업자: 해당 채널의 매반기 전체 방송시간의 100분의 70 이상

2. 데이터방송채널의 경우 해당 채널의 매반기 전체 방송내용물의 100분의 60 이상 편성할 것

⑤ 법 제69조제5항에 따라 전문편성을 행하는 방송사업자가 부수적으로 편성할 수 있는 방송프로그램은 제2항에 따른 교양에 관한 방송프로그램 또는 오락에 관한 방송프로그램으로 한정한다. 다만, 제54조에 따른 공공채널과 영어 등 외국어를 주 언어로 하여 국내 체류 외국인에게 대한민국에 관한 정보제공을 목적으로 하는 채널 등 방송미디어통신위원회가 고시하는 채널의 경우에는 그러하지 아니하다. 〈신설 2007. 8. 7., 2008. 2. 29., 2013. 3. 23., 2017. 7. 26., 2025. 10. 1.〉

1. 삭제 〈2025. 10. 1.〉
2. 삭제 〈2025. 10. 1.〉

⑥법 제69조제6항에서 "대통령령으로 정하는 비율"이란 다음 각 호의 구분에 따른 범위에서 같은 항에 따른 지상파방송사업자의 경영상태 및 방송프로그램 수급여건 등을 고려하여 방송미디어통신위원회가 정하여 고시하는 비율을 말한다. 〈개정 2004. 9. 17., 2007. 8. 7., 2008. 2. 29., 2014. 11. 24., 2021. 4. 30., 2025. 10. 1.〉

1. 지상파텔레비전방송사업자가 다른 한 지상파텔레비전방송사업자의 제작물을 편성할 수 있는 비율: 채널별로 매반기 전체 방송시간의 100분의 50 이상 100분의 85 이하
2. 지상파라디오방송사업자가 다른 한 지상파라디오방송사업자의 제작물을 편성할 수 있는 비율: 채널별로 매반기 전체 방송시간의 100분의 40 이상 100분의 80 이하
3. 지상파이동멀티미디어방송사업자가 다른 한 지상파방송사업자의 제작물을 편성할 수 있는 비율: 채널별로 매반기 전체 방송시간의 100분의 50 이상
4. 지상파이동멀티미디어방송사업자가 다른 한 방송채널사용사업자의 제작물을 편성할 수 있는 비율: 채널별로 매반기 전체 방송시간의 100분의 50 이상

⑦ 제1항제2호 및 제4항제2호에 따른 방송내용물의 구체적인 산정기준은 방송미디어통신위원회규칙으로 정한다. 〈개정 2025. 10. 1.〉

⑧ 제1항부터 제6항까지의 규정에 따른 방송프로그램의 세부적인 분류기준 및 편성비율 산정기준은 방송미디어통신위원회가 정하여 고시할 수 있다. 〈개정 2025. 10. 1.〉

제51조(시청자 참여프로그램) ①법 제69조제7항에 따라 공사는 지상파텔레비전방송사업의 허가를 받아 행하는 텔레비전방송의 채널에서 매월 100분 이상의 텔레비전방송프로그램을 시청자가 직접 제작한 시청자 참여프로그램으로 편성하여야 한다. 〈개정 2004. 9. 17., 2007. 8. 7.〉

②한국방송공사는 시청자 참여프로그램의 편성기준을 정하고 이를 공표하여야 한다.

③시청자 참여프로그램의 운영, 제작지원 및 방송권 등에 관하여 필요한 사항은 방송미디어통신위원회규칙이 정하는 바에 따른다. 〈개정 2008. 2. 29., 2025. 10. 1.〉

제52조(장애인의 시청지원) ①법 제69조제9항에 따라 방송사업자는 장애인의 시청을 돕기 위하여 방송프로그램에 대하여 한국수어·폐쇄자막·화면해설 등을 이용한 방송(이하 "장애인방송"이라 한다)을 하여야 한다. 다만, 다음 각 호의 방송프로그램을 제외한 방송프로그램의 경우에는 방송미디어통신위원회가 방송사업자의 제작여건과 시청자의 수요를 고려하여 장애인방송을 하여야 하는 비율을 정하여 고시할 수 있다. 〈개정 2003. 4. 17., 2006. 3. 10., 2007. 8. 7., 2007. 10. 15., 2008. 2. 29., 2010. 12. 27., 2011. 10. 14., 2012. 7. 31., 2014. 11. 24., 2016. 8. 2., 2025. 10. 1.〉

1. 「방송통신발전 기본법」 제40조에 따른 재난방송 또는 민방위경보방송 프로그램

2. 「장애인복지법 시행령」 제14조 각 호에 따른 방송프로그램

3. 장애인의 방송시청이 필요하다고 판단되어 방송미디어통신위원회규칙으로 정한 방송프로그램

4. 기타 장애인의 복지를 목적으로 편성된 방송프로그램

② 법 제69조제9항에 따라 장애인방송을 하여야 하는 사업자는 다음과 같다. 〈신설 2011. 10. 14., 2014. 11. 24., 2025. 4. 22., 2025. 10. 1.〉

1. 법 제9조제1항에 따라 허가를 받은 지상파방송사업자

2. 법 제9조제1항에 따라 허가를 받은 위성방송사업자

3. 법 제9조제2항에 따라 허가를 받은 종합유선방송사업자와 같은 조 제5항에 따라 등록 또는 신고를 하거나 승인을 받은 방송채널사용사업자(제4호에 따른 방송채널사용사업자는 제외한다)로서 해당 사업자의 매출액, 시청점유율 등을 고려하여 방송미디어통신위원회가 정하여 고시하는 사업자

4. 법 제9조제5항 단서에 따라 승인을 받은 종합편성이나 보도에 관한 전문편성을 하는 방송채널사용사업자

③ 장애인방송의 제공에 필요한 기준과 방법 등은 방송미디어통신위원회가 정하여 고시한다. 이 경우 방송미디어통신위원회는 미리 국가인권위원회와 협의하여야 한다. 〈신설 2011. 10. 14., 2025.

10. 1.〉

제52조의2(공동체라디오방송사업자의 방송프로그램 편성) ① 법 제69조제10항에 따라 공동체라디오방송사업자는 청취자 참여프로그램을 매월 전체 방송시간의 100분의 20(2024년 7월 1일부터 2026년 6월 30일까지는 100분의 5로 한다) 이상 편성하여야 한다. 〈개정 2016. 6. 30., 2024. 5. 28.〉

② 법 제69조제11항에 따라 공동체라디오방송사업자는 다른 공동체라디오방송사업자의 제작물을 매월 전체 방송시간의 100분의 30 이상 편성해서는 아니 된다.

[전문개정 2016. 6. 21.]

제52조의3(시청점유율 산정기준 등) ① 법 제69조의2제3항에 따른 시청점유율의 산정기준은 다음 각 호와 같다. 〈개정 2025. 10. 1.〉

1. 시청점유율은 1년을 기준으로 산정하되, 매년 6월 30일까지 직전연도의 시청점유율을 산정할 것. 다만, 직전연도의 사업기간이 1년 미만이거나 방송사업의 허가·승인 등의 심사를 위하여 불가피하다고 인정되는 경우에는 방송미디어통신위원회가 별도로 정하는 기간을 기준으로 시청점유율을 산정한다.

2. 일간신문의 구독률을 시청점유율로 환산하는 경우에는 일간신문과 텔레비전방송의 매체특성·이용현황 및 시장규모 등을 종합적으로 고려할 것

3. 시청점유율 산정을 위하여 시청점유율을 조사하는 경우에는 표본의 대표성, 조사대상의 적정성, 조사방법의 신뢰성 및 타당성 등을 종합적으로 고려할 것

② 법 제69조의2제3항에 따른 시청점유율의 산정방법은 다음 각 호의 기준에 따른다. 〈개정 2025. 10. 1.〉

1. 해당 방송사업자의 시청점유율: 전부 반영

2. 해당 방송사업자의 특수관계자의 시청점유율: 전부 반영

3. 해당 방송사업자가 주식 또는 지분을 소유하고 있는 다른 방송사업자의 시청점유율: 그 다른 방송사업자의 시청점유율에 해당 방송사업자의 주식 또는 지분의 소유 비율을 곱하여 반영

4. 일간신문을 경영하는 법인(특수관계자를 포함한다)의 일간신문 구독률을 환산한 시청점유율

가. 해당 방송사업을 겸영하는 경우: 일간신문의 구독률을 시청

점유율로 환산한 후에 방송미디어통신위원회가 정하여 고시하는 비율을 곱하여 반영

나. 해당 방송사업자의 주식 또는 지분을 소유하는 경우: 일간신문의 구독률을 시청점유율로 환산한 후에 그 주식 또는 지분의 소유 정도에 따라 방송미디어통신위원회가 정하여 고시하는 비율을 곱하여 반영

[본조신설 2010. 10. 1.]

제52조의4(시청점유율 초과에 따른 조치 명령) ① 법 제69조의2제5항에 따라 같은 조 제1항에 따른 시청점유율을 초과하는 사업자(이하 "초과사업자"라 한다)에 대하여 하는 조치 명령의 내용은 다음 각 호와 같다.

1. 방송사업 소유제한: 초과사업자가 새로운 방송사업(다른 방송사업자의 주식 또는 지분을 취득하는 것을 포함한다)을 하는 것을 금지하도록 하는 조치

2. 방송광고시간 제한: 초과사업자가 운용하는 방송채널에서 일정 기간 제59조에 따른 방송광고를 금지하도록 하는 조치

3. 방송시간의 일부양도: 초과사업자가 운용하는 방송채널에서 일정 기간 그 방송시간의 일부를 다른 방송사업자에게 양도하도록 하는 조치

4. 다른 방송사업자의 주식 또는 지분 매각: 초과사업자가 소유한 다른 방송사업자의 주식 또는 지분을 제3자(특수관계자는 제외한다)에게 매각하도록 하는 조치

② 제1항에 따른 조치 명령은 다음 각 호의 기준에 따른다.

1. 제1항제1호 및 제2호의 조치는 병과할 것

2. 제1항제3호 및 제4호의 조치는 어느 하나의 조치를 선택적으로 이행하도록 할 것

3. 제1호 및 제2호에 따른 조치 명령을 하는 경우 다음 각 목의 사항을 통보할 것

가. 제1항제2호에 따른 조치: 제52조의5제1항제2호의 방송광고시간 제한채널 및 같은 항 제3호의 방송광고시간 제한기간

나. 제1항제3호에 따른 조치: 제52조의6제1항제2호의 방송시간 양도채널 및 같은 항 제4호의 방송시간 양도기간

다. 제1항제4호에 따른 조치: 제52조의7제3호에 따른 주식 또

는 지분의 매각기간

③ 초과사업자는 방송미디어통신위원회로부터 제2항제2호의 기준에 따른 조치 명령을 받은 경우에는 그 명령을 받은 날부터 15일 이내에 이행 대상 조치를 방송미디어통신위원회에 보고하여야 한다. 이 경우 제1항제3호의 조치를 이행 대상 조치로 보고하려면 양도할 방송시간대를 제출하여야 한다. 〈개정 2025. 10. 1.〉

[본조신설 2010. 10. 1.]

제52조의5(방송광고시간 제한) ① 제52조의4제1항제2호에 따른 방송광고시간 제한조치는 다음 각 호의 기준에 따른다. 〈개정 2025. 10. 1.〉

1. 100분의 30을 초과하는 시청점유율에 대하여 100분의 1(소수점 셋째자리 이하는 올림한다)을 기준으로 1개월마다 1일 동안 방송광고를 제한할 것. 이 경우 방송광고는 매월 1일부터 시작하여 연속된 일자를 기준으로 하여 제한한다.

2. 방송광고시간 제한채널은 시청점유율이 가장 높은 채널(이하 "주채널"이라 한다)로 할 것

3. 방송광고시간 제한기간은 6개월부터 9개월까지의 범위에서 방송미디어통신위원회가 정할 것

② 제1항에도 불구하고 초과사업자는 방송광고가 제한되는 시간에 비상업적인 공익광고를 할 수 있다. 이 경우 해당 공익광고는 법 제73조제4항에 따른 비상업적 공익광고에 포함되지 아니한다.

[본조신설 2010. 10. 1.]

제52조의6(방송시간 일부양도) ① 제52조의4제1항제3호에 따른 방송시간 일부양도 조치는 다음 각 호의 기준에 따른다. 〈개정 2025. 10. 1.〉

1. 초과사업자가 양도하는 방송시간은 별표 2의 기준에 따를 것

2. 방송시간을 양도하는 채널은 주채널로 할 것

3. 양도하는 방송시간 단위는 주시청시간대(제50조제3항에 따른 주시청시간대를 말한다. 이하 같다)에 규칙적으로 편성할 수 있는 것으로 최소 30분 이상으로 할 것

4. 6개월부터 9개월까지의 범위에서 방송미디어통신위원회가 정하는 기간 동안 양도할 것

② 초과사업자는 방송미디어통신위원회가 고시하는 기준 및 절차

에 따라 선정된 제3자 방송사업자(텔레비전방송채널사용사업자만 해당되며, 초과사업자의 특수관계자는 제외한다)와 그 선정일부터 1개월 이내에 방송시간 양도계약을 체결하여야 한다. 다만, 방송미디어통신위원회가 필요하다고 인정하는 경우에는 1개월의 범위에서 한 차례만 그 이행기간을 연장할 수 있다. 〈개정 2025. 10. 1.〉

③ 제2항에 따라 양도받은 방송시간의 방송에 관하여는 다음 각 호의 기준에 따른다.

1. 편성할 수 있는 방송프로그램은 제50조제2항에 따른 교양에 관한 방송프로그램으로 할 것. 이 경우 해당 방송프로그램의 제작비용은 법 제73조제2항에 따른 방송광고의 수익금으로 충당할 수 있다.

2. 방송프로그램의 방송에 따른 송출비용은 제2항 본문에 따른 제3자 방송사업자가 부담할 것. 다만, 법 제73조제2항제3호부터 제5호까지의 규정에 따른 방송광고를 허용함으로써 송출비용의 지급을 대신할 수 있다.

④ 초과사업자는 다음 각 호의 어느 하나에 해당하는 경우에는 제2항 본문에 따른 제3자 방송사업자의 방송프로그램을 방송하지 않거나 순차적으로 연기할 수 있다. 이 경우 초과사업자는 제3자 방송사업자에게 그 사실을 사전에 통지해야 하며, 방송되지 않거나 순차적으로 연기된 방송시간에 대응하는 방송시간을 양도해야 한다. 〈개정 2016. 7. 26., 2021. 1. 5.〉

1. 양도한 방송시간의 방송일이 공휴일에 해당하여 방송프로그램 편성시간을 변경할 필요가 있는 경우

2. 법 제76조제2항 전단에 따라 고시된 국민관심행사등(이하 "국민관심행사등"이라 한다)을 실시간으로 방송할 필요가 있는 경우

[본조신설 2010. 10. 1.]

제52조의7(다른 방송사업자의 주식 또는 지분 매각) 제52조의4제1항제4호에 따른 주식 또는 지분 매각 조치는 다음 각 호의 기준에 따른다. 〈개정 2025. 10. 1.〉

1. 직전연도의 시청점유율을 기준으로 100분의 30을 초과하는 시청점유율을 해소할 수 있도록 할 것

2. 초과사업자의 특수관계자에 대해서는 매각하지 아니할 것

3. 6개월의 범위에서 방송미디어통신위원회가 정하는 기간 이내

에 매각할 것. 다만, 방송미디어통신위원회가 필요하다고 인정하는 경우에는 6개월의 범위에서 한 차례만 그 이행기간을 연장할 수 있다.

[본조신설 2010. 10. 1.]

제53조(채널의 구성과 운용) ①지상파이동멀티미디어방송사업자 · 종합유선방송사업자 및 위성방송사업자는 법 제70조제1항에 따라 특정 방송분야에 편중되지 않고 다양성이 구현되도록 다음 각 호의 사업자별로 각 목의 사항을 준수하여 채널을 구성 · 운용해야 한다. 〈개정 2001. 3. 20., 2004. 9. 17., 2007. 8. 7., 2008. 2. 22., 2008. 2. 29., 2008. 12. 31., 2019. 12. 10., 2022. 8. 16., 2025. 10. 1.〉

1. 지상파이동멀티미디어방송사업자

가. 텔레비전방송채널 · 라디오방송채널 · 데이터방송채널중 2개 이상의 방송채널을 포함하여 운용하도록 할 것

나. 삭제 〈2008. 2. 22.〉

2. 종합유선방송사업자 및 일반위성방송사업자

가. 삭제 〈2024. 12. 31.〉

나. 삭제 〈2019. 12. 10.〉

다. 법 제9조제5항 단서에 따라 방송미디어통신위원회의 승인을 받아 보도에 관한 전문편성을 행하는 방송채널사용사업자의 채널을 2개 이상 포함할 것

라. 삭제 〈2008. 2. 22.〉

3. 삭제 〈2022. 8. 16.〉

②법 제70조제2항에서 “대통령령이 정하는 범위를 초과”하는 경우란 사업자별로 다음 각 호에 해당하는 경우를 말한다. 〈개정 2004. 9. 17., 2007. 8. 7., 2008. 2. 22., 2008. 12. 31., 2011. 8. 19.〉

1. 지상파이동멀티미디어방송사업자로서 다음 각 목의 어느 하나에 해당하는 경우

가. 직접 사용하는 채널과 특수관계자에게 임대하는 채널의 합이 3개 채널(직접 사용하는 채널 또는 특수관계자에게 임대하는 채널에 데이터방송채널이 포함되는 경우에는 4개 채널)을 초과하는 경우

나. 특정 방송채널사용사업자에게 임대하는 채널의 수가 1개 채널(특정 방송채널사용사업자에게 임대하는 채널에 데이터방송채널이 포함되는 경우에는 2개 채널)을 초과하는 경우

2. 종합유선방송사업자 및 위성방송사업자로서 다음 각 목의 어느 하나에 해당하는 경우

가. 종합유선방송사업자가 직접 사용하는 채널의 수가 3개 채널(법 제70조제4항의 규정에 의한 지역채널을 제외한다)을 초과하는 경우. 다만, 전체 운용채널수가 100개를 초과하는 경우에는 나목의 규정에 의한다.

나. 위성방송사업자가 직접 사용하는 채널의 수가 운용하는 텔레비전방송채널 또는 라디오방송채널별로 각각 그 채널 수의 100분의 10(운용하는 텔레비전방송채널 또는 라디오방송채널이 10개 미만인 경우에는 각각 1개 채널, 10개 이상 40개 미만인 경우에는 각각 4개 채널)을 초과하거나, 운용하는 데이터방송채널의 100분의 30(운용하는 데이터방송채널이 3개 이하인 경우에는 1개 채널)을 초과하는 경우

다. 특수관계자에게 임대하는 채널의 수가 운용하는 텔레비전방송채널수의 100분의 20(운용하는 텔레비전방송채널이 5개 미만인 경우에는 1개 채널)을 초과하거나, 운용하는 라디오방송채널수의 100분의 50(위성이동멀티미디어방송사업자의 경우에는 100분의 20)을 초과하거나, 운용하는 데이터방송채널수의 100분의 30을 초과(운용하는 데이터방송채널이 3개 이하인 경우를 제외한다)하는 경우

라. 특정 방송채널사용사업자와 그 특수관계자에게 임대하는 채널의 수가 운용하는 텔레비전방송채널수의 100분의 20(운용하는 텔레비전방송채널이 5개 미만인 경우에는 1개 채널)을 초과하거나, 운용하는 라디오방송채널수의 100분의 50을 초과하거나, 운용하는 데이터방송채널수의 100분의 30을 초과(운용하는 데이터방송채널이 3개 이하인 경우를 제외한다)하는 경우

마. 본인 또는 특수관계자가 지상파방송사업자인 방송채널사용사업자에게 임대하는 텔레비전방송채널(교육, 종교 또는 지역에 관한 전문편성을 행하는 채널 및 지상파방송이 재송신되는 채널은 제외한다)수의 합계가 운용하는 텔레비전방송채널수의 100분의 20을 초과(위성이동멀티미디어방송사업자를 제외한다)하는 경우

바. 본인 또는 특수관계자가 종합유선방송사업자인 방송채널사용사업자에게 임대하는 텔레비전방송채널수의 합계가 운용하는 텔레비전방송채널수의 100분의 35를 초과(위성방송사업자는 제외한다)하는 경우. 다만, 다음의 방송채널사용사업자의 채널은 텔레비전방송채널수의 산정에 포함하지 아니한다.

(1)시청자와의 계약에 따라 채널단위로 대가를 받고 제공하는 방송의 해당 채널

(2)동일인이 운용하는 채널로서 동일한 방송분야를 일정한 시차를 두고 여러 채널을 통하여 방송하는 채널

(3)시청자가 특정 시간 및 특정 방송프로그램을 선택하여 시청할 수 있도록 방송프로그램을 제공하는 채널

(4)상품소개와 판매에 관한 전문편성을 행하는 채널

③지상파이동멀티미디어방송사업자가 법 제70조제2항에 따라 방송채널을 직접 사용하려는 경우에는 방송미디어통신위원회에 직접사용채널운용계획서를 제출해야 한다. 직접사용채널운용계획을 변경하려는 경우에도 또한 같다. 〈신설 2004. 9. 17., 2008. 2. 29., 2013. 3. 23., 2017. 7. 26., 2022. 8. 16., 2025. 10. 1.〉

1. 삭제 〈2022. 8. 16.〉

2. 삭제 〈2022. 8. 16.〉

④제1항 및 제2항에 따른 운용채널수의 계산방법은 방송미디어통신위원회규칙으로 정한다. 〈개정 2008. 2. 29., 2013. 3. 23., 2017. 7. 26., 2022. 8. 16., 2025. 10. 1.〉

[대통령령 제20219호(2007. 8. 7.) 제53조제2항제2호마목 및 바목의 개정규정은 같은 법 부칙 제2조의 규정에 의하여 2010년 12월 31일까지 유효함]

제54조(공공채널, 종교채널 및 장애인복지채널의 운용) ①종합유선방송사업자 및 일반위성방송사업자는 법 제70조제3항에 따라 방송미디어통신위원회가 인정하는 공공채널과 종교의 선교목적을 지닌 채널(이하 "종교채널"이라 한다)을 텔레비전방송 채널로 각각 3개 이상 두어야 하며, 방송미디어통신위원회가 인정하는 장애인의 복지를 위한 채널(이하 "장애인복지채널"이라 한다)을 텔레비전방송 채널로 1개 이상 두어야 한다. 이 경우 종교채널을 두는 경우에는 특정 종교를 위한 종교채널만을 두어서는 아니된다. 〈개정 2004. 9. 17.,

2008. 2. 29., 2012. 7. 17., 2013. 3. 23., 2017. 7. 26., 2024. 12. 31., 2025. 10. 1.〉

②종합유선방송사업자 및 일반위성방송사업자는 방송기술상의 문제 등 특별한 사유가 없는한 공공채널, 종교채널 또는 장애인복지채널을 통하여 방송되는 내용을 변경하여 송신하여서는 아니된다. 〈개정 2004. 9. 17., 2012. 7. 17.〉

③ 제1항 전단에 따른 채널의 인정 절차 및 방법 등에 관하여 필요한 사항은 방송미디어통신위원회가 정하여 고시한다. 〈신설 2012. 7. 17., 2013. 3. 23., 2017. 7. 26., 2025. 10. 1.〉

[제목개정 2012. 7. 17.]

제55조(지역채널의 운용) ①종합유선방송사업자는 법 제70조제4항의 규정에 따라 1개의 텔레비전방송 채널을 지역채널로 운용하여야 한다. 〈신설 2004. 9. 17.〉

② 삭제 〈2022. 8. 16.〉

③지역채널을 통하여 송신할 수 있는 방송프로그램의 범위는 다음 각 호와 같다. 〈개정 2004. 9. 17., 2008. 2. 29., 2013. 3. 23., 2017. 7. 26., 2022. 8. 16., 2025. 10. 1.〉

1. 법 제70조제7항의 규정에 의하여 시청자가 자체 제작하여 방송을 요청하는 방송프로그램

2. 방송미디어통신위원회규칙이 정하는 기준에 의한 종합유선방송구역안의 지역생활정보 방송프로그램

3. 지방자치단체의 시책홍보를 위한 방송프로그램

4. 방송프로그램안내

5. 해당 종합유선방송사업자의 방송구역에 거주하는 선거권자가 투표할 수 있는 공직선거에 관한 다음 각 목의 방송프로그램

가. 「공직선거법」 제71조부터 제74조까지의 규정에 따른 후보자 등의 방송연설 · 경력방송

나. 「공직선거법」 제82조 · 제82조의2 및 제82조의3에 따른 대담 · 토론회 · 정책토론회 관련 방송프로그램

6. 그 밖에 지역사회 발전 및 지역주민 편의를 위하여 방송미디어통신위원회 또는 지방자치단체의 장이 필요하다고 인정하는 방송프로그램

제56조 삭제 〈2013. 3. 23.〉

제56조의2(공익채널의 선정 및 운용범위) ①종합유선방송사업자 및 일반위성방송사업자는 법 제70조제8항 전단에 따라 방송미디어통신위원회가 고시한 방송분야에 속하는 채널(이하 "공익채널"이라 한다)로서 제5항에 따라 선정된 공익채널을 방송분야별로 1개 이상 운용하여야 한다. 다만, 제5항에 따라 해당 방송분야별로 공익채널이 선정되지 아니한 경우에는 그러하지 아니하다. 〈개정 2008. 2. 29., 2018. 2. 13., 2025. 10. 1.〉

② 방송미디어통신위원회는 법 제70조제8항 전단에 따라 고시한 방송분야별 공익채널을 2년마다 선정하여야 한다. 〈신설 2018. 2. 13., 2025. 10. 1.〉

③ 방송미디어통신위원회는 제2항에 따라 공익채널을 선정하려는 경우 공익채널의 선정절차, 선정기준, 신청방법 및 일정 등을 미리 공고하여야 한다. 〈신설 2018. 2. 13., 2025. 10. 1.〉

④ 공익채널로 선정되려는 자는 제3항의 공고에 따라 공익채널 선정신청서를 방송미디어통신위원회에 제출하여야 한다. 〈개정 2018. 2. 13., 2025. 10. 1.〉

⑤방송미디어통신위원회는 제4항에 따른 공익채널 선정신청서를 제출받으면 다음 각 호의 사항을 심사하여 공익채널의 선정여부를 결정하고 공익채널로 선정된 신청인에게 공익채널선정서를 발급하여야 한다. 〈개정 2008. 2. 29., 2018. 2. 13., 2025. 10. 1.〉

1. 해당 채널의 신청 방송분야에의 적합성
2. 해당 채널의 공정성ㆍ공익성 및 실현가능성
3. 해당 채널 운영계획의 적정성
4. 공적 책임의식 및 사업수행능력
5. 시청자불만 및 민원의 처리 현황

⑥제5항에 따른 공익채널 선정의 유효기간은 2년으로 한다. 〈개정 2018. 2. 13.〉

⑦ 제2항부터 제6항까지에서 규정한 사항 외에 공익채널 선정의 심사기준, 선정절차 및 선정방법 등 공익채널의 선정에 필요한 구체적인 사항은 방송미디어통신위원회가 정하여 고시한다. 〈개정 2018. 2. 13., 2025. 10. 1.〉

[본조신설 2007. 8. 7.]

[제목개정 2018. 2. 13.]

제57조(국내제작 방송프로그램의 편성) ①방송사업자는 법 제71조제1항에 따라 국내에서 제작된 방송프로그램을 다음 각 호의 구분에 따른 범위에서 방송미디어통신위원회가 정하여 고시하는 비율 이상으로 편성해야 한다. 〈개정 2004. 9. 17., 2007. 8. 7., 2008. 2. 29., 2011. 8. 19., 2021. 4. 30., 2025. 10. 1.〉

1. 지상파방송사업자 및 지상파방송채널사용사업자: 해당 채널의 연간 전체 방송시간의 100분의 60 이상 100분의 80 이하

2. 종합유선방송사업자 및 위성방송사업자: 해당 채널의 연간 전체 방송시간의 100분의 40 이상 100분의 70 이하

3. 지상파방송채널사용사업자를 제외한 방송채널사용사업자: 해당 채널의 연간 전체 방송시간의 100분의 20 이상 100분의 50 이하

②방송사업자는 법 제71조제2항에 따라 연간 방송되는 영화·애니메이션 및 대중음악중 국내에서 제작된 영화·애니메이션 및 대중음악을 다음 각호의 범위에서 방송미디어통신위원회가 고시하는 비율 이상 편성하여야 한다. 다만, 종교 또는 교육에 관한 전문편성을 행하는 방송사업자의 경우에는 국내에서 제작된 영화·애니메이션을 해당 채널의 연간 전체 영화방송시간 또는 애니메이션방송시간의 100분의 40 이하의 범위에서 방송미디어통신위원회가 고시하는 비율 이상을 편성하여야 한다. 〈개정 2001. 3. 20., 2004. 9. 17., 2008. 2. 29., 2012. 7. 17., 2025. 10. 1.〉

1. 영화 : 당해 채널의 전체 영화방송시간의 100분의 20 이상 100분의 40 이하

2. 애니메이션 : 당해 채널의 전체 애니메이션방송시간의 100분의 30 이상 100분의 50 이하

3. 대중음악 : 당해 채널의 전체 대중음악방송시간의 100분의 50 이상 100분의 80 이하

③ 법 제71조제3항 본문에서 "대통령령으로 정하는 비율"이란 100분의 50을 말한다. 〈신설 2012. 7. 17.〉

④지상파방송사업자(법 제71조제3항 단서에 따라 「지역방송발전지원 특별법」 제2조제1항제2호의 지역방송사업자는 제외한다. 이하 이 항에서 같다), 종합편성을 행하는 방송채널사용사업자 및 연간 전체 방송시간 중 제3항에 따른 비율 이상 애니메이션을 편성하는 방송채널사용사업자는 법 제71조제3항 본문에 따라 해당 텔레비전

방송채널에서 연간 방송되는 전체 프로그램 중 국내에서 제작된 애니메이션을 해당 채널의 전체 방송시간의 1000분의 15 이하에서 방송미디어통신위원회가 정하여 고시하는 비율 이상 신규로 편성해야 한다. 다만, 다음 각 호에 해당하는 지상파방송사업자는 지상파텔레비전방송사업으로 허가받은 해당 텔레비전방송채널에서 연간 방송되는 전체 프로그램 중 국내에서 제작된 애니메이션을 해당 채널의 전체 방송시간의 100분의 1 이상 신규로 편성해야 한다. 〈신설 2004. 9. 17., 2006. 3. 10., 2007. 8. 7., 2008. 2. 29., 2012. 7. 17., 2021. 4. 30., 2021. 12. 9., 2025. 10. 1.〉

1. 공사

2. 「방송문화진흥회법」에 의한 방송문화진흥회가 최다출자자인 지상파방송사업자

3. 직전 3개 사업연도의 평균 매출액이 3천억원 이상인 지상파방송사업자

⑤ 방송사업자(특정한 한 국가의 방송프로그램을 주된 방송분야로 등록 또는 신고한 방송채널사용사업자는 제외한다)는 법 제71조제4항에 따라 한 국가에서 제작한 영화·애니메이션 및 대중음악을 분야별로 해당 채널의 연간 전체 외국 수입 영화·애니메이션 및 대중음악 방송시간의 100분의 90 이하에서 방송미디어통신위원회가 정하여 고시하는 비율을 초과하지 않도록 편성해야 한다. 〈개정 2021. 4. 30., 2025. 4. 22., 2025. 10. 1.〉

⑥방송미디어통신위원회는 제1항·제2항·제4항 및 제5항에 따른 편성비율을 고시하는 경우에는 문화체육관광부장관과 합의하여야 한다. 〈개정 2004. 9. 17., 2008. 2. 29., 2012. 7. 17., 2025. 10. 1.〉

⑦제1항에 따른 국내에서 제작된 방송프로그램, 제2항에 따른 국내에서 제작된 영화·애니메이션 및 대중음악, 제5항에 따른 외국에서 수입한 영화·애니메이션 및 대중음악의 구별기준은 해당 방송프로그램의 기획 및 제작의 형태, 기획 및 제작인력의 구성, 제작에 소요된 투자재원 등을 기준으로 하여 방송미디어통신위원회가 정하여 고시한다. 〈신설 2004. 9. 17., 2008. 2. 29., 2012. 7. 17., 2025. 10. 1.〉

⑧ 제1항·제2항·제4항 및 제5항에 따른 편성비율 산정 시 특정 방송프로그램에 가중치를 두거나 전체 방송시간에서 특정 방송프로

그램의 방송시간을 제외할 수 있는 기준은 방송미디어통신위원회가 정하여 고시한다. 〈신설 2011. 8. 19., 2012. 7. 17., 2025. 10. 1.〉

제58조(순수외주제작 방송프로그램의 편성) ① 지상파방송사업자, 지상파방송채널사용사업자 및 종합편성을 행하는 방송채널사용사업자는 법 제72조제1항에 따라 국내에서 해당 방송사업자나 그 특수관계자가 아닌 자가 제작한 텔레비전방송프로그램(영화는 제외하며, 이하 "순수외주제작 방송프로그램"이라 한다)을 해당 채널의 매반기 전체 텔레비전방송시간의 100분의 35 이내에서 방송미디어통신위원회가 정하여 고시하는 비율 이상 편성하여야 한다. 〈개정 2016. 5. 27., 2018. 12. 24., 2025. 10. 1.〉

② 삭제 〈2016. 5. 27.〉

③종합편성을 행하는 방송사업자는 법 제72조제3항에 따라 순수외주제작 방송프로그램을 해당 채널의 매반기 주시청시간대 텔레비전방송시간의 100분의 15 이내에서 방송미디어통신위원회가 고시하는 비율 이상 편성하여야 한다. 〈개정 2004. 9. 17., 2008. 2. 29., 2010. 10. 1., 2016. 5. 27., 2025. 10. 1.〉

④방송미디어통신위원회는 제1항 및 제3항에 따라 편성비율을 고시하는 경우에는 문화체육관광부장관과 합의하여야 한다. 〈개정 2008. 2. 29., 2016. 5. 27., 2025. 10. 1.〉

⑤ 제1항 및 제3항에 따른 순수외주제작 방송프로그램의 인정기준과 편성비율 산정 시 특정 방송프로그램에 가중치를 두거나 전체 방송시간에서 특정 방송프로그램의 방송시간을 제외할 수 있는 기준은 방송미디어통신위원회가 정하여 고시한다. 〈신설 2011. 8. 19., 2016. 5. 27., 2025. 10. 1.〉

[제목개정 2016. 5. 27.]

제59조(방송광고) ①법 제73조제1항에 따라 방송사업자는 어린이를 주 시청대상으로 하는 방송프로그램(13세 미만의 어린이를 대상으로 어린이의 건강한 성장, 정서 발달과 문화적 다양성 확립을 돕는 방송내용물을 말한다. 이하 같다)의 방송광고시간 및 전후 토막광고시간에 화면 좌상단 또는 우상단에 화면크기의 64분의 1 이상의 크기로 광고화면과 명확하게 구분될 수 있도록 "광고방송"이라는 자막을 계속하여 표기하여야 한다. 〈신설 2007. 8. 7., 2015. 7. 20.〉

②법 제73조제2항에 따른 방송광고(비상업적 공익광고, 가상광고 및 간접광고는 제외한다. 이하 이 항에서 같다)의 허용범위·시간·횟수 또는 방법 등은 다음 각 호의 기준에 따른다. 〈개정 2004. 9. 17., 2006. 3. 10., 2007. 8. 7., 2008. 2. 22., 2008. 12. 31., 2010. 1. 26., 2010. 10. 1., 2011. 8. 19., 2015. 7. 20., 2021. 4. 30., 2025. 10. 1.〉

1. 텔레비전방송채널(텔레비전방송채널의 텔레비전방송프로그램에 부가되는 데이터방송은 제외한다)과 라디오방송채널의 경우

가. 매 방송프로그램 편성시간(해당 방송프로그램을 안내하는 고지가 시작되는 시간부터 다음 방송프로그램을 안내하는 고지가 시작되기 전까지의 시간을 말하며, 방송광고 시간 및 방송사업자의 명칭 고지 시간 등을 포함한다. 이하 이 호에서 같다)당 방송광고 시간은 해당 방송프로그램 편성시간의 최대 100분의 20 이하가 되도록 하며, 채널별로 1일(방송미디어통신위원회가 정하여 고시하는 방송 개시 시점부터 방송 종료 시점까지를 말한다) 동안 방송되는 각 방송프로그램의 편성시간당 방송광고 시간의 비율의 평균이 100분의 17 이하가 되도록 할 것

나. 중간광고의 횟수, 시간 또는 방법 등은 다음의 기준에 따를 것

1) 중간광고의 횟수는 다음의 구분에 따르며, 중간광고의 시간은 매회 1분 이하로 할 것. 다만, 운동경기, 문화·예술 행사 등 그 중간에 휴식·준비 시간이 있는 방송프로그램의 경우 휴식·준비 시간으로 한정하여 중간광고를 할 수 있으며, 이 경우 중간광고의 횟수와 매회 광고시간은 제한을 두지 않는다.

가) 방송프로그램의 시간[중간광고 시간을 포함한다. 이하 1)에서 같다]이 45분 이상 60분 미만인 경우: 1회

나) 방송프로그램의 시간이 60분 이상 90분 미만인 경우: 2회

다) 방송프로그램의 시간이 90분 이상 120분 미만인 경우: 3회

라) 방송프로그램의 시간이 120분 이상 150분 미만인 경우: 4회

마) 방송프로그램의 시간이 150분 이상 180분 미만인 경

우: 5회

바) 방송프로그램의 시간이 180분 이상인 경우: 6회

2) 중간광고의 방법은 다음의 기준에 따를 것

가) 중간광고는 방송프로그램의 성격과 주 시청대상을 고려하여 방송프로그램의 온전성이 훼손되거나 시청자의 시청흐름이 방해되지 않으며, 방송프로그램의 출연자 등으로 인하여 방송프로그램과 혼동되지 않도록 할 것

나) 중간광고[1) 단서에 따른 중간광고는 제외한다]가 시작되기 직전에 시청자가 중간광고가 시작됨을 명확하게 알 수 있도록 자막·음성 등으로 고지할 것. 이 경우 자막의 크기는 화면의 32분의 1 이상이어야 한다.

다. 제목 또는 구성이 유사하거나 동일하고 내용이 연결되어 사실상 동일한 프로그램으로 인식되는 2개 이상의 텔레비전방송프로그램들이 연속하여 편성(이하 "연속편성"이라 한다)된 경우 다음의 기준에 따를 것

1) 연속편성된 방송프로그램들 사이의 방송프로그램광고 및 토막광고와 연속편성된 각 방송프로그램의 중간광고는 1개의 동일한 방송프로그램의 중간광고로 보아 횟수·시간에 관하여는 나목1)을 준용할 것

2) 연속편성된 방송프로그램들 사이의 방송프로그램광고 및 토막광고의 방법에 관하여는 나목2)가)를 준용할 것

3) 프로그램의 동일성 등 연속편성에 관한 세부적인 사항은 방송미디어통신위원회가 정하여 고시하는 기준에 따를 것

라. 삭제 〈2021. 4. 30.〉

마. 자막광고(자막으로 방송사업자의 명칭이나 방송프로그램, 방송미디어통신위원회가 고시하는 공익적 목적의 정보를 안내 또는 고지하는 것은 자막광고에서 제외한다. 이하 같다)는 방송사업자의 명칭고지 시 또는 방송프로그램 안내고지 시에 한정하여 할 것. 이 경우 자막의 크기는 화면의 4분의 1을 초과할 수 없다.

2. 삭제 〈2021. 4. 30.〉

3. 삭제 〈2021. 4. 30.〉

4. 데이터방송채널의 경우

가. 방송사업자가 데이터방송채널을 안내하고 선택할 수 있도록

구성하는 최초화면(이하 이 항에서 “최초화면”이라 한다)에서의 방송광고는 자막광고에 한하고, 자막의 크기는 최초화면의 4분의 1을 초과할 수 없다.

나. 해당 데이터방송채널의 1차 화면(최초화면상의 데이터방송채널접속을 통하여 이동한 해당 데이터방송채널의 초기화면을 말한다. 이하 이 항에서 “1차화면”이라 한다) 이후에서 행하는 방송광고의 크기는 전체화면의 3분의 1을, 방송시간은 10분(동영상 및 음성이 포함된 경우에 한한다)을 초과할 수 없다. 다만, 1차화면 이후에서 방송광고임을 표시하거나 고지하여 시청자가 해당 광고에 접속할 수 있도록 하는 경우에는 그러하지 아니하다.

5. 텔레비전방송채널의 텔레비전방송프로그램에 부가되는 데이터방송에서의 방송광고의 경우 최초화면에서는 방송광고를 할 수 없으며, 1차화면 이후의 방송광고에 대해서는 제4호나목을 준용한다. 이 경우 최초화면은 해당 텔레비전방송프로그램이 방송되는 최초화면을 말하고, 1차 화면은 최초화면의 접속을 통하여 이동하는 초기화면을 말한다.

③방송사업자 및 전광판방송사업자는 법 제73조제4항의 규정에 의하여 비상업적 공익광고를 다음 각 호에서 정하는 비율 이상 편성하여야 한다. 다만, 채널의 공익적 특성, 방송 매출 규모 등을 고려하여 방송미디어통신위원회가 고시하는 채널의 경우에는 그러하지 아니하다. 〈개정 2004. 9. 17., 2006. 3. 10., 2007. 8. 7., 2008. 2. 29., 2011. 10. 10., 2016. 7. 6., 2019. 12. 10., 2025. 10. 1.〉

1. 방송사업자 : 채널별로 매월 전체방송시간(데이터방송채널의 경우에는 전체 방송내용물을 말한다)의 100분의 1 이내에서 방송미디어통신위원회가 고시하는 비율

2. 전광판방송사업자 : 「옥외광고물 등의 관리와 옥외광고산업 진흥에 관한 법률 시행령」 제14조제4항제2호의 규정에 의하여 정하는 비율

④방송사업자 및 전광판방송사업자가 제3항에 따라 편성하여야 하는 비상업적 공익광고는 다음 각 호의 어느 하나에 해당하는 광고로 한다. 〈신설 2007. 8. 7., 2019. 12. 10.〉

1. 국가, 지방자치단체, 공공기관 또는 비영리기관이 공익적 목적

으로 제작한 광고로서 방송사업자 및 전광판방송사업자가 무료로 방송하는 광고

2. 방송사업자가 공익적 목적으로 자체 비용으로 제작·편성하는 광고

⑤ 제3항제1호에 따른 방송사업자의 비상업적 공익광고 편성의 비율을 산정할 때 편성 시간대에 따라 가중치를 부여하고, 그 기준은 방송미디어통신위원회가 채널의 특성을 고려하여 고시한다. 〈신설 2019. 12. 10., 2025. 10. 1.〉

⑥ 삭제 〈2012. 7. 17.〉

[2012. 7. 17. 대통령령 제23958호에 의하여 2008. 11. 27. 헌법재판소에서 헌법불합치된 제59조제5항을 삭제함.]

제59조의2(가상광고) ① 가상광고는 다음 각 호의 방송프로그램에만 허용된다.

1. 운동경기를 중계하는 방송프로그램

2. 오락에 관한 방송프로그램. 다만, 오락에 관한 방송프로그램 중 어린이를 주 시청대상으로 하는 방송프로그램은 허용되지 아니한다.

3. 스포츠 분야의 보도에 관한 방송프로그램

② 다른 법령 또는 법 제33조에 따른 방송미디어통신심의위원회의 심의규정(이하 "심의규정"이라 한다)에 따라 방송광고가 금지되거나 방송광고의 허용시간을 제한받는 상품 등은 가상광고를 할 수 없다. 〈개정 2025. 10. 1.〉

③ 가상광고의 시간은 해당 방송프로그램 시간의 100분의 7 이하로 한다. 다만, 운동경기를 중계하는 방송프로그램의 가상광고의 경우 경기장에 설치되어 있는 광고판을 대체하는 방식이거나 우천으로 인한 운동경기 중단 등 불가피한 사유로 해당 방송프로그램 시간이 변경되는 경우에는 가상광고의 시간에 제한을 두지 않는다. 〈개정 2021. 4. 30.〉

1. 삭제 〈2021. 4. 30.〉

2. 삭제 〈2021. 4. 30.〉

④ 가상광고의 방법은 다음 각 호의 기준에 따른다. 〈개정 2016. 5. 27.〉

1. 가상광고의 크기는 화면의 4분의 1을 초과하지 아니할 것. 다만, 이동멀티미디어방송의 경우에는 화면의 3분의 1을 초과할 수

없다.

2. 방송프로그램에 가상광고가 포함되는 경우 해당 방송프로그램 시작 전에 가상광고가 포함되어 있음을 자막으로 표기하여 시청자가 명확하게 알 수 있도록 할 것

3. 운동경기를 중계하는 방송프로그램의 경우

가. 경기 장소, 관중석 등에 있는 선수, 심판 또는 관중 위에 가상광고를 하지 아니할 것. 다만, 개인의 얼굴을 식별하기 어렵고, 경기흐름 또는 시청자의 시청흐름에 방해되지 아니하는 경우에는 관중 위에 가상광고를 할 수 있다.

나. 방송사업자는 가상광고를 하려는 경우 해당 경기 주관단체 또는 중계방송권을 보유하고 있는 자 등 이해관계자와 사전에 협의할 것

4. 오락에 관한 방송프로그램 또는 스포츠 분야의 보도에 관한 방송프로그램의 경우

가. 가상광고가 해당 방송프로그램의 내용이나 구성에 영향을 미치지 아니할 것

나. 해당 방송프로그램에서 가상광고의 이미지 외에 음성 또는 음향 등의 방법으로 가상광고를 하는 상품 등을 언급하거나 구매·이용을 권유하지 아니할 것

다. 가상광고로 인하여 시청자의 시청흐름이 방해되지 아니하도록 할 것

⑤ 방송미디어통신위원회는 제1항부터 제4항까지에서 규정한 가상광고의 시간 및 방법 등에 관한 세부기준을 정하여 고시할 수 있다. 〈개정 2025. 10. 1.〉

[전문개정 2015. 7. 20.]

제59조의3(간접광고) ① 간접광고는 교양 또는 오락에 관한 방송프로그램에만 허용된다. 다만, 교양 또는 오락에 관한 방송프로그램 중 다음 각 호의 어느 하나에 해당하는 방송프로그램은 허용되지 아니한다.

1. 어린이를 주 시청대상으로 하는 방송프로그램

2. 보도·시사·논평·토론 등 객관성과 공정성이 요구되는 방송프로그램

② 다른 법령 또는 심의규정에 따라 방송광고가 금지되거나 방송

광고의 허용시간을 제한받는 상품 등은 간접광고를 할 수 없다.

③ 간접광고의 시간(법 제73조제2항제7호에 따른 간접광고로 상품, 상표, 회사나 서비스의 명칭이나 로고 등이 노출되는 시간을 말한다. 다만, 제작상 불가피한 노출로서 자연스럽게 상품, 상표, 회사나 서비스의 명칭이나 로고 등이 노출되는 시간은 제외한다)은 해당 방송프로그램 시간의 100분의 7 이하로 한다. 〈개정 2021. 4. 30.〉

④ 간접광고의 방법은 다음 각 호의 기준에 따른다.

1. 간접광고의 크기(간접광고로 노출되는 상표, 로고 등 상품을 알 수 있는 표시의 크기를 말한다)는 화면의 4분의 1을 초과하지 아니할 것. 다만, 이동멀티미디어방송의 경우에는 화면의 3분의 1을 초과할 수 없다.

2. 방송프로그램에 간접광고가 포함되는 경우 해당 방송프로그램 시작 전에 간접광고가 포함되어 있음을 자막으로 표기하여 시청자가 명확하게 알 수 있도록 할 것

3. 간접광고가 해당 방송프로그램의 내용이나 구성에 영향을 미치지 아니할 것

4. 해당 방송프로그램에서 간접광고를 하는 상품 등을 언급하거나 구매·이용을 권유하지 아니할 것

5. 간접광고로 인하여 시청자의 시청흐름이 방해되지 아니하도록 할 것

[전문개정 2015. 7. 20.]

제59조의4(외주제작사의 간접광고 판매) ① 방송사업자와 외주제작사는 법 제73조제6항에 따라 간접광고 판매 위탁 또는 판매 계약 체결 전까지 간접광고로 노출되는 상품, 노출 시간·횟수 및 노출 방법 등 간접광고의 내용 및 형태에 관한 사항을 서면으로 합의하여야 한다. 합의사항을 변경하려는 경우에도 또한 같다.

② 외주제작사는 법 제73조제8항에 따라 해당 외주제작사가 제작한 방송프로그램이 「방송광고판매대행 등에 관한 법률」 제5조제1항 및 제2항에 따른 방송광고판매대행사업자(이하 "광고판매대행자"라 한다)가 위탁하는 방송광고만 할 수 있는 방송사업자의 채널에 편성될 경우에는 해당 방송사업자와 방송광고 판매 위탁계약을 체결한 광고판매대행자에게 해당 방송프로그램이 포함되는 간접광고 판매를

위탁하여야 한다.

③ 외주제작사는 제2항에 따라 광고판매대행자에게 간접광고 판매를 위탁하는 경우에는 광고판매대행자와 방송광고 요금 및 간접광고의 판매 위탁 수수료 등에 관한 계약을 체결하여야 한다.

④ 제1항부터 제3항까지에서 규정한 사항 외에 간접광고의 판매 위탁 절차 및 위탁 수수료의 산정기준 등에 관하여 필요한 사항은 방송미디어통신위원회가 정하여 고시한다. 〈개정 2025. 10. 1.〉

[본조신설 2016. 7. 26.]

제60조(협찬고지) ①법 제74조제1항에 따라 방송사업자는 텔레비전방송채널 및 라디오방송채널에서 다음 각 호의 경우에만 협찬고지를 할 수 있다. 〈개정 2001. 3. 20., 2004. 9. 17., 2006. 3. 10., 2011. 8. 19., 2015. 7. 20., 2025. 10. 1.〉

1. 방송사업자가 행하는 공익성 캠페인을 협찬하는 경우

2. 방송사업자가 주최·주관 또는 후원하는 문화예술·스포츠 등 공익행사를 협찬하는 경우

3. 방송프로그램을 제작하는 자의 방송프로그램(시사·보도, 논평 또는 시사토론프로그램은 제외한다. 이하 이 호에서 같다) 제작을 협찬하는 경우. 다만, 다음 각 목의 어느 하나에 해당하는 방송사업자의 텔레비전방송프로그램의 경우에는 방송미디어통신위원회가 문화체육관광부장관과 협의하여 방송미디어통신위원회 규칙으로 정하는 방송프로그램으로 한정한다.

가. 공사(법 제43조제4항에 따른 지역방송국은 제외한다)

나. 「방송문화진흥회법」에 따라 설립된 방송문화진흥회가 최다출자자인 지상파방송사업자

다. 직전 3개 사업연도의 평균 매출액이 3천억원 이상인 지상파방송사업자

3의2. 삭제 〈2011. 8. 19.〉

4. 방송프로그램 제작과정에서 시상품 또는 경품을 제공하거나 장소·의상·소품·정보등을 협찬하는 경우

②방송사업자는 제1항에도 불구하고 다음 각 호의 어느 하나에 해당하는 경우에는 협찬고지를 할 수 없다. 〈신설 2001. 3. 20., 2006. 3. 10., 2008. 2. 29., 2015. 7. 20.〉

1. 정당 그 밖의 정치적 이해관계를 대변하는 단체가 협찬하는

경우

2. 다른 법령 또는 심의규정에 따라 방송광고가 금지된 상품이나 용역을 제조·판매 또는 제공하는 자가 협찬하는 경우. 다만, 다음 각 목의 어느 하나에 해당하는 경우는 제외한다.

가. 「공공기관의 운영에 관한 법률」 제4조에 따른 공공기관 또는 「공익법인의 설립·운영에 관한 법률」 제2조에 따른 공익법인이 제1항제1호 또는 제2호에 따른 공익성 캠페인이나 공익행사를 협찬하는 경우로서 협찬주명만을 협찬고지하는 경우

나. 다른 법령 또는 심의규정에 따라 방송광고가 금지된 상품이나 용역을 제조·판매 또는 제공하는 자가 방송광고가 금지되지 아니하는 상품이나 용역도 제조·판매 또는 제공하는 경우로서 방송광고가 금지되지 아니하는 상품명이나 용역명만을 협찬고지하는 경우

3. 지상파방송사업자의 시사·보도, 논평 또는 시사토론프로그램(특별시를 방송구역으로 하는 지상파방송사업자가 외국을 취재대상으로 하여 외국에서 제작한 라디오 프로그램 및 특별시를 방송구역으로 하지 아니하는 지상파방송사업자가 외국을 취재대상으로 하여 외국에서 제작한 프로그램을 제외한다)을 협찬하는 경우

제60조의2 삭제 〈2010. 12. 27.〉

제60조의3(금지행위) ① 법 제76조의3제1항제1호에서 "대통령령으로 정하는 비율"이란 100분의 60 이상으로서 방송미디어통신위원회가 정하여 고시하는 비율을 말한다. 〈개정 2025. 10. 1.〉

② 법 제76조의3제1항 각 호의 어느 하나에 해당하는 행위(이하 "금지행위"라 한다)의 세부적인 유형 및 기준은 별표 2의2와 같다.

[전문개정 2016. 7. 26.]

제60조의4(시정조치) ① 방송미디어통신위원회는 법 제76조의3제2항에 따라 다음 각 호의 시정조치를 명할 수 있으며, 필요한 경우에는 이를 병과할 수 있다. 〈개정 2008. 2. 29., 2025. 10. 1.〉

1. 금지행위의 중지
2. 개선계획의 제출
3. 그 밖에 시정을 위하여 필요한 조치

② 방송미디어통신위원회는 제1항에 따라 시정조치를 명하는 경우 그 시정대상행위가 제60조의3제1항제3호에 해당하는 때에는 미리 공정거래위원회와 협의하여야 한다. 〈개정 2008. 2. 29., 2025.

10. 1.〉

[본조신설 2008. 2. 22.]

제60조의5(자료제출) ① 방송미디어통신위원회는 법 제76조의3제3항에 따라 방송사업자 및 중계방송권자등에게 다음 각 호의 자료를 제출하도록 요청할 수 있다. 〈개정 2008. 2. 29., 2025. 10. 1.〉

1. 계약서(이면합의서 및 계약 준비서류를 포함한다)
2. 판매 관련 서류
3. 중계방송권 확보와 관련한 업무현황 자료
4. 그 밖에 국민관심행사등의 계약과 관련된 서류

② 방송미디어통신위원회는 제1항에 따라 제출받은 자료가 외부에 유출되지 아니하도록 유의하여야 한다. 〈개정 2008. 2. 29., 2025. 10. 1.〉

[본조신설 2008. 2. 22.]

제60조의6(이용약관의 신고 및 승인 등) ① 방송사업자·중계유선방송사업자 및 음악유선방송사업자가 법 제77조제1항에 따라 이용요금·이용조건에 관한 약관(이하 이 조에서 “이용약관”이라 한다)을 신고(변경신고를 포함한다. 이하 이 조에서 같다)하려는 경우에는 유료방송 이용약관 신고(변경신고)서에 다음 각 호의 사항을 포함한 이용약관을 첨부하여 방송미디어통신위원회에 제출해야 한다. 〈신설 2022. 6. 28., 2025. 10. 1.〉

1. 상품별 이용요금
2. 이용조건
3. 사업자와 시청자의 권리 및 책임에 관한 사항
4. 변경 전후 내용 대비표와 변경사유(변경신고를 하는 경우에만 제출한다)

② 방송미디어통신위원회는 제1항에 따른 신고를 받은 날부터 7일 이내에 신고수리 여부 또는 민원 처리 관련 법령에 따른 처리기간의 연장 여부를 신고인에게 통지해야 한다. 〈신설 2022. 6. 28., 2025. 10. 1.〉

③ 방송미디어통신위원회가 제2항에서 정한 기간 내에 신고수리 여부 또는 민원 처리 관련 법령에 따른 처리기간의 연장을 신고인에게 통지하지 않으면 그 기간(민원 처리 관련 법령에 따라 처리기간이 연장 또는 재연장된 경우에는 해당 처리기간으로 한다)이 끝난

날의 다음 날에 신고를 수리한 것으로 본다. 〈신설 2022. 6. 28., 2025. 10. 1.〉

④ 방송사업자·중계유선방송사업자 및 음악유선방송사업자가 법 제77조제4항에 따라 이용약관의 승인(변경승인을 포함한다. 이하 이 조에서 같다)을 받으려는 경우에는 유료방송 이용약관 승인(변경승인) 신청서에 다음 각 호의 자료를 첨부하여 방송미디어통신위원회에 승인을 신청해야 한다. 〈신설 2022. 6. 28., 2025. 10. 1.〉

1. 제1항 각 호의 사항을 포함한 이용약관

2. 가입비, 기본료, 사용료, 부가서비스 이용료, 실비 등을 포함한 이용요금 산정의 근거자료

3. 변경 전후 내용 대비표와 변경사유(변경승인을 받으려는 경우에만 첨부한다)

⑤ 방송미디어통신위원회는 제4항에 따른 승인 신청을 받은 날부터 30일 이내에 법 제77조제2항 각 호의 요건 및 같은 조 제5항 각 호의 기준을 충족하는지를 심사하여 승인 여부를 신청인에게 통지해야 한다. 〈신설 2022. 6. 28., 2025. 10. 1.〉

⑥ 유료방송을 행하는 방송사업자·중계유선방송사업자 및 음악유선방송사업자가 법 제77조제1항 또는 제4항에 따라 이용약관을 변경(채널번호에 관한 이용약관을 변경한 경우로 한정한다)한 경우에는 다음 각 호의 방법 중 둘 이상의 방법으로 이용자에게 통지해야 한다. 다만, 채널을 신규로 추가하여 제공하는 경우에는 통지하지 않을 수 있다. 〈개정 2021. 1. 5., 2022. 6. 28.〉

1. 우편 또는 팩스

2. 전자우편

3. 전화 또는 휴대전화 문자서비스

4. 인터넷 홈페이지 게시

5. 방송자막

[본조신설 2014. 11. 24.]

[제목개정 2022. 6. 28.]

제61조(재송신) ①종합유선방송사업자, 중계유선방송사업자 및 위성방송사업자가 법 제78조제4항에 따라 지상파방송을 동시재송신하기 위하여 승인을 받으려는 경우에는 방송미디어통신위원회규칙으로 정하는 역외방송재송신 승인신청서에 다음 각 호의 서류를 첨부하여

방송미디어통신위원회에 제출하여야 한다. 〈개정 2008. 2. 29., 2013. 3. 23., 2016. 5. 27., 2017. 7. 26., 2025. 10. 1.〉

1. 재송신약정서 사본

2. 재송신계획서

② 삭제 〈2008. 2. 22.〉

③방송미디어통신위원회는 제1항에 따른 승인신청서를 받은 때에는 다음 각호의 사항을 심사하여 승인여부를 결정하고, 그 결과를 60일내에 신청인에게 통보하여야 한다. 〈개정 2008. 2. 22., 2008. 2. 29., 2013. 3. 23., 2017. 7. 26., 2025. 10. 1.〉

1. 방송매체간의 균형발전 및 국내 방송산업에 대한 기여계획

2. 시청자의 권익 보장

3. 지역적 · 사회적 · 문화적 필요성과 타당성

4. 방송의 공적 책임 · 공정성 · 공익성의 실현 가능성

5. 방송프로그램 내용의 공익성 · 다양성

6. 재송신에 필요한 기술적 안정성에 관한 사항

④법 제78조제6항의 규정에 의한 재송신의 유형은 다음 각호와 같다.

1. 동시재송신 : 방송을 수신하여 방송편성을 변경하지 아니하고 동시에 재송신하는 것

2. 이시재송신 : 방송을 수신하여 방송편성을 변경하지 아니하는 녹음 · 녹화 방송프로그램을 일정한 시차를 두고 재송신하는 것

⑤방송미디어통신위원회는 제1항의 규정에 의한 재송신의 승인여부를 결정하고자 하는 때에는 이해관계자의 의견을 들어야 한다. 〈개정 2008. 2. 29., 2013. 3. 23., 2017. 7. 26., 2025. 10. 1.〉

⑥방송미디어통신위원회는 제4항제2호의 규정에 의한 이시재송신을 승인하는 때에는 방송수신 후 24시간 이내의 재송신을 승인하여서는 아니된다. 〈개정 2008. 2. 29., 2013. 3. 23., 2017. 7. 26., 2025. 10. 1.〉

[전문개정 2002. 12. 26.]

제61조의2 삭제 〈2016. 6. 21.〉

제61조의3(외국방송사업자의 국내 재송신 승인 등) ① 법 제78조의2제1항 후단에 따라 다음 각 호의 어느 하나에 해당하는 경우는 재송신으로 보지 아니한다.

1. 외국방송사업자가 방송하는 국제행사, 문화행사 또는 스포츠프로그램을 방송프로그램 단위로 중계 송신하는 경우

2. 외국방송사업자가 방송하는 보도프로그램을 방송프로그램 단위로 중계 송신하는 경우. 다만, 1일 1시간을 초과하는 경우는 제외한다.

3. 방송프로그램 내에서 외국방송사업자의 방송을 자료화면이나 인용보도 형태 등으로 중계 송신하는 경우

② 법 제78조의2제7항에 따라 방송사업자가 외국방송사업자의 방송을 재송신할 수 있는 범위와 기준은 다음 각 호와 같다. 〈개정 2013. 9. 26., 2017. 7. 26., 2025. 10. 1.〉

1. 재송신할 수 있는 범위

가. 지상파이동멀티미디어방송사업자 : 외국방송 재송신 채널 운용 금지

나. 종합유선방송사업자 및 위성방송사업자 : 운용하는 텔레비전방송채널, 라디오방송채널 및 데이터방송채널별로 각각 100분의 20 이내. 다만, 방송미디어통신위원회가 외국인 거주비율 및 외국방송채널 수요 등을 고려하여 고시하는 방송구역에 대해서는 각각 100분의 30 이내로 한다.

2. 재송신할 수 있는 기준

가. 1개 채널에서 2개 이상의 외국방송채널을 재송신하지 아니하도록 할 것

나. 외국방송사업자의 방송에 방송광고 삽입, 한국어 더빙, 방송시간 등의 변경을 가하지 아니하고 재송신할 것

다. 외국방송사업자가 법 제78조의2제1항에 따라 승인받은 범위를 넘어 방송광고 삽입, 한국어 더빙 등 변경을 가하거나 승인조건을 벗어나는 방송을 하는 경우에는 이를 재송신하지 아니할 것. 이 경우 한국어 자막방송은 변경을 가한 것으로 보지 아니한다.

③ 외국방송사업자가 법 제78조의2제1항에 따라 재송신 승인을 받으려는 경우에는 외국방송재송신 승인신청서에 다음 각 호의 서류를 첨부하여 방송미디어통신위원회에 제출하여야 한다. 〈개정 2008. 2. 29., 2013. 3. 23., 2017. 7. 26., 2025. 10. 1.〉

1. 연혁, 주요 사업내용 및 설립근거자료

2. 방송분야 및 방송프로그램의 주요 편성내용

3. 교류협력 등 국내 방송 및 영상산업에 대한 기여계획서
4. 재송신 송출경로 등 기술적 사항
5. 국내 지사, 국내 사무소 또는 국내 대리인에 관한 사항(권리 · 의무 관계를 확인할 수 있는 서류를 포함한다)
6. 재송신에 따른 이용요금에 관한 서류(이용요금을 받는 경우에만 제출한다)

④ 방송미디어통신위원회는 제3항에 따라 승인신청서를 받은 경우에는 60일 이내에 법 제78조의2제2항 각 호의 사항을 종합적으로 심사하여 승인 여부를 결정한 후 신청인에게 그 결과를 통보하여야 한다. 〈개정 2008. 2. 29., 2013. 3. 23., 2017. 7. 26., 2025. 10. 1.〉

⑤ 방송미디어통신위원회는 법 제78조의2제5항에 따라 승인을 취소하는 경우에는 승인 취소의 사유를 명시하여 해당 외국방송사업자에게 서면으로 통지하여야 한다. 〈개정 2008. 2. 29., 2013. 3. 23., 2017. 7. 26., 2025. 10. 1.〉

⑥ 방송미디어통신위원회는 제4항에 따른 승인 또는 제5항에 따른 승인 취소를 한 경우에는 이를 공고하여야 한다. 〈개정 2008. 2. 29., 2013. 3. 23., 2017. 7. 26., 2025. 10. 1.〉

[본조신설 2008. 2. 22.]

제62조(유선방송국설비의 설치기한) ①법 제79조제2항 및 제4항에서 "대통령령으로 정하는 기한"이란 각각 종합유선방송사업 · 중계유선방송사업 또는 음악유선방송사업의 허가 또는 승인을 받거나 등록을 한 날부터 1년이 되는 날을 말한다. 〈개정 2022. 6. 28.〉

② 삭제 〈2022. 6. 28.〉

③ 삭제 〈2022. 6. 28.〉

④ 삭제 〈2008. 2. 29.〉

⑤종합유선방송사업자 · 중계유선방송사업자 및 음악유선방송사업자가 법 제79조제4항에 따른 불가피한 사유로 제1항에 따른 기한까지 유선방송국설비를 설치할 수 없는 경우에는 그 사유가 없어진 날부터 6개월의 범위에서 방송미디어통신위원회에 그 기한의 연장을 신청할 수 있다. 〈개정 2008. 2. 29., 2013. 3. 23., 2017. 7. 26., 2022. 6. 28., 2025. 10. 1.〉

⑥ 삭제 〈2022. 6. 28.〉

[제목개정 2022. 6. 28.]

제63조(전송·선로설비의 적합확인) 법 제80조의 규정에 의한 전송·선로설비에 대한 기술기준에의 적합여부 확인등에 관하여 필요한 사항은 방송미디어통신위원회 고시로 정한다. 〈개정 2008. 2. 29., 2013. 3. 23., 2017. 7. 26., 2025. 10. 1.〉

제63조의2 삭제 〈2016. 7. 26.〉

제63조의3(금지행위 관련 매출액 등) ① 법 제85조의2제3항 본문에서 "대통령령으로 정하는 매출액"이란 방송사업자·중계유선방송사업자·음악유선방송사업자·전광판방송사업자·전송망사업자(이하 "방송사업자등"이라 한다)가 같은 조 제1항 각 호의 어느 하나에 해당하는 행위(이하 "금지행위"라 한다)를 하거나 제3자로 하여금 이를 하게 한 경우 해당 금지행위와 관련된 서비스의 매출액으로서 다음 각 호의 구분에 따라 산정한 금액을 말한다. 〈개정 2021. 12. 9.〉

1. 방송사업자등이나 제3자가 금지행위를 마친 날이 속한 사업연도의 첫날 이전에 사업을 개시한 경우: 직전 3개 사업연도의 연평균 매출액(해당 사업연도의 첫날 현재 사업을 개시한 지 3년이 되지 아니하는 경우에는 그 사업을 개시한 날부터 직전 사업연도 말일까지의 매출액을 연평균 매출액으로 환산한 금액)

2. 방송사업자등이나 제3자가 금지행위를 마친 날이 속한 사업연도에 사업을 개시한 경우: 사업을 개시한 날부터 해당 방송사업자등이나 제3자가 금지행위를 마친 날까지의 매출액을 연매출액으로 환산한 금액

② 법 제85조의2제3항 단서에서 "매출액이 없거나 매출액 산정이 어려운 경우로서 대통령령으로 정하는 경우"란 다음 각 호의 어느 하나에 해당하는 경우를 말한다.

1. 사업을 개시하지 아니하거나 사업 중단 등으로 인하여 사업실적이 없는 경우

2. 해당 방송사업자등의 재산상황이나 그 밖에 매출액 산정에 필요한 자료 등을 종합적으로 고려하더라도 매출액을 합리적으로 추정할 수 없는 경우 등 객관적인 매출액 산정이 어려운 경우

[본조신설 2012. 1. 13.]

[제목개정 2021. 12. 9.]

제63조의4(자료제출) ① 방송미디어통신위원회는 법 제85조의2제4항에 따라 방송사업자등에게 업무 및 경영상황에 관한 장부ㆍ서류, 전산자료ㆍ음성녹음자료ㆍ화상자료 등의 제출을 요청할 수 있다. 〈개정 2025. 10. 1.〉

② 방송미디어통신위원회는 제1항에 따라 자료제출을 요청하는 경우에는 다음 각 호의 사항을 서면으로 통지하여야 한다. 〈개정 2025. 10. 1.〉

1. 금지행위 관련 사건명과 사건번호
2. 자료를 제출할 자
3. 제출할 서류, 물건 등 자료
4. 제출기한과 장소
5. 제출방식
6. 자료제출 요청에 응하지 아니하는 경우 제재 내용

③ 방송사업자등은 제1항에 따라 자료제출을 요청받은 경우에는 제2항제4호의 제출기한까지 해당 자료를 방송미디어통신위원회에 제출하여야 한다. 다만, 방송미디어통신위원회가 부득이한 사유로 제출기한을 연장하여야 할 사유가 있다고 인정하는 경우에는 제출일을 명시하여 그 제출기한을 한 차례만 연장할 수 있다. 〈개정 2025. 10. 1.〉

[본조신설 2012. 1. 13.]

제63조의5(금지행위의 유형 및 기준) 법 제85조의2제5항에 따른 금지행위의 세부적인 유형 및 기준은 별표 2의3과 같다. 〈개정 2016. 7. 26.〉

[본조신설 2012. 1. 13.]

제6장 시청자의 권익보호

제64조(시청자위원회의 구성 및 운영) ①법 제87조의 규정에 의한 시청자위원회는 10인 이상 15인 이내의 위원으로 구성한다.

②시청자위원회는 위원장 1인과 부위원장 1인을 두되, 시청자위원 중에서 호선한다.

③시청자위원회의 회의는 위원장이 소집하되, 정기회의는 매월 1회 이상, 임시회의는 위원장이 필요하다고 인정하거나 재적위원 3분의 1 이상의 요구가 있는 경우 또는 방송사업자가 요구한 경우에

이를 소집한다.

④시청자위원회의 회의는 재적위원 과반수의 출석과 출석위원 과반수의 찬성으로 의결한다.

⑤시청자위원회를 설치한 방송사업자는 시청자위원회의 심의결과에 대하여 조치가 필요한 경우에는 그 처리에 관한 계획과 처리결과를 회의 종료후 1월 이내에 시청자위원회에 보고하여야 하며, 월간 시청자위원회의 운영실적을 다음 달 20일까지 방송미디어통신위원회에 보고하여야 한다. 〈개정 2002. 12. 26., 2008. 2. 29., 2025. 10. 1.〉

제65조(정보의 공개) ①법 제90조제5항에 따라 같은 조 제1항 각 호의 어느 하나에 해당하는 방송사업자(「공공기관의 정보공개에 관한 법률」의 적용을 받는 방송사업자는 제외하며, 이하 이 조에서 "정보공개의무 방송사업자"라 한다)에 대하여 정보의 공개를 요구하려는 시청자는 다음 각 호의 사항을 기재한 정보공개 신청서를 정보공개의무 방송사업자에게 제출하여야 한다. 〈개정 2006. 3. 10., 2014. 8. 6., 2017. 9. 5.〉

1. 신청인의 성명ㆍ생년월일 및 주소
2. 공개를 요구하는 정보의 내용 및 사용목적

②정보공개의무 방송사업자는 제1항에 따라 정보공개의 신청이 있는 때에는 신청을 받은 날부터 10일 이내에 공개 여부를 결정하고 그 결과를 신청인에게 통보하여야 한다. 〈개정 2006. 3. 10., 2017. 9. 5.〉

③정보공개의무 방송사업자는 부득이한 사유로 제2항에 따른 기간 이내에 공개 여부를 결정할 수 없을 때에는 그 기간이 끝나는 날의 다음 날부터 기산하여 10일 이내의 범위에서 공개 여부 결정기간을 연장할 수 있다. 이 경우 정보공개의무 방송사업자는 연장된 사실과 연장사유를 신청인에게 지체 없이 서면으로 통지하여야 한다. 〈신설 2006. 3. 10., 2017. 9. 5.〉

④정보공개의무 방송사업자는 신청인이 요구하는 방송사업에 관한 정보가 「공공기관의 정보공개에 관한 법률」 제9조제1항에 따른 비공개 대상 정보에 해당하는 경우에는 이를 공개하지 아니할 수 있다. 〈개정 2004. 7. 29., 2006. 3. 10., 2017. 9. 5.〉

⑤제1항부터 제4항까지에서 규정한 사항 외에 정보공개의 절차와

방법 등에 관하여 필요한 사항은 방송미디어통신위원회규칙으로 정한다. 〈개정 2006. 3. 10., 2008. 2. 29., 2017. 9. 5., 2025. 10. 1.〉

제65조의2(시청자미디어재단) 법 제90조의2제4항제4호에서 "그 밖에 시청자의 방송참여 및 권익증진을 위한 사업"이란 다음 각 호의 사업을 말한다. 〈개정 2014. 11. 24.〉

1. 방송사업자의 장애인방송 제작 지원과 장애인방송 제작 관련 기술 개발 및 인력 양성 등 장애인의 방송참여 및 권익증진을 위한 사업
2. 소외계층의 미디어 접근환경 및 이용실태 관련 연구·조사와 소외계층의 미디어 접근환경 개선을 위한 기술 개발 및 지원
3. 시청자 제작 방송프로그램의 수집·활용·유통 지원 및 미디어 교육 관련 연구·조사, 인력 양성 등 시청자의 방송참여 및 권익증진을 위한 사업

[본조신설 2012. 7. 17.]

[제목개정 2016. 6. 21.]

제65조의3(유료방송 서비스의 품질 평가) ① 방송미디어통신위원회는 법 제90조의3제1항에 따라 다음 각 호의 사항을 평가내용으로 하는 유료방송 서비스 품질 평가를 매년 실시해야 한다. 〈개정 2025. 10. 1.〉

1. 채널별 음량이나 영상 품질 등 단말장치를 통해 시청자에게 제공되는 유료방송 서비스의 품질 수준에 관한 사항
2. 방송프로그램별로 대가를 받고 제공하는 콘텐츠에 노출되는 광고 현황에 관한 사항
3. 그 밖에 유료방송 서비스의 품질을 개선하고 시청자의 편익을 증진하기 위하여 방송미디어통신위원회가 정하여 고시하는 사항

② 방송미디어통신위원회는 법 제90조의3제2항에 따라 종합유선방송사업자 또는 위성방송사업자에게 다음 각 호의 자료를 제출해 줄 것을 요청할 수 있다. 〈개정 2025. 10. 1.〉

1. 유료방송 서비스의 품질 수준을 측정하는 데 필요한 단말장치에 관한 자료
2. 방송프로그램별로 대가를 받고 제공하는 콘텐츠 현황에 관한 자료

3. 그 밖에 유료방송 서비스 품질 평가에 필요한 자료로서 방송미디어통신위원회가 정하여 고시하는 자료

③ 제2항에 따른 자료 제출의 요청을 받은 종합유선방송사업자 또는 위성방송사업자는 그 요청을 받은 날부터 30일 이내에 해당 자료를 방송미디어통신위원회에 제출해야 한다. 다만, 부득이한 사유가 있는 경우에는 방송미디어통신위원회에 자료 제출기간의 연장을 요청할 수 있다. 〈개정 2025. 10. 1.〉

④ 방송미디어통신위원회는 제1항에 따라 유료방송 서비스 품질 평가를 실시하기 전에 평가 항목, 평가 일정 등 평가 실시에 필요한 사항을 종합유선방송사업자 또는 위성방송사업자에게 통지해야 한다. 〈개정 2025. 10. 1.〉

⑤ 방송미디어통신위원회는 제1항에 따라 유료방송 서비스 품질 평가를 실시한 경우에는 법 제90조의3제3항에 따라 그 결과를 방송미디어통신위원회의 인터넷 홈페이지에 게시하는 방법으로 공개해야 한다. 〈개정 2025. 10. 1.〉

⑥ 제1항부터 제5항까지에서 규정한 사항 외에 유료방송 서비스 품질 평가 등에 필요한 세부사항은 방송미디어통신위원회가 정하여 고시한다. 〈개정 2025. 10. 1.〉

[본조신설 2022. 6. 28.]

[종전 제65조의3은 제65조의4로 이동 〈2022. 6. 28.〉]

제6장의2 방송분쟁의 해결 〈신설 2022. 6. 28.〉

제65조의4(조정의 개시) ① 법 제35조의3제1항의 사업자는 방송분쟁조정위원회에 조정을 신청하려는 경우 조정신청서에 다음 각 호의 사항을 적어 방송분쟁조정위원회에 제출하여야 한다. 〈개정 2016. 7. 26.〉

1. 신청인과 피신청인
2. 분쟁조정 신청 취지 및 신청사유

② 제1항에 따른 조정신청서에는 다음 각 호의 서류를 첨부하여야 한다.

1. 조정신청의 원인 및 사실을 증명하는 서류
2. 그 밖에 분쟁조정에 필요한 서류 또는 자료

③ 방송분쟁조정위원회는 제1항에 따른 조정신청서를 신청인으로

부터 제출받은 경우에는 즉시 그 내용을 피신청인에게 통지하여야 한다.

[본조신설 2016. 6. 21.]

[제65조의3에서 이동, 종전 제65조의4는 제65조의5로 이동 〈2022. 6. 28.〉]

제65조의5(조정의 거부) 법 제91조의3제1항제5호에서 “대통령령으로 정하는 경우”란 다음 각 호의 어느 하나에 해당하는 경우를 말한다.

1. 해당 조정 사항에 직접적인 이해관계가 없는 자가 조정 신청을 한 경우

2. 해당 조정사항에 대하여 법원에 소송이 제기된 경우

3. 방송분쟁조정위원회가 분쟁의 성질상 방송분쟁조정위원회에서 조정을 하는 것이 적합하지 아니하다고 인정하는 경우

[본조신설 2016. 6. 21.]

[제65조의4에서 이동, 종전 제65조의5는 제65조의6으로 이동 〈2022. 6. 28.〉]

제65조의6(조정절차) ① 방송분쟁조정위원회는 조정신청서에 적힌 사항 및 첨부서류를 확인하고 관계 서류 등이 누락되거나 보완이 필요한 경우에는 상당한 기간을 정하여 신청인에게 보완을 요청할 수 있다. 이 경우 보완에 필요한 기간은 법 제91조의4제3항에 따른 기간에 포함되지 아니한다.

② 방송분쟁조정위원회는 다수인이 공동으로 분쟁의 조정을 신청하는 경우에는 신청인 중에서 1인을 대표자로 선정할 것을 권고할 수 있다.

③ 분쟁조정 당사자는 조정절차의 진행 중에 해당 조정의 대상인 분쟁을 원인으로 하는 소송을 제기하였거나 소송이 제기된 사실을 알게 된 경우에는 그 사실을 방송분쟁조정위원회에 즉시 통지하여야 한다.

④ 방송분쟁조정위원회의 조정 절차 및 조정 결과는 공개하지 아니한다. 다만, 방송분쟁조정위원회가 필요하다고 인정하는 경우에는 조정 결과의 전부 또는 일부를 공개할 수 있다.

⑤ 제1항부터 제4항까지에서 규정한 사항 외에 방송분쟁조정위원회의 조정 절차 및 방법 등에 관하여 필요한 사항은 방송미디어통신위원회규칙으로 정한다. 〈개정 2025. 10. 1.〉

[본조신설 2016. 6. 21.]
[제65조의5에서 이동 〈2022. 6. 28.〉]

제7장 보칙

제66조(방송시설 등의 공동이용) 과학기술정보통신부장관과 방송미디어통신위원회는 법 제92조제3항의 규정에 의하여 방송시설의 효율적 이용을 위하여 필요하다고 인정하는 경우에는 방송사업자등에 대하여 송신시설 등의 방송시설과 그에 부속된 토지·건물등을 공동으로 구축·이용하도록 권고할 수 있다. 〈개정 2008. 2. 29., 2013. 3. 23., 2017. 7. 26., 2025. 10. 1.〉

제66조의2(중소종합유선방송사업자의 지원) 방송미디어통신위원회가 법 제92조의3에 따라 「중소기업기본법」에 따른 중소기업에 해당하는 종합유선방송사업자(이하 이 조에서 "중소종합유선방송사업자"라 한다)에게 제공할 수 있는 지원은 다음 각 호와 같다. 〈개정 2025. 10. 1.〉

1. 법 제69조제8항 전단에 따른 장애인방송에 관한 지원
2. 법 제70조제4항 본문에 따른 지역채널 방송프로그램에 관한 지원
3. 법 제70조제7항에 따른 시청자가 자체 제작한 방송프로그램의 방송에 관한 지원
4. 「방송통신발전 기본법」 제40조제1항에 따른 재난방송 또는 민방위경보방송에 관한 지원
5. 「공직선거법」 제71조부터 제74조까지의 규정에 따른 후보자 등의 방송연설·경력방송과 같은 법 제82조·제82조의2 및 제82조의3에 따른 대담·토론회·정책토론회 관련 방송에 관한 지원
6. 중소종합유선방송사업자의 경쟁력 강화를 위해 필요한 기술개발에 관한 지원
7. 농어촌 지역 시청자의 방송 접근성 향상에 필요한 지원
8. 방송사업자(「인터넷 멀티미디어 방송사업법」에 따른 인터넷 멀티미디어 방송사업자를 포함한다. 이하 이 조에서 같다)와의 공동협력사업에 관한 지원
9. 그 밖에 방송미디어통신위원회가 시청자의 권익 보호와 다른 방송사업자와의 공정한 경쟁을 위하여 필요하다고 인정하는 지원

[본조신설 2022. 6. 28.]

[종전 제66조의2는 제66조의3으로 이동 〈2022. 6. 28.〉]

제66조의3(재산상황의 공표) ① 법 제98조의2제1항 단서에서 "대통령령으로 정하는 사업자"란 다음 각 호의 어느 하나에 해당하는 사업자를 말한다. 〈개정 2025. 4. 22.〉

1. 법 제9조제5항제1호 또는 같은 항 제2호에 따라 등록하거나 신고한 방송채널사용사업자

2. 「인터넷 멀티미디어 방송사업법」 제18조제2항 본문에 따라 신고 또는 등록한 인터넷 멀티미디어 방송 콘텐츠사업자

② 법 제98조의2제1항 본문에 따라 방송사업자 및 「인터넷 멀티미디어 방송사업법」 제2조제5호에 따른 인터넷 멀티미디어 방송사업자(이 조 제1항 각 호의 사업자는 제외한다. 이하 이 조에서 같다)는 매 사업연도 종료 후 3개월 이내에 다음 각 호의 재산상황에 관한 자료를 방송미디어통신위원회에 제출하여야 한다. 〈개정 2016. 7. 26., 2018. 10. 30., 2025. 10. 1.〉

1. 재무상태표, 손익계산서, 부속명세서 및 그 밖에 이에 관한 증명서류

2. 「주식회사 등의 외부감사에 관한 법률」에 따라 작성된 직전 사업연도의 재무제표에 대한 감사보고서. 다만, 같은 법 제4조제2항에 따라 외부감사인의 감사를 받지 아니하는 사업자의 경우에는 직전 사업연도의 재무제표에 대한 공인회계사의 검토보고서 또는 「법인세법」 제60조제2항제2호에 따른 세무조정계산서로 감사보고서를 대신할 수 있다.

③ 방송미디어통신위원회는 법 제98조의2제2항에 따라 방송사업자 및 「인터넷 멀티미디어 방송사업법」 제2조제5호에 따른 인터넷 멀티미디어 방송사업자의 직전 사업연도 재산상황을 매년 6월 30일까지 방송미디어통신위원회 홈페이지에 공표하여야 한다. 〈개정 2016. 7. 26., 2025. 10. 1.〉

[본조신설 2016. 6. 21.]

[제66조의2에서 이동, 종전 제66조의3은 제66조의4로 이동 〈2022. 6. 28.〉]

제66조의4(제재조치 등) 법 제100조제3항제3호에서 "동일한 사유로 반복적으로 심의규정을 위반하는 경우"란 법 제100조제1항제1호부

터 제3호까지에 따른 제재조치를 받은 날부터 1년 이내에 3회 이상 동일한 항목의 심의규정을 위반하는 경우를 말한다.

[본조신설 2007. 8. 7.]

[제66조의3에서 이동, 종전 제66조의4는 제66조의5로 이동 〈2022. 6. 28.〉]

제66조의5(제재조치 등의 통지 등) 법 제100조제5항 전단에 따라 과징금처분 또는 제재조치명령을 받은 방송채널사용사업자는 다음 각 호의 구분에 따라 방송미디어통신위원회의 결정사항전문을 통지 또는 게시하여야 한다. 〈개정 2025. 10. 1.〉

1. 법 제100조제1항ㆍ제3항에 따른 과징금처분 또는 같은 조 제1항제2호ㆍ제3호에 따른 제재조치명령을 받은 경우: 우편, 전자우편, 휴대전화 문자메시지 또는 이와 유사한 방법으로 해당 상품을 구매한 소비자에게 통지

2. 법 제100조제1항제4호에 따른 제재조치명령을 받은 경우: 자사(自社)가 운영하는 인터넷 홈페이지 중 어느 하나에 다음 각 목에서 정하는 바에 따라 게시

가. 게시기간: 7일 이상

나. 게시방법: 홈페이지에 접속할 때 최초로 보이는 화면에 별도의 알림창으로 게시

다. 게시면적: 나목에 따른 화면의 6분의 1 이상

[본조신설 2018. 9. 11.]

[제66조의4에서 이동, 종전 제66조의5는 제66조의6으로 이동 〈2022. 6. 28.〉]

제66조의6(고유식별정보의 처리) ①방송미디어통신위원회(제68조에 따라 방송미디어통신위원회의 권한을 위임ㆍ위탁받은 자를 포함한다)는 다음 각 호의 사무를 수행하기 위하여 불가피한 경우 「개인정보 보호법 시행령」 제19조제1호에 따른 주민등록번호가 포함된 자료를 처리할 수 있다. 〈개정 2013. 3. 23., 2014. 8. 6., 2017. 7. 26., 2025. 4. 22., 2025. 10. 1.〉

1. 법 제9조제1항에 따른 지상파방송사업의 허가에 관한 사무

2. 법 제9조제2항에 따른 위성방송사업ㆍ종합유선방송사업ㆍ중계유선방송사업의 허가에 관한 사무

3. 법 제9조제3항에 따른 종합유선방송사업의 승인에 관한 사무

4. 법 제9조제5항 본문에 따른 방송채널사용사업 · 전광판방송사업 · 음악유선방송사업의 등록 또는 신고에 관한 사무

5. 법 제9조제5항 단서에 따른 종합편성이나 보도 또는 상품소개와 판매에 관한 전문편성을 행하는 방송채널사용사업의 승인에 관한 사무

6. 법 제9조제6항에 따른 외국 인공위성 무선설비를 이용한 위성방송사업의 승인 사무

7. 법 제9조제8항에 따른 외국 인공위성 무선국을 이용한 방송채널사용사업의 승인 사무

8. 법 제9조제10항에 따른 전송망사업의 등록에 관한 사무

9. 법 제9조제11항 공동체라디오방송사업의 허가에 관한 사무

10. 법 제15조제1항에 따른 방송사업 · 중계유선방송사업 · 음악유선방송사업 및 전광판방송사업의 변경허가 · 변경승인 또는 변경등록 · 변경신고에 관한 사무

11. 법 제15조제2항 · 제3항에 따른 방송사업 · 중계유선방송사업 · 음악유선방송사업 · 전광판방송사업의 변경신고에 관한 사무

12. 법 제15조의2제1항에 따른 방송사업 · 중계유선방송사업의 최다액출자자 등의 승인 · 신고에 관한 사무

13. 법 제17조제1항 · 제2항에 따른 방송사업 · 중계유선방송사업의 재허가 · 재승인에 관한 사무

14. 법 제109조에 따른 과징금의 부과 · 징수에 관한 사무

② 공사(법 제67조제1항 및 제2항에 따라 공사의 업무를 위탁받은 자를 포함한다)는 다음 각 호의 사무를 수행하기 위하여 불가피한 경우 「개인정보 보호법 시행령」 제19조제1호에 따른 주민등록번호가 포함된 자료를 처리할 수 있다. 〈신설 2014. 8. 6.〉

1. 법 제50조제6항에 따른 집행기관의 결격사유 확인에 관한 사무

2. 법 제64조 단서에 따른 수상기의 등록 면제 또는 수신료 감면에 관한 사무

3. 법 제66조에 따른 수신료 등의 징수에 관한 사무

③ 유료방송을 하는 방송사업자 또는 「방송통신발전 기본법」 제15조에 따른 한국정보통신진흥협회는 법 제85조의2제1항제5호에 따른 금지행위 중 다음 각 호의 행위를 예방하기 위한 사무를 수행

하기 위하여 불가피한 경우 「개인정보 보호법 시행령」 제19조제1호 또는 제4호에 따른 주민등록번호 또는 외국인등록번호가 포함된 자료를 처리할 수 있다. 〈신설 2014. 8. 6.〉

1. 가입자의 의사를 확인하지 아니하고 방송서비스를 제공하는 행위

2. 법 제77조제1항에 따라 신고하거나 승인받은 이용약관(요금 반환에 관한 내용만 해당한다)을 위반하여 방송서비스를 제공하는 행위

④ 유료방송을 하는 방송사업자 · 중계유선방송사업자 · 음악유선방송사업자 또는 「방송통신발전 기본법」 제15조에 따른 한국정보통신진흥협회는 법 제77조제1항에 따라 신고하거나 승인받은 이용약관에 따른 요금 감면에 관한 사무를 수행하기 위하여 불가피한 경우 「개인정보 보호법 시행령」 제19조제1호 또는 제4호에 따른 주민등록번호 또는 외국인등록번호가 포함된 자료를 처리할 수 있다. 〈신설 2014. 8. 6.〉

[본조신설 2012. 1. 6.]

[제66조의5에서 이동 〈2022. 6. 28.〉]

제67조(수수료) ①법 제102조의 규정에 의하여 납부하여야 하는 수수료는 별표 3과 같다.

②제1항의 규정에 의한 수수료는 수입인지 또는 우편대체로 납부한다. 다만, 방송미디어통신위원회는 정보통신망을 이용하여 전자화폐 · 전자결제 등의 방법으로 이를 납부하게 할 수 있다. 〈개정 2004. 3. 17., 2008. 2. 29., 2013. 3. 23., 2017. 7. 26., 2025. 10. 1.〉

제68조(권한의 위임 · 위탁) ①방송미디어통신위원회는 법 제103조제1항에 따라 다음 각 호의 권한을 중앙전파관리소장에게 위탁한다. 〈개정 2002. 12. 26., 2004. 5. 24., 2008. 2. 29., 2008. 7. 3., 2010. 1. 26., 2010. 10. 1., 2011. 8. 19., 2012. 7. 17., 2013. 3. 23., 2013. 9. 26., 2014. 11. 24., 2016. 5. 27., 2016. 7. 26., 2017. 7. 26., 2019. 12. 10., 2022. 6. 28., 2025. 10. 1.〉

1. 법 제9조제10항 및 제18조제1항에 따른 전송망사업의 등록, 등록취소 및 업무정지에 관한 사항

1의2. 삭제 〈2024. 12. 31.〉

1의3. 법 제19조제1항, 제98조제1항, 제99조제2항 및 제101조

에 따른 전송망사업자에 대한 과징금 처분, 자료제출 요구, 시설개선명령 및 청문에 관한 사항

1의4. 법 제70조의2제2항에 따른 시정명령이나 조치명령에 관한 사항

2. [종전 제2호는 제1호의2로 이동 〈2022. 6. 28.〉]

3. 법 제80조에 따른 종합유선방송사업자ㆍ전송망사업자 및 기간통신사업자의 전송ㆍ선로설비에 대한 기술기준에의 적합 여부 확인에 관한 사항

3의2. 삭제 〈2016. 7. 26.〉

3의3. 법 제83조제1항에 따른 방송 실시결과 접수에 관한 사항. 다만, 종합유선방송사업자ㆍ위성방송사업자ㆍ방송채널사용사업자(종합편성 또는 보도에 관한 전문편성을 행하는 방송채널사용사업자는 제외한다)ㆍ중계유선방송사업자ㆍ음악유선방송사업자ㆍ전광판방송사업자ㆍ인터넷 멀티미디어 방송사업자에 대한 것으로 한정한다.

3의4. 법 제98조제1항 및 제99조제1항제2호에 따른 종합유선방송사업자 및 위성방송사업자의 허가조건의 이행 여부에 대한 자료제출 요구 및 시정명령에 관한 사항

4. 법 제108조제1항제4호ㆍ제7호의3ㆍ제8호ㆍ제15호ㆍ제17호ㆍ제18호 및 제25호의2에 따른 과태료의 부과ㆍ징수에 관한 사항. 다만, 법 제108조제1항제4호ㆍ제8호ㆍ제17호ㆍ제18호에 따른 사항은 종합유선방송사업자ㆍ위성방송사업자ㆍ방송채널사용사업자(종합편성 또는 보도에 관한 전문편성을 행하는 방송채널사용사업자는 제외한다)ㆍ중계유선방송사업자ㆍ음악유선방송사업자ㆍ전광판방송사업자ㆍ인터넷 멀티미디어 방송사업자에 대한 것으로 한정하고, 법 제108조제1항제15호 및 제25호의2에 따른 사항은 전송망사업자에 대한 것으로 한정한다.

② 방송미디어통신위원회는 법 제103조제1항에 따라 다음 각 호의 권한을 방송미디어통신사무소 소장에게 위임한다. 〈신설 2021. 12. 9., 2025. 10. 1.〉

1. 법 제71조제1항부터 제4항까지 및 이 영 제57조제7항에 따라 방송미디어통신위원회가 정하여 고시하는 방송프로그램 구별기준에 대한 적합 여부 확인에 관한 사항

2. 법 제72조제1항ㆍ제3항 및 이 영 제58조제5항에 따라 방송미

디어통신위원회가 정하여 고시하는 순수외주제작 방송프로그램 인정기준에 대한 적합 여부 확인에 관한 사항

3. 법 제83조제1항에 따른 방송 실시결과 접수에 관한 사항. 다만, 지상파방송사업자·종합편성 또는 보도에 관한 전문편성을 행하는 방송채널사용사업자·공동체라디오방송사업자에 대한 것으로 한정한다.

4. 법 제108조제1항제4호, 제8호, 제9호, 제17호 및 제18호에 따른 과태료 부과·징수에 관한 사항. 다만, 지상파방송사업자·종합편성 또는 보도에 관한 전문편성을 행하는 방송채널사용사업자·공동체라디오방송사업자에 대한 것으로 한정한다.

③ 방송미디어통신위원회는 법 제103조제2항에 따라 법 제80조에 따른 중계유선방송사업자 및 음악유선방송사업자의 전송·선로설비에 대한 기술기준에의 적합 여부 확인에 관한 업무를 「전파법」에 따른 한국방송통신전파진흥원에 위탁한다. 이 경우 위탁받은 업무를 처리한 때에는 그 결과를 중앙전파관리소장에게 통보해야 한다. 〈개정 2024. 12. 31., 2025. 10. 1.〉

④ 삭제 〈2014. 11. 24.〉

제68조의2(규제의 재검토) 방송미디어통신위원회는 제59조에 따른 방송광고에 대하여 2023년 1월 1일을 기준으로 3년마다(매 3년이 되는 해의 기준일과 같은 날 전까지를 말한다) 그 타당성을 검토하여 개선 등의 조치를 해야 한다. 〈개정 2025. 10. 1.〉

[전문개정 2023. 3. 7.]

제69조(과태료의 부과) 법 제108조제1항에 따른 과태료의 부과기준은 별표 4와 같다.

[전문개정 2008. 12. 31.]

제70조(과징금 부과기준) 법 제19조제1항·제2항, 제76조의3제4항, 제85조의2제3항 및 제100조제1항·제3항에 따른 과징금의 부과기준은 별표 5와 같다. 〈개정 2016. 6. 21.〉

[전문개정 2012. 1. 13.]

제71조(과징금의 부과 및 납부) ①방송미디어통신위원회는 법 제19조제1항·제2항, 제76조의3제4항, 제85조의2제3항 및 제100조제1항·제3항에 따라 과징금을 부과하는 경우에는 그 위반행위의 종별과 해당 과징금의 금액 등을 명시하여 이를 납부할 것을 서면으로

통지하여야 한다. 〈개정 2008. 2. 29., 2010. 1. 26., 2012. 1. 13., 2013. 3. 23., 2016. 6. 21., 2017. 7. 26., 2025. 10. 1.〉

② 삭제 〈2008. 2. 29.〉

③제1항에 따라 통지를 받은 자는 20일 이내에 방송미디어통신위원회가 정하는 수납기관에 과징금을 납부해야 한다. 〈개정 2008. 2. 29., 2013. 3. 23., 2017. 7. 26., 2023. 12. 12., 2025. 10. 1.〉

④제3항에 따라 과징금을 납부받은 수납기관은 영수증을 납부자에게 교부하여야 한다.

⑤과징금의 수납기관은 제3항에 따라 과징금을 수납하면 지체 없이 그 사실을 방송미디어통신위원회에 통보하여야 한다. 〈개정 2008. 2. 29., 2013. 3. 23., 2017. 7. 26., 2025. 10. 1.〉

⑥ 삭제 〈2021. 9. 24.〉

[본조신설 2007. 8. 7.]

부칙 〈제16751호, 2000. 3. 13.〉

제1조 (시행일) 이 영은 2000년 3월 13일부터 시행한다. 다만, 제57조제3항의 규정은 2002년 1월 1일부터 시행한다.

제2조 (다른 법령의 폐지) 다음 각호의 법령은 이를 폐지한다.

1. 방송법시행령
2. 종합유선방송법시행령
3. 한국방송공사법시행령
4. 유선방송관리법시행령

제3조 (중계유선방송의 중계대상에 관한 경과조치) 중계유선방송사업자는 제2조의 규정에 불구하고 법 부칙 제7조제2항 별표의 규정에 의한 종합유선방송사업 승인의 유예기간 동안 외국의 방송사업자가 행하는 위성방송을 3개 채널의 범위 안에서 방송위원회의 승인을 얻어 중계송신할 수 있다.

제4조 (특수관계자의 범위에 관한 경과조치) 이 영 시행당시 제3조제1항의 규정에 의하여 법 제8조제2항 내지 제8항 및 이 영 제4조의 규정에 적합하지 아니하게 된 자는 2001년 12월 31일까지 동 규정에 적합하게 하여야 한다.

제5조 (허가신청 등에 관한 경과조치) 이 영 시행당시 종전의 규정

에 의하여 허가·재허가 또는 변경허가를 신청한 것은 이 영에 의하여 신청한 것으로 본다.

제6조 (공익자금의 방송발전기금으로의 전환에 관한 경과조치) 법 부칙 제6조제1항의 규정에 의하여 방송발전기금으로 보는 공익자금의 구체적 범위는 방송위원회가 한국방송광고공사와 협의하여 정한다.

제7조 (위성방송사업자에 대한 기금징수 유예기간) 법 부칙 제10조의 규정에 의하여 위성방송사업자에 대한 방송발전기금의 징수는 위성방송사업 개시일부터 3년간 유예한다.

제8조 (행정처분기준에 관한 경과조치) 이 영 시행전의 위반행위에 대한 과징금 처분 기타 행정처분기준의 적용에 있어서는 종전의 종합유선방송법시행령, 유선방송관리법시행령의 규정에 의한다.

제9조 (다른 법령의 개정) ①지방세법시행령중 다음과 같이 개정한다.

제101조제1항제17호 및 제29호를 다음과 같이 한다.

17. 방송법 제2조의 규정에 의한 종합유선방송사업·방송채널사용사업·전송망사업

29. 방송법 제2조의 규정에 의한 중계유선방송사업

②부가가치세법시행령중 다음과 같이 개정한다.

제32조제4항중 "방송법에 의한 방송과 종합유선방송법에 의한 종합유선방송 및 유선방송관리법에 의한 텔레비전중계유선방송"을 "방송법에 의한 방송 및 중계유선방송"으로 한다.

③공직선거및선거부정방지법시행령중 다음과 같이 개정한다.

제4조제2호중 "방송법에 의한 방송국, 종합유선방송법에 의한 종합유선방송국 또는 프로그램공급업(보도에 관한 프로그램공급업에 한한다)"을 "방송법에 의한 방송사업(방송채널사용사업은 보도에 관한 전문편성을 행하는 방송채널사용사업에 한한다)"으로 한다.

④장애인복지법시행령중 다음과 같이 개정한다.

제11조제1호중 "방송법시행령 제29조제2항"을 "방송법시행령 제50조제2항"으로 한다.

⑤청소년보호법시행령중 다음과 같이 개정한다.

제18조제1항중 "종합유선방송법에 의한 방송중 유료채널"을 "방송법에 의한 방송중 유료방송"으로 한다.

⑥전기통신사업법시행령중 다음과 같이 개정한다.

제10조의3 본문중 "종합유선방송법에 의한 전송선로시설 또는 유

선방송관리법에 의한 유선방송시설"을 "방송법에 의한 종합유선방송사업자 · 전송망사업자 또는 중계유선방송사업자의 전송선로시설"로 한다.

제10조 (다른 법령과의 관계) 이 영 시행당시 다른 법령에서 종전의 방송법시행령 · 종합유선방송법시행령 · 한국방송공사법시행령 · 유선방송관리법시행령 또는 그 규정을 인용한 경우 이 영중 그에 해당하는 규정이 있는 경우에는 종전의 규정에 갈음하여 이 영 또는 이 영의 해당 규정을 인용한 것으로 본다.

부칙 〈제17137호, 2001. 2. 24.〉 (전기사업법시행령)

제1조 (시행일) 이 영은 공포한 날부터 시행한다.

제2조 내지 제5조 생략

제6조 (다른 법령의 개정) ①내지 ③생략

④방송법시행령중 다음과 같이 개정한다.

제39조제19호중 "전기사업법에 의한 일반전기사업자 또는 특정전기사업자"를 "전기사업법에 의한 전기사업자"로 한다.

⑤내지 ⑮생략

제7조 생략

부칙 〈제17156호, 2001. 3. 20.〉

이 영은 공포한 날부터 시행한다.

부칙 〈제17819호, 2002. 12. 26.〉

①(시행일) 이 영은 공포한 날부터 시행한다.

②(과태료처분에 관한 경과조치) 이 영 시행당시 법령을 위반하여 과태료처분을 하기위한 절차가 진행중인 자와 이 영 시행전에 적발된 자에 대한 과태료처분은 제68조제1항제13호의 개정규정에 불구하고 종전의 규정에 의한다.

부칙 〈제17968호, 2003. 4. 17.〉

이 영은 공포한 날부터 시행한다.

부칙 〈제17985호, 2003. 5. 29.〉

이 영은 공포한 날부터 시행하되, 2003년 5월 10일부터 적용한다.

부칙 〈제18312호, 2004. 3. 17.〉 (전자적민원처리를위한가석방자관리규정등중개정령)

이 영은 공포한 날부터 시행한다.

부칙 〈제18393호, 2004. 5. 24.〉 (정보통신부와그소속기관직제)

제1조 (시행일) 이 영은 공포한 날부터 시행한다.

제2조 (다른 법령의 개정) ①생략

②방송법시행령중 다음과 같이 개정한다.

제68조제1항에 제1호의2를 다음과 같이 신설하고, 동항제4호중 “종합유선방송사업 또는 중계유선방송사업의 허가취소”를 “종합유선방송사업·중계유선방송사업 또는 전송망사업의 허가·등록취소”로 하며, 동항제5호중 “종합유선방송사업자 또는 중계유선방송사업자”를 “종합유선방송사업자·중계유선방송사업자 또는 전송망사업자”로 하고, 동항에 제8호의2를 다음과 같이 신설하며, 동항제10호 및 제12호중 “종합유선방송사업자 또는 중계유선방송사업자”를 각각 “종합유선방송사업자·중계유선방송사업자 또는 전송망사업자”로 하고, 동항제13호중 “법 제108조(제1항제16호를 제외한다)”를 “법 제108조”로 한다.

1의2. 법 제9조제10항의 규정에 의한 전송망사업의 등록에 관한 사항

8의2. 법 제82조의 규정에 의한 전송·선로설비 이용약관의 신고에 관한 사항

부칙 〈제18493호, 2004. 7. 29.〉 (공공기관의정보공개에관한법률시행령)

제1조 (시행일) 이 영은 2004년 7월 30일부터 시행한다. 〈단서 생략〉

제2조 및 제3조 생략

제4조 (다른 법령의 개정) ①및 ②생략

③방송법시행령중 다음과 같이 개정한다.

제65조제3항중 "공공기관의정보공개에관한법률 제7조"를 "공공기관의정보공개에관한법률 제9조제1항"으로 한다.

④및 ⑤생략

부칙 〈제18548호, 2004. 9. 17.〉

제1조 (시행일) 이 영은 공포한 날부터 시행한다. 다만, 제57조제3항 단서의 개정규정은 2005년 7월 1일부터 시행한다.

제2조 (종합유선방송사업자의 라디오방송채널사용사업 경영제한에 관한 특례) 이 영 시행 당시 특정 종합유선방송사업자(특수관계자를 포함한다)가 전체 라디오방송채널사용사업자수의 5분의 1을 초과하여 경영하고 있는 경우에는 제4조제3항제1호의 개정규정에 불구하고 이 영 시행 당시 그가 경영하고 있는 라디오방송채널사용사업을 계속 경영할 수 있다.

제3조 (특수관계자의 범위에 관한 경과조치) 이 영 시행당시 제3조제1항의 개정규정에 의하여 법 제8조제2항 내지 제8항 및 이 영 제4조의 개정규정에 적합하지 아니하게 된 자는 2006년 6월 30일까지 동 규정에 적합하게 하여야 한다. 〈개정 2006. 3. 10.〉

제4조 (방송채널사용사업자의 사무실 보유요건에 관한 경과조치) 이 영 시행당시 제7조의2제1항제3호의 개정규정에 적합하지 아니한 방송채널사용사업자는 이 영 시행후 6월 이내에 동 규정에 적합하게 하여야 한다.

제5조 (데이터방송채널 운용에 관한 경과조치) 지상파이동멀티미디어방송사업자 및 위성이동멀티미디어방송사업자는 제53조제1항제1호 가목 및 제53조제1항제3호 가목의 개정규정에 불구하고 2006년 12월 31일까지는 데이터방송채널을 운용하지 아니할 수 있다. 〈개정 2006. 3. 10.〉

제6조 (과태료 처분기준에 관한 경과조치) 이 영 시행전의 위반행위에 대한 과태료 처분기준은 종전의 규정에 의한다.

제7조 (다른 법령의 개정) 경제자유구역의지정및운영에관한법률시행령중 다음과 같이 개정한다.

제21조중 "전체운용채널의"를 "운용하는 텔레비전방송채널·라디오방송채널 및 데이터방송채널별로 각각"으로 한다.

부칙 〈제19045호, 2005. 9. 14.〉 (공직선거법 시행령)

제1조 (시행일) 이 영은 공포한 날부터 시행한다.

제2조 (다른 법령의 개정) ①방송법시행령 일부를 다음과 같이 개정한다.

제21조의2제3호중 "공직선거및선거부정방지법"을 "「공직선거법」"으로 한다.

②및 ③생략

부칙 〈제19390호, 2006. 3. 10.〉

①(시행일) 이 영은 공포한 날부터 시행한다.

②(정보의 공개에 관한 적용례) 제65조의 개정규정은 이 영 시행 후 최초로 정보공개를 신청하는 것부터 적용한다.

③(지역사업권료 징수에 관한 경과조치) 법률 제7498호 방송법 일부개정법률 부칙 제2조의 규정에 의하여 종합유선방송사업자가 납부하여야 하는 지역사업권료의 징수에 관하여는 종전의 제13조의 규정에 의한다.

부칙 〈제19806호, 2006. 12. 29.〉 (국가재정법 시행령)

제1조 (시행일) 이 영은 2007년 1월 1일부터 시행한다.

제2조 내지 제4조 생략

제5조 (다른 법령의 개정) ①내지 ⑲생략

⑳방송법 시행령 일부를 다음과 같이 개정한다.

제37조중 "「예산회계법」"을 "「국가재정법」"으로 한다.

㉑내지 ㊷생략

제6조 생략

부칙 〈제20219호, 2007. 8. 7.〉

제1조 (시행일) 이 영은 공포한 날부터 시행한다.

제2조 (유효기간) 제53조제2항제2호마목 및 바목의 개정 규정은 2010년 12월 31일까지 효력을 가진다.

제3조 (청취자 참여프로그램의 편성비율에 관한 적용례) 제52조의2의 개정 규정은 2007년 9월 1일부터 적용한다.

제4조 (공익채널의 선정 및 운용에 관한 특례) 2007년도의 공익채

널은 제56조의2의 개정 규정에 불구하고 방송위원회규칙으로 정하는 일정에 따라 선정한다.
제5조 (지상파방송사업자의 방송채널사용사업 경영제한에 관한 경과조치) 이 영 시행 당시 제4조제3항제1호의 개정 규정에 적합하지 아니한 지상파방송사업자는 이 영 시행 후 6개월 이내에 개정 규정에 적합하게 하여야 한다.
제6조 (위성방송사업자의 라디오방송채널사용사업 경영제한에 관한 경과조치) 이 영 시행 당시 전체 라디오방송채널사용사업자수의 5분의 1을 초과하여 경영하고 있는 특정 위성방송사업자는 제4조제3항제2호의 개정 규정에도 불구하고 이 영 시행 당시 그가 경영하고 있는 라디오방송채널사용사업자수를 초과하지 아니하는 범위에서 라디오방송채널사용사업을 경영하여야 한다.
제7조 (전문편성 방송사업자의 부수적 편성 범위에 관한 경과조치) 이 영 시행 당시 전문편성을 행하는 방송사업자는 이 영 시행 후 3개월 이내에 제50조제5항의 개정 규정에 적합하게 하여야 한다.
제8조 (종합유선방송사업자 및 위성방송사업자의 채널임대 제한에 관한 경과조치) 이 영 시행 당시 제53조제2항제2호의 개정 규정에 적합하지 아니한 종합유선방송사업자 또는 위성방송사업자는 이 영 시행 후 6개월 이내에 개정 규정에 적합하게 하여야 한다.

부칙 〈제20323호, 2007. 10. 15.〉 (장애인복지법 시행령)
제1조 (시행일) 이 영은 공포한 날부터 시행한다.
제2조 (다른 법령의 개정) ① 부터 ④ 까지 생략
⑤ 방송법 시행령 일부를 다음과 같이 개정한다.
제52조제2호 중 "제11조 각호의 규정에 의한"을 "제14조 각 호에 따른"으로 한다.
⑥ 부터 ⑪ 까지 생략
제3조 생략

부칙 〈제20649호, 2008. 2. 22.〉
이 영은 공포한 날부터 시행한다.

부칙 〈제20672호, 2008. 2. 29.〉 (방송통신위원회와 그 소

속기관 직제)

제1조(시행일) 이 영은 공포한 날부터 시행한다.

제2조 부터 제5조까지 생략

제6조(다른 법령의 개정) ① 방송법 시행령 일부를 다음과 같이 개정한다.

제4조제4항제2호 각 목 외의 부분 중 "방송위원회가 행정구역 및 방송구역을 고려하여 정보통신부장관과 협의하여 고시하는"을 "방송통신위원회가 행정구역 및 방송구역을 고려하여 고시하는"으로 한다.

제5조를 다음과 같이 한다.

제5조(방송사업 등의 허가) ① 법 제9조제1항 및 제2항에 따라 지상파방송사업 · 위성방송사업 · 종합유선방송사업 · 중계유선방송사업을 하려는 자는 허가신청서에 다음 각 호의 서류를 첨부하여 방송통신위원회에 제출하여야 한다.

1. 신청인에 관한 사항을 기재한 서류
2. 사업계획서
3. 시설설치계획서

② 제1항에 따른 허가 신청은 다음 각 호의 기준에 따라 하여야 한다.

1. 지상파방송사업의 허가 신청은 방송유형별로 할 것
2. 위성방송사업의 허가 신청은 인공위성의 무선국별로 할 것. 이 경우 위성이동멀티미디어방송사업자가 행하는 위성방송의 난시청해소를 위하여 연주소를 갖추지 아니하고 개설하는 무선국의 허가절차는 「전파법 시행령」이 정하는 바에 따른다.
3. 종합유선방송사업과 중계유선방송사업의 허가 신청은 방송구역별로 할 것

③ 방송통신위원회는 제1항에 따른 허가신청서를 접수한 때에는 접수일부터 90일 이내에 법 제10조제1항 각 호의 사항 및 전파관계 법령이 정하는 사항을 심사하여 허가여부를 결정하고, 허가를 하는 경우에는 신청인에게 허가서를 내주어야 한다.

④ 종합유선방송사업 또는 중계유선방송사업을 하려는 자는 다음 각 호의 요건에 적합하여야 한다.

1. 시설설치계획이 법 제79조제1항에 따른 종합유선방송사업

또는 중계유선방송사업의 기술기준에 적합할 것

2. 수신자의 편의와 최소한의 방송품질을 보장할 것

3. 방송기술개발 및 시설의 고도화에 관한 정부시책에 부합할 것

⑤ 제1항부터 제4항까지의 허가에 필요한 구체적인 절차 및 방법은 방송통신위원회규칙으로 정한다.

제6조를 삭제한다.

제7조제1항 각 호 외의 부분 및 제2호 중 “방송위원회”를 각각 “방송통신위원회”로 하고, 같은 조 제2항 중 “방송위원회”를 “방송통신위원회”로, “정보통신부장관과의 협의를 거쳐 그 결과를”을 “그 결과를”로 하며, 같은 조 제3항 중 “방송위원회규칙”을 “방송통신위원회규칙”으로 한다.

제11조제1항 각 호 외의 부분 중 “방송위원회”를 “방송통신위원회”로 하고, 같은 조 제2항 중 “방송위원회”를 “방송통신위원회”로, “정보통신부장관과의 협의를 거쳐 승인여부를”을 “승인여부를”로 한다.

제13조를 다음과 같이 한다.

제13조(공동체라디오방송사업의 허가신청 등) ① 법 제9조제11항에 따라 공동체라디오방송사업을 하려는 자는 방송통신위원회규칙으로 정하는 허가신청서에 다음 각 호의 서류를 첨부하여 방송통신위원회에 제출하여야 한다.

1. 신청인에 관한 사항을 기재한 서류

2. 사업계획서

3. 시설설치계획서

② 방송통신위원회는 제1항에 따른 허가신청서를 접수하면 접수일부터 90일 이내에 법 제10조제1항 각 호의 사항 및 전파관계 법령이 정하는 사항을 심사하여 허가여부를 결정하고, 허가를 하는 경우에는 신청인에게 허가서를 내주어야 한다.

③ 제1항 및 제2항의 허가에 필요한 구체적인 절차 및 방법은 방송통신위원회규칙으로 정한다.

제15조의2제1항 각 호 외의 부분·제3항 본문 및 단서 중 “방송위원회”를 각각 “방송통신위원회”로 하고, 같은 조 제4항을 삭제하며, 같은 조 제6항 중 “방송위원회”를 “방송통신위원회”로 하고, 같은 조 제7항 중 “방송위원회규칙”을 “방송통신위원회규칙”으로 한다.

제16조제2항을 다음과 같이 하고, 같은 조 제3항 중 “방송위원

회"를 "방송통신위원회"로 하며, 같은 조 제4항 중 "정보통신부장관은"을 "방송통신위원회는"으로, "정보통신부령이 정하는 바에 의하여"를 "방송통신위원회 고시로 정하는 바에 따라"로 하고, 같은 조 제5항을 다음과 같이 한다.

② 법 제17조제1항에 따라 재허가를 받으려는 자는 허가유효기간 만료 6개월 전까지 방송통신위원회에 재허가를 신청하여야 한다.

⑤ 제2항에 따른 재허가의 절차에 관하여는 제5조 및 제6조를 준용하고, 제3항에 따른 재승인의 절차에 관하여는 제10조를 준용한다.

제17조제2항 중 "정보통신부장관 또는 방송위원회"를 "방송통신위원회"로 하고, 같은 조 제3항을 삭제한다.

제3장의 제목 "방송위원회"를 "방송통신위원회의 소속위원회 등"으로 한다.

제21조의3제3항 중 "방송위원회 위원장"을 "방송통신위원회 위원장"으로 하고, 같은 조 제4항 각 호 외의 부분 본문 중 "방송위원회 위원장"을 "방송통신위원회 위원장"으로 하며, "문화관광부장관 및 정보통신부장관이 추천하는 각 1명이"를 "문화체육관광부장관이 추천하는 1명이"로 하고, 같은 조 제6항 중 "방송위원회 위원장"을 "방송통신위원회 위원장"으로 하며, 같은 조 제7항 중 "방송위원회 규칙"을 "방송통신위원회규칙"으로 한다.

제39조제21호 중 "행정자치부장관이 방송위원회"를 "행정안전부장관이 방송통신위원회"로 한다.

제44조제1항제9호 중 "보건복지부"를 "보건복지가족부"로 하고, 같은 조 제4항 중 "정보통신부장관"을 "방송통신위원회"로 한다.

제62조제2항 및 제5항 중 "정보통신부장관에게"를 각각 "방송통신위원회에"로 한다.

제69조제2항 전단 중 "방송위원회 또는 정보통신부장관(이하 "부과권자"라 한다)은"을 "방송통신위원회(이하 "부과권자"라 한다)는"으로 하고, 같은 조 제4항 중 "방송위원회규칙 또는 정보통신부령"을 "방송통신위원회규칙"으로 한다.

제71조제3항 본문 중 "방송위원회 또는 정보통신부장관이"를 "방송통신위원회가"로 하고, 같은 조 제5항 중 "방송위원회 또는 정보통신부장관에게"를 "방송통신위원회에"로 한다.

제2조, 제8조제1항 각 호 외의 부분·제2항, 제9조제1항 각 호 외의 부분, 제10조제1항·제2항, 제21조의3제1항 각 호 외의 부분, 제22조제1항 전단·제2항·제3항·제4항 각 호 외의 부분 및 제3호·제5항·제6항, 제23조제1항·제2항, 제23조의2제2항 각 호 외의 부분, 제24조제1항·제2항, 제25조의3제1항·제2항, 제31조, 제39조제21호·제22호, 제44조제1항제10호, 제45조제2호, 제47조제5항, 제50조제5항 단서·제6항 각 호 외의 부분, 제53조제1항제2호나목 및 다목·제3항 전단, 제54조제1항 전단, 제55조제2항 전단·제3항제5호, 제56조제2항제4호 각 목 외의 부분, 제56조의2제1항 본문·제2항·제3항 각 호 외의 부분, 제57조제1항 각 호 외의 부분·제2항 각 호 외의 부분 본문 및 단서·제3항 각 호 외의 부분 본문·제4항부터 제6항까지, 제58조제1항부터 제4항까지, 제59조제3항 각 호 외의 부분 단서 및 제1호, 제60조의2제1항 본문·제2항 각 호 외의 부분, 제60조의3제1항제1호·제2항, 제60조의4제1항 각 호 외의 부분·제2항, 제60조의5제1항 각 호 외의 부분·제2항, 제60조의6제2항 전단, 제61조제1항 각 호 외의 부분·제3항 각 호 외의 부분·제5항·제6항, 제61조의3제3항 각 호 외의 부분·제4항·제5항·제6항 및 제64조제5항 중 "방송위원회"를 각각 "방송통신위원회"로 한다.

제21조제2항, 제21조의2제4호, 제68조제3항 전단 중 "방송위원회"를 각각 "방송통신심의위원회"로 한다.

제3조제2항 각 호 외의 부분·제4항제3호, 제8조제3항, 제22조제8항, 제25조의3제5항, 제50조제7항, 제51조제3항, 제52조제3호, 제53조제4항, 제55조제3항제2호, 제56조의2제5항, 제60조제2항제2호 및 제65조제5항 중 "방송위원회규칙"을 각각 "방송통신위원회규칙"으로 한다.

제12조제1항 각 호 외의 부분·제2항·제3항 중 "정보통신부장관"을 각각 "방송통신위원회"로 한다.

제12조제2항·제3항·제4항, 제62조제6항 및 제63조 중 "정보통신부령"을 각각 "방송통신위원회 고시"로 한다.

제20조, 제25조, 제62조제4항, 제68조제1항제1호·제2호부터 제5호까지·제8호부터 제13호까지 및 제71조제2항을 각각 삭제한다.

제25조의3제3항 중 "방송위원회 상임위원"을 각각 "방송통신위원

회 위원"으로 한다.

제57조제5항, 제58조제4항, 제59조제6항제3호 및 제68조제3항 전단 중 "문화관광부장관"을 각각 "문화체육관광부장관"으로 한다.

제62조제3항, 제66조 및 제68조제1항 각 호 외의 부분·제2항 각 호 외의 부분 전단 중 "정보통신부장관은"을 각각 "방송통신위원회는"으로 한다.

제67조제2항 단서, 제70조제2항 본문 및 제71조제1항 중 "방송위원회 또는 정보통신부장관은"을 각각 "방송통신위원회는"으로 한다.

별표 1 제2호 개별기준의 제10호 및 제12호 중 "정보통신부장관"을 각각 "방송통신위원회"로 하고, 같은 개별기준의 제11호 및 제13호 중 "방송위원회"를 각각 "방송통신위원회"로 한다.

별표 2를 삭제한다.

별표 4 제2호의3 가목 및 나목 중 "방송위원회"를 각각 "방송통신심의위원회"로 하고, 같은 표 제24호, 제27호 각 목 외의 부분 및 가목·나목 중 "방송위원회"를 각각 "방송통신위원회"로 한다.

별표 5 제7호 및 제9호 중 "정보통신부장관"을 각각 "방송통신위원회"로 하고, 제8호 및 제10호 중 "방송위원회"를 각각 "방송통신위원회"로 한다.

② 및 ③ 생략

부칙 〈제20896호, 2008. 7. 3.〉 (방송통신위원회와 그 소속기관 직제)

제1조(시행일) 이 영은 공포한 날부터 시행한다.

제2조(다른 법령의 개정) ① 방송법 시행령 일부를 다음과 같이 개정한다.

제68조제1항 각 호 외의 부분 중 "체신청장"을 "중앙전파관리소장"으로 하고, 같은 조 제2항 중 "관할체신청장"을 "중앙전파관리소장"으로 한다.

② 부터 ⑥ 까지 생략

부칙 〈제20947호, 2008. 7. 29.〉 (자본시장과 금융투자업에 관한 법률 시행령)

제1조(시행일) 이 영은 2009년 2월 4일부터 시행한다. 〈단서 생략〉

제2조 부터 제25조까지 생략
제26조(다른 법령의 개정) ① 부터 ㊻ 까지 생략
㊼ 방송법 시행령 일부를 다음과 같이 개정한다.
제15조의2제1항제1호가목 중 "「증권거래법」 제194조"를 "「자본시장과 금융투자업에 관한 법률」 제166조"로 한다.
㊽ 부터 〈113〉 까지 생략
제27조 및 제28조 생략

부칙 〈제21236호, 2008. 12. 31.〉
이 영은 공포한 날부터 시행한다.

부칙 〈제22002호, 2010. 1. 26.〉
제1조(시행일) 이 영은 공포한 날부터 시행한다.
제2조(허가ㆍ승인의 유효기간에 관한 경과조치) 이 영 시행 당시 종전의 규정에 따라 방송사업 등의 허가 또는 승인을 받은 자의 허가 또는 승인에 관한 유효기간은 제16조제1항의 개정규정에도 불구하고 종전의 규정에 따른다.

부칙 〈제22075호, 2010. 3. 15.〉 (보건복지부와 그 소속기관 직제)
제1조(시행일) 이 영은 2010년 3월 19일부터 시행한다. 〈단서 생략〉
제2조(다른 법령의 개정) ① 부터 〈65〉 까지 생략
〈66〉 방송법 시행령 일부를 다음과 같이 개정한다.
제44조제1항제9호 중 "보건복지가족부"를 "보건복지부"로 한다.
〈67〉 부터 〈187〉 까지 생략

부칙 〈제22422호, 2010. 10. 1.〉
제1조(시행일) 이 영은 공포한 날부터 시행한다.
제2조(권한 위임에 따른 경과조치) 이 영 시행 당시 법 제108조제1항제4호ㆍ제8호ㆍ제9호ㆍ제10호ㆍ제17호 및 제18호에 따른 과태료 부과절차가 진행 중인 경우에는 제68조제1항제4호의 개정규정에도 불구하고 종전의 규정에 따른다.

부칙 〈제22550호, 2010. 12. 27.〉 (방송통신발전 기본법 시행령)
제1조(시행일) 이 영은 공포한 날부터 시행한다. 다만, · · · 〈생략〉 부칙 · · · 〈생략〉 · · · 제6조제1항 · 제2항 · 제6항(제22조 · 제23조 · 제23조의2 및 제24조의 개정규정만 해당한다)의 규정은 2011년 1월 1일부터 시행한다.
제2조 부터 제5조까지 생략
제6조(다른 법령의 개정) ①부터 ⑤까지 생략
⑥ 방송법 시행령 일부를 다음과 같이 개정한다.
제22조 · 제23조 · 제23조의2 및 제24조를 각각 삭제한다.
제52조제1호를 다음과 같이 한다.
1. 「방송통신발전 기본법」 제40조에 따른 재난방송프로그램
제60조의2를 삭제한다.
별표 4 제11호의2란을 삭제한다.
⑦ 및 ⑧ 생략

부칙 〈제23087호, 2011. 8. 19.〉
이 영은 공포한 날부터 시행한다.

부칙 〈제23215호, 2011. 10. 10.〉 (옥외광고물 등 관리법 시행령)
제1조(시행일) 이 영은 공포한 날부터 시행한다.
제2조 및 제3조 생략
제4조(다른 법령의 개정) ① 생략
② 방송법 시행령 일부를 다음과 같이 개정한다.
제59조제3항제2호 중 "「옥외광고물 등 관리법 시행령」 제31조제4항제3호"를 "「옥외광고물 등 관리법 시행령」 제14조제4항제2호"로 한다.
③ 생략
제5조 생략

부칙 〈제23223호, 2011. 10. 14.〉
이 영은 2011년 10월 15일부터 시행한다.

부칙 〈제23345호, 2011. 12. 2.〉

이 영은 「대한민국과 미합중국 간의 자유무역협정」이 발효하는 날부터 시행한다.

부칙 〈제23356호, 2011. 12. 8.〉 (영유아보육법 시행령)

제1조(시행일) 이 영은 2011년 12월 8일부터 시행한다. 〈단서 생략〉

제2조(다른 법령의 개정) ①부터 ㉑까지 생략

㉒ 방송법 시행령 일부를 다음과 같이 개정한다.

제39조제11호 중 "보육시설"을 "어린이집"으로 한다.

㉓부터 〈54〉까지 생략

부칙 〈제23488호, 2012. 1. 6.〉 (민감정보 및 고유식별정보 처리 근거 마련을 위한 과세자료의 제출 및 관리에 관한 법률 시행령 등 일부개정령)

제1조(시행일) 이 영은 공포한 날부터 시행한다. 〈단서 생략〉

제2조 생략

부칙 〈제23514호, 2012. 1. 13.〉

제1조(시행일) 이 영은 2012년 1월 15일부터 시행한다.

제2조(다른 법령의 개정) 인터넷 멀티미디어 방송사업법 시행령 일부를 다음과 같이 개정한다.

제9조와 제10조를 각각 삭제한다.

부칙 〈제23644호, 2012. 2. 29.〉 (대학교원 자격기준 등에 관한 규정)

제1조(시행일) 이 영은 공포한 날부터 시행한다. 다만, · · · 〈생략〉 · · · 부칙 제2조 및 제3조의 개정규정은 2012년 7월 22일부터 시행한다.

제2조 생략

제3조(다른 법령의 개정) ①부터 ㉝까지 생략

㉞ 방송법 시행령 일부를 다음과 같이 개정한다.

제22조제2항제1호 중 "5년 이상(전임강사로 재직한 기간을 포함한다)"을 "5년 이상"으로 한다.

㉟부터 〈69〉까지 생략
제4조 생략

부칙 〈제23885호, 2012. 6. 27.〉 (국가유공자 등 예우 및 지원에 관한 법률 시행령)
제1조(시행일) 이 영은 2012년 7월 1일부터 시행한다.
제2조 부터 제12조까지 생략
제13조(다른 법령의 개정) ①부터 ④까지 생략
⑤ 방송법 시행령 일부를 다음과 같이 개정한다.
제44조제1항제2호 중 "「국가유공자 등 예우 및 지원에 관한 법률」에 의하여 등록된 국가유공자중 같은 법 제4조제1항제2호 · 제4호 · 제6호 · 제11호 · 제14호 및 제16호"를 "「국가유공자 등 예우 및 지원에 관한 법률」에 의하여 등록된 국가유공자중 같은 법 제4조제1항제2호 · 제4호 · 제6호 · 제12호 · 제15호 및 제17호"로 한다.
제14조 생략

부칙 〈제23958호, 2012. 7. 17.〉
제1조(시행일) 이 영은 2012년 7월 18일부터 시행한다.
제2조(국내 제작 애니메이션의 신규 편성에 관한 경과조치) 국내 제작 애니메이션의 신규 편성에 관하여 2012년 12월 31일까지는 제57조의 개정규정에도 불구하고 종전의 규정에 따른다.

부칙 〈제24012호, 2012. 7. 31.〉 (방송통신발전 기본법 시행령)
제1조(시행일) 이 영은 공포한 날부터 시행한다.
제2조 생략
제3조(다른 법령의 개정) ① 방송법 시행령 일부를 다음과 같이 개정한다.
제52조제1항제1호 중 "재난방송프로그램"을 "재난방송 또는 민방위경보방송 프로그램"으로 한다.
② 생략

부칙 〈제24477호, 2013. 3. 23.〉

제1조(시행일) 이 영은 공포한 날부터 시행한다.
제2조(방송통신위원회규칙에 관한 경과조치) 이 영 시행 전에 종전의 제3조제4항제3호에 따라 정한 방송통신위원회규칙은 제3조제4항제3호의 개정규정에 따라 미래창조과학부와 방송통신위원회가 협의하여 정한 방송통신위원회규칙으로 본다.

부칙 〈제24697호, 2013. 8. 27.〉 (자본시장과 금융투자업에 관한 법률 시행령)
제1조(시행일) 이 영은 2013년 8월 29일부터 시행한다. 〈단서 생략〉
제2조 부터 제11조까지 생략
제12조(다른 법령의 개정) ①부터 ⑫까지 생략
⑬ 방송법 시행령 일부를 다음과 같이 개정한다.
제15조의2제1항제1호나목 중 "유가증권시장 또는 코스닥시장에서 주식을 취득"을 "「자본시장과 금융투자업에 관한 법률」에 따른 증권시장에서 주식을 취득(다자간매매체결회사에서의 취득을 포함한다)"으로 한다.
⑭부터 ㉟까지 생략
제13조 생략

부칙 〈제24763호, 2013. 9. 26.〉
이 영은 공포한 날부터 시행한다.

부칙 〈제25050호, 2013. 12. 30.〉 (행정규제기본법 개정에 따른 규제 재검토기한 설정을 위한 주택법 시행령 등 일부개정령)
이 영은 2014년 1월 1일부터 시행한다. 〈단서 생략〉

부칙 〈제25134호, 2014. 2. 5.〉
이 영은 공포한 날부터 시행한다.

부칙 〈제25532호, 2014. 8. 6.〉 (민감정보 및 고유식별정보 처리 근거 마련을 위한 공공기관의 운영에 관한 법률 시행령 등 일부개정령)

이 영은 2014년 8월 7일부터 시행한다.

부칙 〈제25579호, 2014. 8. 27.〉
이 영은 2014년 8월 29일부터 시행한다.

부칙 〈제25751호, 2014. 11. 19.〉 (행정자치부와 그 소속기관 직제)
제1조(시행일) 이 영은 공포한 날부터 시행한다. 다만, 부칙 제5조에 따라 개정되는 대통령령 중 이 영 시행 전에 공포되었으나 시행일이 도래하지 아니한 대통령령을 개정한 부분은 각각 해당 대통령령의 시행일부터 시행한다.
제2조 부터 제4조까지 생략
제5조(다른 법령의 개정) ①부터 〈394〉까지 생략
〈395〉 방송법 시행령 일부를 다음과 같이 개정한다.
제39조제21호 중 "안전행정부장관"을 "국민안전처장관"으로 한다.
〈396〉부터 〈418〉까지 생략

부칙 〈제25768호, 2014. 11. 24.〉
제1조(시행일) 이 영은 2014년 11월 29일부터 시행한다. 다만, 제68조제4항의 개정규정은 법률 제12677호 방송법 일부개정법률 부칙 제2조제3항에 따라 시청자미디어센터의 설립등기가 완료된 날부터 시행한다.
제2조(방송프로그램의 편성 비율에 관한 적용례) 제50조제6항 각 호의 개정규정은 이 영 시행일이 속하는 분기부터 적용한다.

부칙 〈제25815호, 2014. 12. 3.〉 (지역방송발전지원 특별법 시행령)
제1조(시행일) 이 영은 2014년 12월 4일부터 시행한다.
제2조(다른 법령의 개정) 방송법 시행령 일부를 다음과 같이 개정한다.
제3장의2(제25조의2 및 제25조의3)를 삭제한다.

부칙 〈제25840호, 2014. 12. 9.〉 (규제 재검토기한 설정 등 규제정비를 위한 건축법 시행령 등 일부개정령)

제1조(시행일) 이 영은 2015년 1월 1일부터 시행한다.
제2조 부터 제16조까지 생략

부칙 〈제26422호, 2015. 7. 20.〉
이 영은 공포 후 2개월이 경과한 날부터 시행한다.

부칙 〈제26519호, 2015. 9. 11.〉
이 영은 공포한 날부터 시행한다. 다만, 제2조 및 별표 4 제6호의 개정규정은 2015년 9월 14일부터 시행하고, 제4조제7항제3호 및 제4조의2부터 제4조의4까지의 개정규정은 2015년 9월 23일부터 시행한다.

부칙 〈제26659호, 2015. 11. 20.〉 (의무경찰대 설치 및 운영에 관한 법률 시행령)
제1조(시행일) 이 영은 2016년 1월 25일부터 시행한다. 〈단서 생략〉
제2조 생략
제3조(다른 법령의 개정) ①부터 ⑭까지 생략
⑮ 방송법 시행령 일부를 다음과 같이 개정한다.
제39조제7호 중 "전투경찰대"를 "의무경찰대"로 한다.
⑯부터 ㉘까지 생략
제4조 생략

부칙 〈제26683호, 2015. 11. 30.〉 (기준 중위소득 도입 및 맞춤형 급여체계 개편에 따른 고등교육법 시행령 등 일부개정령)
제1조(시행일) 이 영은 2016년 1월 1일부터 시행한다.
제2조 생략

부칙 〈제26850호, 2015. 12. 31.〉
이 영은 공포한 날부터 시행한다.

부칙 〈제27113호, 2016. 4. 28.〉 (보조금 관리에 관한 법률 시행령)
제1조(시행일) 이 영은 2016년 4월 29일부터 시행한다. 〈단서 생략〉

제2조 부터 제4조까지 생략
제5조(다른 법령의 개정) ①부터 ⑤까지 생략
⑥ 방송법 시행령 일부를 다음과 같이 개정한다.
제37조 중 "「보조금의 예산 및 관리에 관한 법률」"을 "「보조금 관리에 관한 법률」"로 한다.
⑦부터 ⑰까지 생략
제6조 생략

부칙 〈제27182호, 2016. 5. 27.〉
이 영은 공포한 날부터 시행한다. 다만, 제68조제1항제1호의3 · 제4호 및 별표 4의 개정규정은 2016년 5월 29일부터 시행한다.

부칙 〈제27246호, 2016. 6. 21.〉
제1조(시행일) 이 영은 2016년 6월 23일부터 시행한다. 다만, 제66조의2부터 제66조의4까지의 개정규정은 공포한 날부터 시행한다.
제2조(다른 법령의 개정) 방송통신위원회 직제 일부를 다음과 같이 개정한다.
제6조제7항제22호 중 "시청자미디어센터"를 "시청자미디어재단"으로 한다.

부칙 〈제27299호, 2016. 6. 30.〉 (행정규제 정비를 위한 개발제한구역의 지정 및 관리에 관한 특별조치법 시행령 등 일부개정령)
제1조(시행일) 이 영은 2016년 7월 1일부터 시행한다. 〈단서 생략〉
제2조 부터 제15조까지 생략

부칙 〈제27323호, 2016. 7. 6.〉 (옥외광고물 등의 관리와 옥외광고산업 진흥에 관한 법률 시행령)
제1조(시행일) 이 영은 2016년 7월 7일부터 시행한다.
제2조 생략
제3조(다른 법령의 개정) ①부터 ⑨까지 생략
⑩ 방송법 시행령 일부를 다음과 같이 개정한다.
제59조제3항제2호 중 "「옥외광고물 등 관리법 시행령」"을 "「옥외광고물 등의 관리와 옥외광고산업 진흥에 관한 법률 시행령」"으로

한다.

⑪부터 ⑯까지 생략

제4조 생략

부칙 〈제27396호, 2016. 7. 26.〉

이 영은 2016년 7월 28일부터 시행한다.

부칙 〈제27427호, 2016. 8. 2.〉 (한국수화언어법 시행령)

제1조(시행일) 이 영은 2016년 8월 4일부터 시행한다.

제2조(다른 법령의 개정) ① 및 ② 생략

③ 방송법 시행령 일부를 다음과 같이 개정한다.

제52조제1항 각 호 외의 부분 본문 중 "수화"를 "한국수어"로 한다.

④부터 ⑩까지 생략

부칙 〈제27751호, 2016. 12. 30.〉 (규제 재검토기한 설정 등을 위한 가맹사업거래의 공정화에 관한 법률 시행령 등 일부개정령)

제1조(시행일) 이 영은 2017년 1월 1일부터 시행한다. 〈단서 생략〉

제2조 부터 제12조까지 생략

부칙 〈제28210호, 2017. 7. 26.〉 (과학기술정보통신부와 그 소속기관 직제)

제1조(시행일) 이 영은 공포한 날부터 시행한다.

제2조 부터 제5조까지 생략

제6조(다른 법령의 개정) ①부터 ㉑까지 생략

㉒ 방송법 시행령 일부를 다음과 같이 개정한다.

제3조제4항제3호, 제12조제4항·제5항, 제16조제5항, 제62조제6항 및 제63조 중 "미래창조과학부"를 각각 "과학기술정보통신부"로 한다.

제4조의3제1항부터 제5항까지, 같은 조 제7항·제8항, 같은 조 제9항 전단, 제5조제1항 각 호 외의 부분, 같은 조 제3항, 제7조제1항 각 호 외의 부분, 같은 항 제2호, 같은 조 제2항, 제8조제1항 각 호 외의 부분, 같은 조 제2항, 제9조제1항 각 호 외의 부분, 제10조제1항 각 호 외의 부분, 같은 조 제2항, 제11조제1항 각 호

외의 부분, 같은 조 제2항, 제12조제1항 각 호 외의 부분, 같은 조 제3항ㆍ제4항, 제13조의4제1항, 같은 조 제2항 각 호 외의 부분, 같은 조 제3항ㆍ제4항, 제15조의2제1항 각 호 외의 부분, 같은 조 제3항 본문ㆍ단서, 같은 조 제6항, 제16조제2항부터 제5항까지, 제17조제2항, 같은 조 제3항 각 호 외의 부분, 같은 조 제4항ㆍ제5항, 제50조제5항제1호, 같은 조 제8항제1호, 제53조제3항제1호, 제54조제1항 전단, 같은 조 제3항, 제55조제2항 전단, 같은 조 제3항제5호, 제61조제1항 각 호 외의 부분, 같은 조 제3항 각 호 외의 부분, 같은 조 제5항ㆍ제6항, 제61조의3제2항제1호나목 단서, 같은 조 제3항 각 호 외의 부분, 같은 조 제4항부터 제6항까지, 제62조제2항ㆍ제3항ㆍ제5항, 제66조, 제66조의4제1항 각 호 외의 부분, 제67조제2항 단서, 제68조제1항 각 호 외의 부분, 같은 조 제2항 각 호 외의 부분 전단, 제68조의2제2항, 제71조제1항, 같은 조 제3항 본문 및 같은 조 제5항 중 “미래창조과학부장관”을 각각 “과학기술정보통신부장관”으로 한다.

제5조제5항, 제7조제3항, 제8조3항, 제10조제3항, 제13조의4제1항, 제15조의2제7항, 제50조제7항, 제53조제4항, 제55조제3항제2호 및 제61조제1항 각 호 외의 부분 중 “미래창조과학부령”을 각각 “과학기술정보통신부령”으로 한다.

제39조제21호 중 “국민안전처장관”을 “행정안전부장관”으로 한다.

별표 1의2 제2호파목의 위반행위란, 별표 5 Ⅰ의 제1호 본문, 같은 Ⅰ 제2호 파목의 위반행위란 및 같은 호 하목의 위반행위란 중 “미래창조과학부장관”을 각각 “과학기술정보통신부장관”으로 한다.

㉓부터 〈70〉까지 생략

부칙 〈제28281호, 2017. 9. 5.〉

이 영은 2017년 9월 15일부터 시행한다.

부칙 〈제28463호, 2017. 12. 12.〉

제1조(시행일) 이 영은 공포 후 6개월이 경과한 날부터 시행한다. 다만, 제5조제2항제3호의 개정규정은 2019년 1월 1일부터 시행한다.

제2조(종합유선방송사업 허가 신청 기준의 변경에 관한 특례) ① 부칙 제1조 단서에 따른 시행일 전에 종전의 제5조제2항제3호에 따라

2개 이상의 방송구역별로 종합유선방송사업 허가를 받은 법인은 제5조제2항제3호의 개정규정에 따라 해당 법인에 대한 허가를 받은 것으로 본다.

② 제1항에 따라 허가를 받은 것으로 보는 법인의 종합유선방송사업 허가의 유효기간은 종전의 제5조제2항제3호에 따라 허가받은 방송구역별 허가의 유효기간 만료일 중 2019년 1월 1일 이후 최초로 도래하는 유효기간 만료일까지로 한다.

제3조(변경허가 사항에 관한 경과조치) 이 영 시행 전에 종전의 제15조제2호에 따라 신청한 변경허가에 대해서는 제15조제2호의 개정규정에도 불구하고 종전의 규정에 따른다.

부칙 〈제28656호, 2018. 2. 13.〉

제1조(시행일) 이 영은 공포한 날부터 시행한다.

제2조(공익채널 선정의 유효기간에 관한 경과조치) 이 영 시행 당시 종전의 제56조의2제3항에 따라 공익채널로 선정된 자의 공익채널 선정의 유효기간은 제56조의2제6항의 개정규정에도 불구하고 종전의 규정에 따른다.

부칙 〈제29155호, 2018. 9. 11.〉

이 영은 2018년 9월 14일부터 시행한다. 다만, 제17조의 개정규정은 공포한 날부터 시행한다.

부칙 〈제29192호, 2018. 9. 28.〉 (방송통신위원회와 그 소속기관 직제)

제1조(시행일) 이 영은 공포한 날부터 시행한다.

제2조 생략

제3조(다른 법령의 개정) ① 방송법 시행령 일부를 다음과 같이 개정한다.

제68조제3항을 삭제한다.

② 및 ③ 생략

부칙 〈제29269호, 2018. 10. 30.〉 (주식회사 등의 외부감사에 관한 법률 시행령)

제1조(시행일) 이 영은 2018년 11월 1일부터 시행한다.
제2조 부터 제9조까지 생략
제10조(다른 법령의 개정) ①부터 ⑯까지 생략
⑰ 방송법 시행령 일부를 다음과 같이 개정한다.
제4조제2항제2호 중 “「주식회사 외부감사에 관한 법률」 제3조제1항”을 “「주식회사 등의 외부감사에 관한 법률」 제2조제7호”로 하고, 같은 항 제3호 중 “「주식회사 외부감사에 관한 법률」 제2조”를 “「주식회사 등의 외부감사에 관한 법률」 제2조제1호”로 한다.
제66조의2제2항제2호 본문 중 “「주식회사의 외부감사에 관한 법률」”을 “「주식회사 등의 외부감사에 관한 법률」”로 하고, 같은 호 단서 중 “같은 법 제2조 각 호 외의 부분 단서”를 “같은 법 제4조제2항”으로 한다.
⑱부터 〈51〉까지 생략
제11조 생략

부칙 〈제29420호, 2018. 12. 24.〉
이 영은 공포 후 6개월이 경과한 날부터 시행한다.

부칙 〈제29683호, 2019. 4. 9.〉
제1조(시행일) 이 영은 공포 후 3개월이 경과한 날부터 시행한다.
제2조(수신료의 가산금 징수에 관한 적용례) 제47조제1항의 개정규정은 이 영 시행 이후 수신료의 납부기한이 경과하는 경우부터 적용한다.

부칙 〈제29926호, 2019. 6. 25.〉
이 영은 2019년 6월 25일부터 시행한다.

부칙 〈제30236호, 2019. 12. 10.〉
이 영은 공포 후 3개월이 경과한 날부터 시행한다. 다만, 제53조제1항제2호나목, 같은 항 제3호라목 및 제68조제1항제3호의4의 개정규정은 공포한 날부터 시행한다.

부칙 〈제30509호, 2020. 3. 3.〉 (규제 재검토기한 해제 등

을 위한 144개 대통령령의 일부개정에 관한 대통령령)
이 영은 공포한 날부터 시행한다.

부칙 〈제30757호, 2020. 6. 9.〉
이 영은 2020년 6월 11일부터 시행한다.

부칙 〈제31380호, 2021. 1. 5.〉 (어려운 법령용어 정비를 위한 473개 법령의 일부개정에 관한 대통령령)
이 영은 공포한 날부터 시행한다. 〈단서 생략〉

부칙 〈제31445호, 2021. 2. 17.〉 (부가가치세법 시행령)
제1조(시행일) 이 영은 공포한 날부터 시행한다. 〈단서 생략〉
제2조 부터 제20조까지 생략
제21조(다른 법령의 개정) ① 생략
② 방송법 시행령 일부를 다음과 같이 개정한다.
제17조제2항제2호가목 중 "「부가가치세법」 제8조제7항"을 "「부가가치세법」 제8조제8항"으로 한다.
③부터 ⑩까지 생략

부칙 〈제31614호, 2021. 4. 6.〉 (5·18민주유공자예우 및 단체설립에 관한 법률 시행령)
제1조(시행일) 이 영은 2021년 4월 6일부터 시행한다.
제2조(다른 법령의 개정) ①부터 ⑪까지 생략
⑫ 방송법 시행령 일부를 다음과 같이 개정한다.
제44조제1항제4호 중 "「5·18민주유공자예우에 관한 법률」"을 "「5·18민주유공자예우 및 단체설립에 관한 법률」"로 한다.
⑬부터 ㊱까지 생략
제3조 생략

부칙 〈제31658호, 2021. 4. 30.〉
제1조(시행일) 이 영은 공포 후 2개월이 경과한 날부터 시행한다. 다만, 제50조 및 제57조제1항·제5항의 개정규정은 2022년 1월 1일부터 시행하고, 같은 조 제4항의 개정규정은 공포한 날부터 시행

한다.
제2조(과태료에 관한 경과조치) 이 영 시행 전에 제59조의2제5항에 따른 세부기준을 위반하여 가상광고를 한 행위에 대하여 과태료를 부과할 때에는 별표 4 제2호거목4)의 개정규정에도 불구하고 별표 4 제2호거목2)에 따른다.

부칙 〈제32014호, 2021. 9. 24.〉 (행정기본법 시행령)
제1조(시행일) 이 영은 공포한 날부터 시행한다. 〈단서 생략〉
제2조(다른 법령의 개정) ①부터 ⑫까지 생략
⑬ 방송법 시행령 일부를 다음과 같이 개정한다.
제71조제6항을 삭제한다.
⑭부터 ㊱까지 생략

부칙 〈제32198호, 2021. 12. 9.〉
제1조(시행일) 이 영은 공포한 날부터 시행한다. 다만, 제68조제2항 및 제3항의 개정규정은 2021년 12월 9일부터 시행한다.
제2조(과징금 부과기준에 관한 경과조치) 별표 5 Ⅲ 제1호나목1)의 개정규정에도 불구하고 이 영 시행 전의 법 제85조의2제1항 각 호의 위반행위에 대하여 같은 조 제3항에 따라 과징금을 부과하는 경우의 기준에 관하여는 종전의 규정에 따른다.

부칙 〈제32274호, 2021. 12. 28.〉 (독점규제 및 공정거래에 관한 법률 시행령)
제1조(시행일) 이 영은 2021년 12월 30일부터 시행한다.
제2조 부터 제12조까지 생략
제13조(다른 법령의 개정) ①부터 ㉞까지 생략
㉟ 방송법 시행령 일부를 다음과 같이 개정한다.
제3조제1항제2호나목 중 "「독점규제 및 공정거래에 관한 법률」 제2조제3호"를 "「독점규제 및 공정거래에 관한 법률」 제2조제12호"로 한다.
제4조제1항 중 "「독점규제 및 공정거래에 관한 법률」 제2조제2호 및 제3호"를 "「독점규제 및 공정거래에 관한 법률」 제2조제11호 및 제12호"로, "같은 법 제14조"를 "같은 법 제31조"로 한다.

㊱부터 〈68〉까지 생략
제14조 생략

부칙 〈제32595호, 2022. 4. 19.〉
이 영은 2022년 4월 20일부터 시행한다.

부칙 〈제32723호, 2022. 6. 28.〉
제1조(시행일) 이 영은 2022년 7월 12일부터 시행한다. 다만, 제66조의2부터 제66조의6까지의 개정규정은 2022년 6월 29일부터 시행한다.
제2조(다른 법령의 개정) 인터넷 멀티미디어 방송사업법 시행령 일부를 다음과 같이 개정한다.
제20조제1항 본문 중 “제66조의2”를 “제66조의4”로 한다.

부칙 〈제32869호, 2022. 8. 16.〉
이 영은 공포한 날부터 시행한다.

부칙 〈제32963호, 2022. 10. 25.〉
이 영은 공포한 날부터 시행한다.

부칙 〈제33040호, 2022. 12. 9.〉
이 영은 2022년 12월 11일부터 시행한다.

부칙 〈제33321호, 2023. 3. 7.〉 (규제 재검토기한 정비를 위한 55개 법령의 일부개정에 관한 대통령령)
이 영은 공포한 날부터 시행한다.

부칙 〈제33634호, 2023. 7. 12.〉
이 영은 공포한 날부터 시행한다.

부칙 〈제33913호, 2023. 12. 12.〉 (행정법제 혁신을 위한 가덕도신공항 건설을 위한 특별법 시행령 등 123개 법령의 일부개정에 관한 대통령령)

이 영은 공포한 날부터 시행한다.

부칙 〈제34533호, 2024. 5. 28.〉 (한시적 규제유예 등 민생경제 활력 제고를 위한 32개 법령의 일부개정에 관한 대통령령)

제1조(시행일) 이 영은 공포한 날부터 시행한다. 〈단서 생략〉

제2조 부터 제6조까지 생략

부칙 〈제34701호, 2024. 7. 16.〉

이 영은 2024년 7월 24일부터 시행한다.

부칙 〈제35132호, 2024. 12. 31.〉

이 영은 공포한 날부터 시행한다.

부칙 〈제35228호, 2025. 1. 21.〉 (법인 등기규정 정비를 위한 78개 법령의 일부개정에 관한 대통령령)

이 영은 2025년 1월 31일부터 시행한다.

부칙 〈제35454호, 2025. 4. 22.〉

이 영은 2025년 4월 23일부터 시행한다.

부칙 〈제35810호, 2025. 10. 1.〉 (방송미디어통신위원회와 그 소속기관 직제)

제1조(시행일) 이 영은 공포한 날부터 시행한다.

제2조 부터 제4조까지 생략

제5조(다른 법령의 개정) ① 생략

② 방송법 시행령 일부를 다음과 같이 개정한다.

제3조제2항 각 호 외의 부분, 제13조제1항 각 호 외의 부분, 같은 조 제3항, 제21조의5제7항, 제22조제10항, 제51조제3항, 제52조제1항제3호, 제65조제5항 및 제65조의6제5항 중 “방송통신위원회규칙”을 “방송미디어통신위원회규칙”으로 한다.

제3조제4항제3호 중 “과학기술정보통신부와 방송통신위원회가 협의하여 방송통신위원회규칙”을 “방송미디어통신위원회규칙”으로 한다.

제4조제2항 각 호 외의 부분, 같은 항 제4호, 같은 조 제3항, 같은 조 제4항 후단, 같은 조 제7항제2호 각 목 외의 부분, 제13조제1항 각 호 외의 부분, 제13조제2항, 제16조제5항, 제21조의3제1항·제3항·제5항, 제21조의4제3호, 제21조의5제2항, 같은 조 제3항 각 호 외의 부분, 같은 조 제5항, 제22조제1항제3호, 같은 조 제2항 각 호 외의 부분, 같은 조 제3항·제6항, 제31조, 제39조제20호·제23호, 제44조제1항제12호, 같은 조 제4항, 제45조제1항제2호, 제47조제5항, 제50조제6항 각 호 외의 부분, 제52조제1항 각 호 외의 부분 단서, 같은 조 제2항제3호, 같은 조 제3항 전단·후단, 제52조의3제1항제1호 단서, 같은 조 제2항제4호가목·나목, 제52조의4제3항 전단, 제52조의5제1항제3호, 제52조의6제1항제4호, 같은 조 제2항 본문·단서, 제52조의7제3호 본문·단서, 제53조제1항제2호다목, 같은 조 제3항 전단, 제54조제1항 전단, 제56조의2제1항 본문, 같은 조 제2항부터 제4항까지, 같은 조 제5항 각 호 외의 부분, 같은 조 제7항, 제57조제1항 각 호 외의 부분, 같은 조 제2항 각 호 외의 부분 본문·단서, 같은 조 제4항 각 호 외의 부분 본문, 같은 조 제5항부터 제8항까지, 제58조제1항, 같은 조 제3항부터 제5항까지, 제59조제2항제1호가목, 같은 호 다목3), 같은 호 마목 전단, 같은 조 제3항 각 호 외의 부분 단서, 같은 항 제1호, 같은 조 제5항, 제59조의2제5항, 제59조의4제4항, 제60조제1항제3호 각 목 외의 부분 단서, 제60조의3제1항, 제60조의4제1항 각 호 외의 부분, 같은 조 제2항, 제60조의5제1항 각 호 외의 부분, 같은 조 제2항, 제63조의4제1항, 같은 조 제2항 각 호 외의 부분, 같은 조 제3항 본문·단서, 제64조제5항, 제66조의3제2항 각 호 외의 부분, 같은 조 제3항, 제66조의5 각 호 외의 부분, 제68조제2항 각 호 외의 부분, 같은 항 제1호·제2호 및 제68조의2 중 "방송통신위원회"를 각각 "방송미디어통신위원회"로 한다.

제4조의3제1항·제8항, 제7조제1항 각 호 외의 부분, 제8조제1항 각 호 외의 부분, 제8조의2제1항 각 호 외의 부분, 제9조제1항 각 호 외의 부분, 제10조제1항 각 호 외의 부분, 제11조제1항 각 호 외의 부분, 제12조제1항 각 호 외의 부분, 같은 조 제4항, 제15조제1항 각 호 외의 부분, 제15조의2제6항, 제60조의6제1항 각 호 외의 부분, 같은 조 제4항 각 호 외의 부분, 제61조제1항 각 호 외

의 부분, 제61조의3제3항 각 호 외의 부분, 제62조제5항 및 제65조의3제3항 본문·단서 중 "과학기술정보통신부장관에게"를 각각 "방송미디어통신위원회에"로 한다.

제4조의3제2항·제4항·제7항, 같은 조 제9항 전단, 제7조제2항, 제8조제2항, 제8조의2제2항, 제11조제2항, 제12조제3항, 제15조제2항·제5항, 제17조제2항 각 호 외의 부분 본문, 제60조의6제2항·제5항, 제61조제3항 각 호 외의 부분, 같은 조 제5항·제6항, 제61조의3제4항부터 제6항까지, 제65조의3제1항 각 호 외의 부분, 같은 조 제2항 각 호 외의 부분, 같은 조 제4항·제5항, 제68조제1항 각 호 외의 부분 및 같은 조 제3항 전단 중 "과학기술정보통신부장관은"을 각각 "방송미디어통신위원회는"으로 한다.

제4조의3제3항·제5항, 제7조제1항제2호, 제54조제1항 전단, 제60조의6제3항, 제61조의3제2항제1호나목 단서, 제65조의3제1항제3호, 같은 조 제2항제3호 및 같은 조 제6항 중 "과학기술정보통신부장관이"를 각각 "방송미디어통신위원회가"로 한다.

제5조제1항 각 호 외의 부분을 다음과 같이 한다.

법 제9조제1항 및 제2항에 따라 지상파방송사업·위성방송사업·종합유선방송사업·중계유선방송사업을 하려는 자는 허가신청서에 다음 각 호의 서류를 첨부하여 방송통신위원회에 제출하여야 한다.

제5조제3항, 제10조제2항, 제13조의4제1항 각 호 외의 부분, 같은 조 제2항·제5항, 제15조의2제1항 각 호 외의 부분, 같은 조 제3항 본문·단서, 제16조제2항부터 제4항까지, 제17조제3항, 같은 조 제4항 각 호 외의 부분, 같은 조 제5항·제6항, 제54조제3항, 제66조의2 각 호 외의 부분, 같은 조 제9호, 제66조의6제1항 각 호 외의 부분, 제67조제2항 단서 및 제71조제1항·제3항·제5항 중 "과학기술정보통신부장관 또는 방송통신위원회"를 각각 "방송미디어통신위원회"로 한다.

제5조제5항, 제10조제3항, 제13조의4제1항 각 호 외의 부분, 같은 조 제2항 및 제15조의2제7항 중 "과학기술정보통신부령 또는 방송통신위원회규칙"을 각각 "방송미디어통신위원회규칙"으로 한다.

제7조제3항, 제8조제3항, 제8조의2제3항, 제15조제1항 각 호 외의 부분, 제55조제3항제2호 및 제61조제1항 각 호 외의 부분 중 "과학기술정보통신부령"을 각각 "방송미디어통신위원회규칙"으로 한다.

제12조제4항 중 "과학기술정보통신부 고시"를 "방송미디어통신위원회 고시"로 한다.

제10조제1항 각 호 외의 부분 중 "종합편성이나"를 "종합편성,"으로, "전문편성을 행하는 방송채널사용사업을 하려는 자는 방송통신위원회에,"를 "전문편성 및"으로 한다.

제12조제5항 및 제63조 중 "과학기술정보통신부"를 각각 "방송미디어통신위원회"로 한다.

제13조의4제1항 각 호 외의 부분 중 "법 제9조의3제1항 각 호 외의 부분"을 "법 제9조의3제1항"으로, "법 제9조의3제1항 각 호의 구분"을 "법 제9조의3제1항"으로 하고, 같은 조 제2항 중 "법 제9조의3제1항 각 호 외의 부분"을 "법 제9조의3제1항"으로, "법 제9조의3제1항 각 호의 구분"을 "법 제9조의3제1항"으로 한다.

제15조의2제1항·제5항 및 제6항 중 "법 제15조의2제1항 각 호 외의 부분"을 각각 "법 제15조의2제1항"으로 한다.

제21조제2항 및 제59조의2제2항 중 "방송통신심의위원회"를 각각 "방송미디어통신심의위원회"로 한다.

제50조제5항 각 호 외의 부분 단서 중 "다음 각 호의 구분에 따른 자"를 "방송미디어통신위원회"로 하고, 같은 항 제1호·제2호를 각각 삭제한다.

제50조제7항 및 제8항을 각각 다음과 같이 한다.

⑦ 제1항제2호 및 제4항제2호에 따른 방송내용물의 구체적인 산정기준은 방송미디어통신위원회규칙으로 정한다.

⑧ 제1항부터 제6항까지의 규정에 따른 방송프로그램의 세부적인 분류기준 및 편성비율 산정기준은 방송미디어통신위원회가 정하여 고시할 수 있다.

제53조제4항 중 "방송매체별 특성을 고려하여 지상파이동멀티미디어방송사업에 관하여는 방송통신위원회규칙으로, 종합유선방송사업 및 위성방송사업에 관하여는 과학기술정보통신부령으로 각각"을 "방송미디어통신위원회규칙으로"로 한다.

제55조제3항제6호 중 "과학기술정보통신부장관"을 "방송미디어통신위원회"로 한다.

제65조의3제5항 중 "과학기술정보통신부의"를 "방송미디어통신위원회의"로 한다.

제66조 중 "과학기술정보통신부장관은"을 "과학기술정보통신부장관과 방송미디어통신위원회는"으로 한다.

제68조제1항 각 호 외의 부분 중 "위임한다"를 "위탁한다"로 하고, 같은 항 제3호의3에 단서를 다음과 같이 신설한다.

다만, 종합유선방송사업자 · 위성방송사업자 · 방송채널사용사업자(종합편성 또는 보도에 관한 전문편성을 행하는 방송채널사용사업자는 제외한다) · 중계유선방송사업자 · 음악유선방송사업자 · 전광판방송사업자 · 인터넷 멀티미디어 방송사업자에 대한 것으로 한정한다.

제68조제1항제4호 본문 중 "법 제108조제1항제4호 · 제7호의3 · 제15호 · 제17호 · 제18호"를 "법 제108조제1항제4호 · 제7호의3 · 제8호 · 제15호 · 제17호 · 제18호"로 하고, 같은 호 단서를 다음과 같이 한다.

다만, 법 제108조제1항제4호 · 제8호 · 제17호 · 제18호에 따른 사항은 종합유선방송사업자 · 위성방송사업자 · 방송채널사용사업자(종합편성 또는 보도에 관한 전문편성을 행하는 방송채널사용사업자는 제외한다) · 중계유선방송사업자 · 음악유선방송사업자 · 전광판방송사업자 · 인터넷 멀티미디어 방송사업자에 대한 것으로 한정하고, 법 제108조제1항제15호 및 제25호의2에 따른 사항은 전송망사업자에 대한 것으로 한정한다.

제68조제2항 각 호 외의 부분 "방송통신사무소"를 "방송미디어통신사무소"로 한다.

제68조제2항제3호에 단서를 다음과 같이 신설한다.

다만, 지상파방송사업자 · 종합편성 또는 보도에 관한 전문편성을 행하는 방송채널사용사업자 · 공동체라디오방송사업자에 대한 것으로 한정한다.

제68조제2항제4호에 단서를 다음과 같이 신설한다.

다만, 지상파방송사업자 · 종합편성 또는 보도에 관한 전문편성을 행하는 방송채널사용사업자 · 공동체라디오방송사업자에 대한 것으로 한정한다.

별표 2의2 제4호, 별표 2의3 비고, 별표 4 제2호코목 위반행위란, 같은 호 두목1) 및 2) 외의 위반행위란, 같은 목 1) 위반행위란, 같은 목 2) 위반행위란, 같은 호 루목1) 및 2) 외의 위반행위란, 같은 목 1) 위반행위란, 같은 목 2) 위반행위란, 별표 5 I 제2호거목 위반행위란, 같은 표 Ⅱ 제1호 나목 본문, 같은 표 Ⅲ 제1호나목1)다)(3), 같은 목 3)나) 후단 및 같은 Ⅲ 제2호 중 "방송통신위원회"를 각각 "방송미디어통신위원회"로 한다.

별표 5 Ⅰ 제1호 본문 및 같은 Ⅰ 제2호파목 위반행위란 중 "과학기술정보통신부장관 또는 방송통신위원회"를 각각 "방송미디어통신위원회"로 한다.

별표 5 Ⅰ 제2호하목 위반행위란 중 "과학기술정보통신부장관"을 "방송미디어통신위원회"로 한다.

③부터 ⑧까지 생략

별표 / 서식

[별표 1] 전송망사업자의 등록요건(제12조제2항 관련)

[별표 1의2] 허가취소 등의 처분기준(제17조제1항 관련)

[별표 2] 방송시간 일부양도 기준(제52조의6제1항제1호 관련)

[별표 2의2] 금지행위의 세부적인 유형 및 기준(제60조의3제2항 관련)

[별표 2의3] 금지행위의 세부적인 유형 및 기준(제63조의5 관련)

[별표 3] 수수료(제67조제1항관련)

[별표 4] 과태료의 부과기준(제69조 관련)

[별표 5] 과징금의 부과기준(제70조 관련)

방송법 시행규칙

[시행 2025. 4. 23.] [과학기술정보통신부령 제146호, 2025. 4. 23., 일부개정]

**개정 예정 법률 밑줄 별도 표시.

방송법 시행규칙

[시행 2025. 4. 23.] [과학기술정보통신부령 제146호, 2025. 4. 23., 일부개정]

제1조(목적) 이 규칙은 「방송법」 및 같은 법 시행령에서 위임된 사항과 그 시행에 필요한 사항을 규정함을 목적으로 한다.

제2조(허가 신청) ① 「방송법」(이하 "법"이라 한다) 제9조제2항 및 같은 법 시행령(이하 "영"이라 한다) 제5조제1항에 따른 위성방송사업의 방송국 허가신청서는 「전파법 시행규칙」 제7조제1항제3호에서 정하는 서식에 따른다.

② 법 제9조제2항 및 영 제5조제1항에 따른 종합유선방송사업 또는 중계유선방송사업 허가신청서는 별지 제1호서식과 같다.

③ 영 제5조제1항제2호에 따른 사업계획서에는 다음 각 호의 사항이 포함되어야 한다.

1. 사업의 목적에 관한 사항
2. 신청인에 관한 사항
3. 방송운용계획(채널운용계획을 포함한다)에 관한 사항
4. 방송프로그램 편성·수급계획에 관한 사항
5. 조직 및 인력계획에 관한 사항
6. 자금조달 및 운영계획에 관한 사항
7. 방송발전 기여계획에 관한 사항

④ 영 제5조제1항제3호에 따른 시설설치계획서에는 다음 각 호의 사항이 포함되어야 한다.

1. 방송사옥에 관한 사항
2. 방송장비 등 시설 구축 및 투자에 관한 사항
3. 사업구역도 및 시설배치계획도

⑤ 과학기술정보통신부장관은 영 제5조제1항에 따라 허가신청서를 제출받으면 「전자정부법」 제36조제1항에 따른 행정정보의 공동이용을 통하여 다음 각 호의 서류를 확인하여야 한다. 다만, 신청인이 제2호의 확인에 동의하지 아니하는 경우에는 해당 서류를 첨부하도록 하여야 한다. 〈개정 2017. 7. 26., 2018. 9. 3.〉

1. 법인 등기사항증명서
2. 신청인(법인의 경우에는 대표자를 말한다) 및 편성책임자의 주민등록표 초본
3. 삭제 〈2018. 9. 3.〉

⑥ 영 제5조제3항에 따른 종합유선방송사업 또는 중계유선방송사업의 허가서는 별지 제2호서식과 같다.

⑦ 종합유선방송사업자 또는 중계유선방송사업자는 제6항에 따른 종합유선방송사업 또는 중계유선방송사업의 허가서가 훼손되었거나 그 허가서를 분실한 경우에는 과학기술정보통신부장관에게 별지 제3호서식의 재교부 신청서를 제출하여 재교부를 요청할 수 있다. 〈개정 2017. 7. 26.〉

제3조(중계유선방송사업자의 종합유선방송사업 승인 신청) ① 법 제9조제3항 및 영 제7조제1항에 따라 중계유선방송사업자가 종합유선방송사업 승인을 신청하려는 경우에는 별지 제4호서식의 종합유선방송사업 승인신청서에 다음 각 호의 서류를 첨부하여 과학기술정보통신부장관에게 제출하여야 한다. 〈개정 2017. 7. 26.〉

1. 제2조제3항에 따라 작성된 사업계획서
2. 시설전환계획서(사업구역도 및 시설배치계획도를 포함한다)
3. 중계유선방송 가입자 수를 증명하는 서류
4. 중계유선방송사업 허가서 사본

② 제1항에 따른 행정정보의 공동이용에 관하여는 제2조제5항을 준용한다.

③ 과학기술정보통신부장관은 법 제9조제3항 및 영 제7조제2항에 따라 중계유선방송사업자의 종합유선방송사업을 승인하는 경우에는 별지 제5호서식의 종합유선방송사업 승인장을 내주어야 한다. 〈개정 2017. 7. 26.〉

제4조(방송채널사용사업의 등록 신청) ① 영 제8조제1항에 따른 방송채널사용사업의 등록신청서는 별지 제6호서식과 같다.

② 영 제8조제1항에 따른 사업계획서에는 다음 각 호의 사항이 포함되어야 한다. 〈개정 2025. 4. 23.〉

1. 사업자명
2. 대표자 및 편성책임자
3. 납입자본금 및 실질자본금
4. 방송프로그램 공급분야
5. 발행주식 또는 지분 총수의 100분의 5 이상을 가진 주주 또는 출자자의 구성
6. 주된 사무소의 소재지
7. 법 제9조의2제1항제2호에 따른 송출시설의 소재지
8. 법 제9조의2제1항에 따른 등록요건을 확인할 수 있는 기업진단보고서

③ 제2항제8호에 따른 기업진단보고서는 별표의 방송채널사용사업 등록신청·신고기업 진단요령에 따라 작성하여야 한다. 이 경우 기업진단신청서는 별지 제7호서식과 같고, 기업진단보고서는 별지 제8호서식과 같다. 〈개정 2025. 4. 23.〉

④ 과학기술정보통신부장관은 영 제8조제1항에 따라 등록신청서를 제출받으면 「전자정부법」 제36조제1항에 따른 행정정보의 공동이용을 통하여 다음 각 호의 서류를 확인하여야 한다. 다만, 신청인이 제3호의 확인에 동의하지 아니하는 경우에는 해당 서류를 첨부하도록 하여야 한다. 〈개정 2017. 7. 26., 2018. 9. 3.〉

1. 법인 등기사항증명서
2. 건물 등기사항증명서
3. 대표자 및 편성책임자의 주민등록표 초본
4. 삭제 〈2018. 9. 3.〉

⑤ 영 제8조제2항에 따른 방송채널사용사업 등록증은 별지 제9호서식과 같다.

⑥ 방송채널사용사업 등록증 재교부에 관하여는 제2조제7항을 준용한다.

제4조의2(방송채널사용사업의 신고) ① 영 제8조의2제1항에 따른 방송채널사용사업 신고서는 별지 제6호의2서식과 같다.

② 영 제8조의2제1항에 따른 사업계획서에는 다음 각 호의 사항이 포함되어야 한다.

1. 사업자명
2. 대표자 및 편성책임자
3. 납입자본금 및 실질자본금
4. 방송프로그램 공급분야
5. 발행주식 또는 지분 총수의 100분의 5 이상을 가진 주주 또는 출자자의 구성
6. 법 제9조의2제2항제2호에 따른 송출시설의 소재지
7. 법 제9조의2제2항에 따른 신고요건을 확인할 수 있는 기업진단보고서

③ 제2항제7호에 따른 기업진단보고서는 별표의 방송채널사용사업 등록신청·신고기업 진단요령에 따라 작성해야 한다. 이 경우 기업진단신청서는 별지 제7호서식과 같고, 기업진단보고서는 별지 제8호서식과 같다.

④ 과학기술정보통신부장관은 영 제8조의2제1항에 따라 신고서를 제출받으면 「전자정부법」 제36조제1항에 따른 행정정보의 공동이용을 통하여 다음 각 호의 서류를 확인해야 한다. 다만, 신청인이 제3호의 확인에 동의하지 않는 경우에는 해당 서류를 첨부하도록 해야 한다.

1. 법인 등기사항증명서
2. 건물 등기사항증명서
3. 대표자 및 편성책임자의 주민등록표 초본

⑤ 영 제8조의2제2항에 따른 방송채널사용사업 신고증은 별지 제9호의2서식과 같다.

⑥ 방송채널사용사업 신고증 재교부에 관하여는 제2조제7항을 준용한다.

[본조신설 2025. 4. 23.]

제5조(전광판방송사업 및 음악유선방송사업의 등록 신청) ① 법 제9조제5항 본문 및 영 제9조제1항에 따라 전광판방송사업을 하려는 자는 별지 제10호서식에 다음 각 호의 서류를 첨부하여 과학기술정보통신부장관에게 제출하여야 한다. 〈개정 2017. 7. 26.〉

1. 편성계획서
2. 사업계획서
3. 옥외광고물 등 표시 허가증 사본

② 영 제9조제2항에 따른 전광판방송사업 등록증은 별지 제11호서식과 같다.

③ 법 제9조제5항 본문 및 영 제9조제1항에 따른 음악유선방송사업의 등록신청서는 별지 제12호서식과 같다.

④ 영 제9조제2항에 따른 음악유선방송사업 등록증은 별지 제13호서식과 같다.

⑤ 제1항 및 제3항에 따른 행정정보의 공동이용에 관하여는 제2조제5항을 준용한다. 이 경우 “법인 등기사항증명서”를 “법인 등기사항증명서, 사업자등록증명”으로 본다.

⑥ 전광판방송사업 또는 음악유선방송사업 등록증 재교부에 관하여는 제2조제7항을 준용한다.

제6조(방송채널사용사업의 승인 신청서 등) ① 법 제9조제5항 단서 및 영 제10조제1항에 따른 상품소개와 판매에 관한 전문편성을 행하는 방송채널사용사업승인신청서는 별지 제14호서식과 같다.

② 과학기술정보통신부장관은 법 제9조제5항 단서에 따라 상품소개와 판매에 관한 전문편성을 행하는 방송채널사용사업을 승인하는 경우에는 별지 제15호서식의 방송채널사용사업 승인장을 신청인에게 내주어야 한다. 〈개정 2017. 7. 26.〉

③ 영 제10조제1항제2호의 사업계획서에 관하여는 제2조제3항을 준용한다.

④ 제1항에 따른 행정정보의 공동이용에 관하여는 제2조제5항을 준용한다.

⑤ 상품소개와 판매에 관한 전문편성을 행하는 방송채널사용사업 승인장 재교부에 관하여는 제2조제7항을 준용한다.

제7조(외국 인공위성을 이용한 위성방송사업 등의 승인 신청 등) ① 영 제11조제1항에 따른 외국 인공위성의 무선설비를 이용하여 위성방송사업을 하려는 자의 승인신청서는 별지 제16호서식과 같다.

② 과학기술정보통신부장관은 법 제9조제6항에 따라 외국 인공위성의 무선설비를 이용하는 위성방송사업을 승인하는 경우에는 별지 제17호서식의 외국 인공위성 이용 위성방송사업 승인장을 신청인에게 내주어야 한다. 〈개정 2017. 7. 26.〉

③ 영 제11조제1항에 따른 외국 인공위성의 무선설비를 이용하여 방송채널사용사업을 하려는 자의 승인신청서는 별지 제18호서식과

같다.

④ 과학기술정보통신부장관은 법 제9조제8항에 따라 외국 인공위성의 무선설비를 이용하는 방송채널사용사업을 승인하는 경우에는 별지 제19호서식의 외국 인공위성 이용 방송채널사용사업 승인장을 신청인에게 내주어야 한다. 〈개정 2017. 7. 26.〉

⑤ 영 제11조제1항제3호의 사업계획서에 관하여는 제2조제3항을 준용한다.

⑥ 제1항 및 제3항에 따른 행정정보의 공동이용에 관하여는 제2조제5항을 준용한다.

⑦ 외국 인공위성의 무선설비를 이용한 위성방송사업 승인장 재교부에 관하여는 제2조제7항을 준용한다.

⑧ 외국 인공위성의 무선설비를 이용한 방송채널사용사업 승인장 재교부에 관하여는 제2조제7항을 준용한다.

제7조의2(기술결합서비스의 신고) ① 영 제13조의4제1항 및 제2항에 따른 기술결합서비스 제공(변경) 신고서는 별지 제19호의2서식과 같다. 〈개정 2022. 7. 12.〉

② 삭제 〈2022. 7. 12.〉

[본조신설 2016. 7. 13.]

[제목개정 2022. 7. 12.]

제7조의3(기술결합서비스의 중지 및 중단 신고) ① 법 제9조의3제5항에 따라 기술결합서비스의 제공을 중지하거나 중단하려는 자는 별지 제19호의3서식의 기술결합서비스 중지·중단 신고서를 중지 또는 중단하려는 날의 30일 전까지 과학기술정보통신부장관에게 제출해야 한다. 〈개정 2017. 7. 26., 2022. 7. 12.〉

② 제1항에 따른 기술결합서비스 중지·중단 신고서에는 시청자에 대한 통지 계획 및 시청자 보호 계획을 첨부하여야 한다.

③ 과학기술정보통신부장관은 제1항에 따른 신고서를 제출받은 경우에는 해당 신고서를 접수한 날부터 7일 이내에 제2항에 따른 시청자에 대한 통지 계획 및 시청자 보호계획이 적절한지를 검토한 후 수리 여부를 결정하여야 한다. 〈개정 2017. 7. 26.〉

④ 제3항에 따라 신고 수리의 결정을 받은 자는 시청자에게 다음 각 호의 사항을 전화, 팩스, 전자우편 또는 휴대전화 문자전송 등의 방법으로 즉시 통지하여야 하고, 해당 사항을 사업자의 인터넷 홈페

이지에 30일 이상 게시하여야 한다.

1. 기술결합서비스 제공의 중지 또는 중단의 내용 및 그 사유
2. 기술결합서비스 제공의 중지 또는 중단 일시

[본조신설 2016. 7. 13.]

제7조의4(기술중립서비스의 신고) ① 법 제9조의4제2항에 따라 같은 조 제1항에 따른 서비스(이하 "기술중립서비스"라 한다)의 제공을 신고하려는 자는 별지 제19호의4서식에 따른 기술중립서비스 제공 신고서에 기술중립서비스 제공 계획서를 첨부하여 과학기술정보통신부장관에게 제출해야 한다.

② 과학기술정보통신부장관은 제1항에 따른 신고서를 제출받은 날부터 7일 이내에 신고수리 여부를 신고인에게 통지해야 한다.

[본조신설 2022. 12. 9.]

제8조(변경허가 등) ① 법 제15조제1항에 따른 위성방송사업의 방송국 변경허가신청서는 「전파법 시행규칙」 제8조제1항 단서에서 정하는 서식에 따른다.

② 법 제15조제1항에 따라 종합유선방송사업자 또는 중계유선방송사업자가 같은 항 각 호의 사항을 변경하려는 때에는 별지 제20호서식의 변경허가신청서에 다음 각 호의 서류를 첨부하여 과학기술정보통신부장관에게 제출하여야 한다. 〈개정 2017. 7. 26.〉

1. 신청인에 관한 사항을 기재한 서류
2. 사업계획서
3. 시설변경계획서(시설변경의 경우만 해당한다)
4. 변경사실을 증명하는 서류

③ 법 제15조제1항에 따라 방송채널사용사업자 · 음악유선방송사업자 또는 전광판방송사업자가 같은 항 각 호의 사항을 변경하려는 때에는 별지 제21호서식의 변경등록신청서 또는 별지 제21호의2서식의 변경신고서에 다음 각 호의 서류를 첨부하여 과학기술정보통신부장관에게 제출하여야 한다. 〈개정 2017. 7. 26., 2025. 4. 23.〉

1. 편성계획서
2. 사업계획서(방송채널사용사업의 경우 기업진단보고서를 포함한다)
3. 시설설치계획서(시설의 변경만 해당한다)
4. 변경사실을 증명하는 서류

④ 법 제15조제1항에 따라 상품소개와 판매에 관한 전문편성을

행하는 방송채널사용사업자가 같은 항 각 호의 사항을 변경하려는 때에는 별지 제22호서식의 변경승인신청서에 다음 각 호의 서류를 첨부하여 과학기술정보통신부장관에게 제출하여야 한다. 〈개정 2017. 7. 26.〉

1. 신청인에 관한 사항을 기재한 서류
2. 사업계획서
3. 변경사실을 증명하는 서류

⑤ 법 제15조제1항에 따라 승인을 받은 외국 인공위성 이용 위성방송사업자가 같은 항 각 호의 사항을 변경하려는 때에는 별지 제23호서식의 변경승인신청서에 다음 각 호의 서류를 첨부하여 과학기술정보통신부장관에게 제출하여야 한다. 〈개정 2017. 7. 26.〉

1. 신청인에 관한 사항을 기재한 서류
2. 외국 인공위성의 무선설비 또는 무선국의 특정채널 이용계약서
3. 사업계획서
4. 시설설치계획서
5. 변경사실을 증명하는 서류

⑥ 법 제15조제1항에 따라 승인을 받은 외국 인공위성 이용 방송채널사용사업자가 같은 항 각 호의 사항을 변경하려는 때에는 별지 제24호서식의 변경승인신청서에 다음 각 호의 서류를 첨부하여 과학기술정보통신부장관에게 제출하여야 한다. 〈개정 2017. 7. 26.〉

1. 신청인에 관한 사항을 기재한 서류
2. 외국 인공위성의 무선설비 또는 무선국의 특정채널 이용계약서
3. 사업계획서
4. 시설설치계획서
5. 변경사실을 증명하는 서류

⑦ 법 제15조제1항제1호 단서 및 영 제15조제1항에 따른 합병신고서는 별지 제24호의2서식과 같다. 〈신설 2024. 7. 23.〉

⑧ 법 제15조제3항에 따른 방송사업자(지상파방송사업자 및 공동체라디오방송사업자를 제외한다)·중계유선방송사업자·음악유선방송사업자 또는 전광판방송사업자가 같은 항 각 호의 사항을 변경하려는 때에는 별지 제25호서식의 변경신청서에 변경사실을 증명하는 서류를 첨부하여 과학기술정보통신부장관에게 제출하여야 한다. 〈개정 2017. 7. 26., 2024. 7. 23.〉

⑨ 과학기술정보통신부장관은 법 제15조제1항 및 제3항에 따라 변경허가, 변경승인 또는 변경등록을 하거나 신고한 사항을 변경하여 허가서, 승인장, 등록증 또는 신고증에 기재된 사항의 변경이 필요한 경우에는 이를 갱신하여 신청인 또는 신고인에게 내주어야 한다. 〈개정 2017. 7. 26., 2024. 7. 23., 2025. 4. 23.〉

⑩ 제2항부터 제6항까지 및 제8항에 따른 행정정보의 공동이용에 관하여는 제2조제5항을 준용한다. 다만, 제3항에 따른 방송채널사용사업자의 경우에는 “법인 등기사항증명서”를 “법인 등기사항증명서 및 건물 등기사항증명서”로, 전광판방송사업자 및 음악유선방송사업자의 경우에는 “법인 등기사항증명서”를 “법인 등기사항증명서, 사업자등록증명”으로 본다. 〈개정 2024. 7. 23.〉

제9조(최다액출자자 등의 변경승인 등) ① 법 제15조의2제1항 각 호 외의 부분 본문 및 단서에 따라 승인을 받거나 신고를 하려는 자는 별지 제26호서식의 최다액출자자 등 변경 승인·신고 신청서에 다음 각 호의 서류를 첨부하여 과학기술정보통신부장관에게 제출하여야 한다. 다만, 법 제15조의2제1항 각 호 외의 부분 단서에 따라 신고하는 경우에는 제7호부터 제9호까지의 서류는 제외한다. 〈개정 2017. 7. 26.〉

1. 주식 또는 지분 취득에 관한 계약서 또는 합의문 사본(영 제15조의2제1항제1호가목의 경우만 해당한다)
2. 주식 취득 계획서(영 제15조의2제1항제1호나목의 경우만 해당한다)
3. 주주 또는 지분권자와의 계약서 또는 합의문 사본(영 제15조의2제2항제1호의 경우만 해당한다)
4. 의결권을 공동으로 행사하기로 한 합의문 사본(영 제15조의2제2항제2호의 경우만 해당한다)
5. 대표이사나 임원의 2분의 1 이상의 임면 또는 영업의 양도·양수에 관한 의사결정을 사실상 지배하는 원인행위를 증명하는 서류(영 제15조의2제2항제3호의 경우만 해당한다)
6. 법인 정관(법인인 경우만 해당한다)
7. 최근 결산일을 기준으로 허가 기간 동안의 재무제표(법인인 경우만 해당한다) 또는 재정적 능력을 증명하는 자료(개인인 경우만 해당한다)

8. 납세실적 및 공익사업 참여실적서
9. 경영계획서

② 제1항에 따른 행정정보의 공동이용에 관하여는 제2조제5항을 준용한다. 다만, 법 제9조제5항 본문에 따라 등록 또는 신고한 방송채널사용사업자의 경우에는 "법인 등기사항증명서"는 "법인 등기사항증명서 및 건물 등기사항증명서"로 본다. 〈개정 2025. 4. 23.〉

③ 과학기술정보통신부장관은 법 제15조의2제1항 각 호 외의 부분 본문 및 단서에 따라 승인하거나 신고를 받은 경우에는 허가서, 승인장, 등록증 또는 신고증을 갱신하여 신청인 또는 신고인에게 내주어야 한다. 〈개정 2017. 7. 26., 2025. 4. 23.〉

제10조(재허가 등) ① 법 제17조제1항 및 영 제16조제3항에 따라 재허가를 받으려는 위성방송사업자는 「전파법 시행규칙」 제10조에서 정하는 서식에, 종합유선방송사업자 및 중계유선방송사업자는 별지 제27호서식의 종합유선방송사업 또는 중계유선방송사업 재허가 신청서에 다음 각 호의 서류를 첨부하여 과학기술정보통신부장관에게 제출하여야 한다. 〈개정 2017. 7. 26.〉

1. 신청인에 관한 사항을 기재한 서류
2. 제2조제3항에 따라 작성된 사업계획서(운영실적서를 포함한다)
3. 제2조제4항에 따라 작성된 시설설치계획서(시설배치도 및 시설현황을 포함한다)

② 과학기술정보통신부장관은 제1항에 따라 재허가 신청을 받은 경우에는 신청을 접수한 날부터 90일 이내에 재허가 여부를 결정하여야 한다. 〈개정 2017. 7. 26.〉

③ 법 제17조제2항 및 영 제16조제4항에 따라 재승인을 받으려는 상품소개와 판매에 관한 전문편성을 행하는 방송채널사용사업자는 별지 제28호서식의 방송채널사용사업 재승인신청서에 다음 각 호의 서류를 첨부하여 과학기술정보통신부장관에게 제출하여야 한다. 〈개정 2017. 7. 26.〉

1. 신청인에 관한 사항을 적은 서류
2. 제2조제3항에 따라 작성된 사업계획서(운영실적서를 포함한다)

④ 제1항 및 제3항에 따른 행정정보의 공동이용에 관하여는 제2조제5항을 준용한다.

⑤ 과학기술정보통신부장관은 법 제17조제1항 및 제2항에 따라

재허가 또는 재승인을 한 경우에는 신청인에게 허가서 또는 승인장을 갱신하여 내주어야 하고, 재허가 또는 재승인을 거부하는 경우에는 재허가 또는 재승인 거부의 사유를 구체적으로 밝혀 신청인에게 서면으로 통보하여야 한다. 〈개정 2017. 7. 26.〉

제11조(방송내용물의 산정기준) 영 제50조제7항에 따른 방송내용물의 산정은 해당 데이터방송채널의 1차 화면(영 제59조제2항제4호나목에 따른 1차 화면을 말한다)에서 2차 화면(1차 화면의 접속을 통하여 이동하는 화면을 말한다)으로 접속이 가능하도록 구성한 각 항목단위를 1개의 방송내용물로 하여 산정한다. 이 경우 해당 데이터방송채널의 방송광고물은 방송내용물에 포함하지 아니한다.

제12조(직접사용채널의 운용 계획서 등) 영 제53조제3항에 따른 직접사용채널운용(변경)계획서는 별지 제29호서식과 같다.

제13조(방송운용채널수의 계산 등) 영 제53조제4항에 따른 방송운용채널수의 계산은 다음 각 호의 구분에 따른 방법으로 한다.

1. 텔레비전방송채널 및 라디오방송채널

가. 시청자가 인식하는 채널번호 또는 주파수 등에 따라서 구별되는 각각의 텔레비전방송 및 라디오방송의 단위를 각각 1개 채널로 계산한다. 다만, 나목부터 라목까지에 해당하는 경우에는 그에 따른 방법으로 계산한다.

나. 동일인이 동일한 방송분야를 일정한 시차를 두고 여러 채널을 통해 방송하는 경우에는 이를 1개 채널로 계산한다.

다. 동일인이 동일한 방송편성 내용을 동시에 여러 채널을 통해 방송하는 경우에는 이를 1개 채널로 계산한다.

라. 시청자가 특정시간 및 특정 방송프로그램을 선택하여 시청할 수 있도록 방송프로그램을 제공하는 경우에는 해당 방송프로그램을 제공하는 사업자별로 1개 채널로 계산한다.

2. 데이터방송채널은 동일인이 제공하는 동일한 방송분야별로 1개 채널로 계산한다.

제14조(지역채널의 운용계획서 등) ① 법 제70조제4항 및 영 제55조제2항에 따른 지역채널운용(변경)계획서는 별지 제30호서식과 같다.

② 영 제55조제3항제2호에서 “과학기술정보통신부령이 정하는 기준에 의한 종합유선방송구역안의 지역생활정보 방송프로그램”이란

다음 각 호의 어느 하나를 말한다. 다만, 특정사안에 대한 해설과 논평은 제외한다. 〈개정 2017. 7. 26.〉

1. 해당 방송구역 내의 지역보도프로그램 및 주민생활정보프로그램
2. 해당 방송구역이 속한 광역자치단체 내의 보도프로그램 및 생활정보프로그램 중 지역주민의 공동 관심사항으로서 지역사회 발전과 지역주민의 편의를 도모하기 위한 생활정보

제15조(중계유선방송사업자의 공지채널 운영) ① 중계유선방송사업자가 법 제70조제5항에 따라 공지채널을 운용하려는 경우에는 별지 제31호서식의 공지채널운용계획서를 과학기술정보통신부장관에게 제출하고, 공지채널운용계획서에 따라 공지채널을 운용하여야 한다. 〈개정 2017. 7. 26.〉

② 중계유선방송사업자가 공지채널운용계획을 변경하려는 경우에는 별지 제31호서식의 공지채널운용변경계획서를 과학기술정보통신부장관에게 제출하여야 한다. 〈개정 2017. 7. 26.〉

③ 공지채널을 통하여 송신할 수 있는 정보의 범위는 다음 각 호와 같다. 〈개정 2017. 7. 26.〉

1. 방송프로그램 안내
2. 반상회의 안내에 관한 사항
3. 민방위 및 예비군의 교육소집 통보에 관한 사항
4. 각종 세금·공과금의 납부안내에 관한 사항
5. 각종 시책 공보에 관한 사항
6. 비상시의 경계경보에 관한 사항
7. 그 밖에 과학기술정보통신부장관 또는 지방자치단체의 장이 지역사회 발전 및 주민편의를 위하여 요청하는 사항

제16조(종합유선방송사업자 및 위성방송사업자의 시청자 제작 방송프로그램 방송) ① 종합유선방송사업자 및 위성방송사업자는 법 제70조제7항에 따라 시청자 제작 방송프로그램의 방송을 요청받은 경우에는 방송기술 및 방송편성의 제약이 없는 한도에서 최대한으로 방송하여야 한다.

② 종합유선방송사업자 및 위성방송사업자는 방송을 위하여 불가피한 경우에는 제작자와 협의하여 최소한의 범위에서 시청자 제작 방송프로그램을 편집할 수 있으나 방송프로그램의 본질적 내용을 훼손해서는 아니 된다.

③ 종합유선방송사업자 및 위성방송사업자는 시청자 제작 방송프로그램의 내용이 법령에 위배되는 경우에는 해당 방송프로그램의 방송을 요청한 자에게 관련 내용의 수정을 요구할 수 있다.

④ 종합유선방송사업자 및 위성방송사업자는 시청자 제작 방송프로그램을 방송할 수 없는 경우에는 방송신청을 받은 날부터 30일 이내에 그 사유를 구체적으로 밝혀 신청인에게 서면으로 통보하여야 한다.

제17조(이용약관의 신고 및 승인 등) ① 영 제60조의6제1항 각 호 외의 부분에 따른 유료방송 이용약관 신고(변경신고)서는 별지 제32호서식과 같다.

② 영 제60조의6제4항 각 호 외의 부분에 따른 유료방송 이용약관 승인(변경승인) 신청서는 별지 제33호서식과 같다.

[전문개정 2022. 7. 12.]

제18조(재송신) ① 법 제78조제4항 및 영 제61조제1항에 따른 역외방송재송신승인신청서는 별지 제34호서식과 같다. 〈개정 2016. 12. 30.〉

② 영 제61조제1항제2호에 따른 재송신계획서에는 다음 각 호의 사항이 포함되어야 한다.

1. 신청인에 관한 사항
2. 동시재송신 또는 재송신의 목적
3. 동시재송신 또는 재송신의 유형·방식 및 내용에 관한 사항
4. 방송매체 간 균형발전 및 국내 방송산업 발전에 대한 기여계획에 관한 사항
5. 시청자의 권익 보장에 관한 사항
6. 지역문화 발전 기여계획에 관한 사항
7. 기술적 안정성에 관한 사항

제19조(외국방송사업자의 국내 재송신) 영 제61조의3제3항에 따른 외국방송재송신 승인신청서는 별지 제35호서식과 같다.

제20조(방송실시 결과의 제출 등) ① 법 제83조제1항에 따라 종합유선방송사업자·위성방송사업자·방송채널사용사업자(종합편성 또는 보도에 관한 전문편성을 행하는 방송채널사용사업자는 제외한다. 이하 이 조 및 제21조에서 같다)·중계유선방송사업자·전광판방송사업자 및 음악유선방송사업자는 사업자별로 별지 제36호서식부터 별지 제41호서식까지에 따른 월간 방송실시 결과를 작성하여 종합유

선방송사업자 · 위성방송사업자 및 방송채널사용사업자는 매월 종료 후 다음 달 20일까지, 중계유선방송사업자 · 전광판방송사업자 및 음악유선방송사업자는 매 분기 종료 후 다음 달 20일까지 과학기술정보통신부장관에게 제출하여야 한다. 〈개정 2017. 7. 26.〉

② 법 제83조제1항에 따라 종합유선방송사업자 · 위성방송사업자 · 방송채널사용사업자 · 중계유선방송사업자 · 전광판방송사업자 및 음악유선방송사업자는 사업자별로 별지 제42호서식부터 별지 제47호서식까지에 따른 방송일지에 방송내용을 기록하여 비치하여야 한다.

③ 제1항에 따른 월간 방송실시 결과의 작성 · 제출 및 제2항에 따른 방송일지의 기록 · 비치는 다음 각 호의 기준에 따라야 한다. 이 경우 방송사업자가 여러 개의 채널을 직접 사용하는 경우에는 월간 방송실시결과의 제출 및 방송일지의 기록 · 비치는 각각의 채널을 단위로 하여야 한다.

1. 방송채널사용사업자의 경우: 방송채널 단위(방송채널별로 방송프로그램의 편성내용이 다른 경우만 해당한다)

2. 종합유선방송사업자, 중계유선방송사업자 및 음악유선방송사업자의 경우: 방송구역 단위(허가받은 방송구역별로 방송프로그램의 편성내용이 다른 경우만 해당한다)

3. 전광판방송사업자의 경우: 전광판의 소재지 단위(전광판의 소재지별로 방송프로그램의 편성내용이 다른 경우만 해당한다)

제21조(폐업 및 휴업의 신고) ① 법 제84조제1항에 따라 종합유선방송사업자 · 위성방송사업자 · 방송채널사용사업자 · 중계유선방송사업자 · 음악유선방송사업자 및 전광판방송사업자는 그 업무를 폐업하려는 경우에는 별지 제48호서식의 폐업 · 휴업신고서에 허가서, 승인장, 등록증 또는 신고증을 첨부하여 과학기술정보통신부장관에게 제출하여야 한다. 〈개정 2017. 7. 26., 2025. 4. 23.〉

② 종합유선방송사업자 · 위성방송사업자 · 방송채널사용사업자 · 중계유선방송사업자 · 음악유선방송사업자 및 전광판방송사업자가 법 제84조제1항에 따라 휴업하려는 경우에는 별지 제48호서식의 폐업 · 휴업신고서에 허가서, 승인장, 등록증 또는 신고증을 첨부하여 과학기술정보통신부장관에게 제출해야 한다. 다만, 유료방송사업을 하는 자는 다음 각 호의 서류를 첨부해야 한다. 〈개정 2017. 7. 26.,

2022. 7. 12., 2025. 4. 23.〉
1. 수신자에 대한 보상계획서
2. 역무제공계획서

제22조(규제의 재검토) 과학기술정보통신부장관은 다음 각 호의 사항에 대하여 다음 각 호의 기준일을 기준으로 3년마다(매 3년이 되는 해의 기준일과 같은 날 전까지를 말한다) 그 타당성을 검토하여 개선 등의 조치를 해야 한다. 〈개정 2017. 7. 26., 2021. 2. 23.〉
1. 삭제 〈2021. 2. 23.〉
2. 제17조에 따른 유료방송의 약관 승인에 관한 사항: 2014년 1월 1일
3. 삭제 〈2016. 12. 30.〉
4. 제19조에 따른 외국방송사업자의 국내 재송신 승인에 관한 사항: 2014년 1월 1일

[전문개정 2014. 12. 30.]

부칙 〈제21호, 2014. 6. 24.〉

이 규칙은 공포한 날부터 시행한다.

부칙 〈제32호, 2014. 12. 30.〉

이 규칙은 공포한 날부터 시행한다.

부칙 〈제73호, 2016. 7. 13.〉

이 규칙은 공포한 날부터 시행한다.

부칙 〈제89호, 2016. 12. 30.〉 (규제 재검토기한 설정 등을 위한 방송법 시행규칙 등 일부개정령)

이 규칙은 2017년 1월 1일부터 시행한다.

부칙 〈제1호, 2017. 7. 26.〉 (과학기술정보통신부와 그 소속기관 직제 시행규칙)

제1조(시행일) 이 규칙은 공포한 날부터 시행한다.

제2조 부터 제5조까지 생략

제6조(다른 법령의 개정) ①부터 ⑭까지 생략

⑮ 방송법 시행규칙 일부를 다음과 같이 개정한다.

제2조제5항 각 호 외의 부분, 같은 조 제7항, 제3조제1항 각 호 외의 부분, 같은 조 제3항, 제4조제4항 각 호 외의 부분 본문, 제5조제1항 각 호 외의 부분, 제6조제2항, 제7조제2항 · 제4항, 제7조의3제1항 · 제3항, 제8조제2항 각 호 외의 부분, 같은 조 제3항 각 호 외의 부분, 같은 조 제4항 각 호 외의 부분, 같은 조 제5항 각 호 외의 부분, 같은 조 제6항 각 호 외의 부분, 같은 조 제7항 · 제8항, 제9조제1항 각 호 외의 부분 본문, 같은 조 제3항, 제10조제1항 각 호 외의 부분, 같은 조 제2항, 같은 조 제3항 각 호 외의 부분, 같은 조 제5항, 제15조제1항 · 제2항, 같은 조 제3항제7호, 제17조제1항 · 제2항, 제20조제1항, 제21조제1항, 같은 조 제2항 각 호 외의 부분 본문 및 제22조 각 호 외의 부분 중 "미래창조과학부장관"을 각각 "과학기술정보통신부장관"으로 한다.

제14조제2항 각 호 외의 부분 본문 중 "미래창조과학부령"을 "과학기술정보통신부령"로 한다.

별표 진단자란의 3) 중 "미래창조과학부장관"을 "과학기술정보통신부장관"으로 한다.

별지 제1호서식 앞쪽, 별지 제2호서식, 별지 제3호서식, 별지 제4호서식 앞쪽, 별지 제5호서식, 별지 제6호서식 앞쪽, 별지 제8호서식 제1쪽, 별지 제9호서식, 별지 제10호서식 앞쪽, 별지 제11호서식, 별지 제12호서식 앞쪽, 별지 제13호서식, 별지 제14호서식 앞쪽, 별지 제15호서식, 별지 제16호서식 앞쪽, 별지 제17호서식, 별지 제18호서식 앞쪽, 별지 제19호서식, 별지 제19호의2서식, 별지 제19호의3서식, 별지 제20호서식 앞쪽, 별지 제21호서식 앞쪽, 별지 제22호서식 앞쪽, 별지 제23호서식 앞쪽, 별지 제24호서식 앞쪽, 별지 제25호서식, 별지 제26호서식 앞쪽, 별지 제27호서식 앞쪽, 별지 제28호서식 앞쪽, 별지 제29호서식 앞쪽, 별지 제30호서식 앞쪽, 별지 제31호서식 앞쪽, 별지 제32호서식 앞쪽, 별지 제33호서식 앞쪽, 별지 제34호서식 앞쪽, 별지 제35호서식 앞쪽 및 별지 제48호서식 중 "미래창조과학부장관"을 각각 "과학기술정보통신부장관"으로 한다.

별지 제1호서식 뒤쪽 처리절차란, 별지 제3호서식 처리절차란, 별지 제4호서식 뒤쪽 처리절차란, 별지 제6호서식 뒤쪽 처리절차란,

별지 제10호서식 뒤쪽 처리절차란, 별지 제12호서식 뒤쪽 처리절차란, 별지 제14호서식 뒤쪽 처리절차란, 별지 제16호서식 뒤쪽 처리절차란, 별지 제18호서식 뒤쪽 처리절차란, 별지 제19호의2서식 처리절차란, 별지 제20호서식 뒤쪽 처리절차란, 별지 제21호서식 뒤쪽 처리절차란, 별지 제22호서식 뒤쪽 처리절차란, 별지 제23호서식 뒤쪽 처리절차란, 별지 제24호서식 뒤쪽 처리절차란, 별지 제26호서식 뒤쪽 처리절차란, 별지 제27호서식 뒤쪽 처리절차란, 별지 제28호서식 뒤쪽 처리절차란, 별지 제29호서식 뒤쪽 처리절차란, 별지 제30호서식 뒤쪽 처리절차란, 별지 제31호서식 뒤쪽 처리절차란, 별지 제32호서식 뒤쪽 처리절차란, 별지 제33호서식 뒤쪽 처리절차란, 별지 제34호서식 뒤쪽 처리절차란 및 별지 제35호서식 뒤쪽 처리절차란 중 "미래창조과학부"를 각각 "과학기술정보통신부"로 한다.

⑯부터 ㊶까지 생략

부칙 〈제15호, 2018. 9. 3.〉

이 규칙은 공포한 날부터 시행한다.

부칙 〈제54호, 2020. 9. 29.〉

제1조(시행일) 이 규칙은 2020년 10월 1일부터 시행한다.

제2조(서식 개정에 관한 경과조치) 이 규칙 시행 당시 종전의 규정에 따라 사용 중인 서식은 2020년 10월 20일까지 이 규칙에 따른 서식과 함께 사용할 수 있다.

부칙 〈제67호, 2021. 2. 23.〉

이 규칙은 공포한 날부터 시행한다.

부칙 〈제86호, 2022. 1. 4.〉 (어려운 법령용어의 정비를 위한 13개 법령의 일부개정에 관한 과학기술정보통신부령)

이 규칙은 공포한 날부터 시행한다.

부칙 〈제91호, 2022. 7. 12.〉

제1조(시행일) 이 규칙은 2022년 7월 12일부터 시행한다.

제2조(최다액출자자 등 변경신고 등의 처리기간에 관한 경과조치) 이 규칙 시행 당시 종전의 규정에 따라 최다액출자자 등 변경신고, 유료방송 이용약관의 신고·변경신고 또는 폐업·휴업 신고 절차가 진행 중인 경우 그 처리기간에 관하여는 별지 제26호서식, 별지 제32호서식 및 별지 제48호서식의 개정규정에도 불구하고 종전의 규정에 따른다.

부칙 〈제97호, 2022. 12. 9.〉

이 규칙은 2022년 12월 11일부터 시행한다.

부칙 〈제128호, 2024. 7. 23.〉

이 규칙은 2024년 7월 24일부터 시행한다.

부칙 〈제146호, 2025. 4. 23.〉

이 규칙은 2025년 4월 23일부터 시행한다.

별표 / 서식

[별표] 방송채널사용사업 등록신청·신고기업 진단요령(제4조제3항 및 제4조의2제3항 관련)

[별지 제1호서식] (종합, 중계) 유선방송사업 허가신청서

[별지 제2호서식] (종합, 중계) 유선방송사업 허가서

[별지 제3호서식] 재교부 신청서

[별지 제4호서식] 종합유선방송사업 승인신청서

[별지 제5호서식] 종합유선방송사업 승인장

[별지 제6호서식] 방송채널사용사업 등록신청서

[별지 제6호의2서식] 방송채널사용사업 신고서

[별지 제7호서식] 기업진단신청서

[별지 제8호서식] 기업진단보고서

[별지 제9호서식] 방송채널사용사업 등록증

[별지 제9호의2서식] 방송채널사용사업 신고증

[별지 제10호서식] 전광판방송사업 등록신청서

[별지 제11호서식] 전광판방송사업 등록증

[별지 제12호서식] 음악유선방송사업 등록신청서

[별지 제13호서식] 음악유선방송사업 등록증
[별지 제14호서식] 방송채널사용사업승인신청서
[별지 제15호서식] 방송채널사용사업 승인장
[별지 제16호서식] 외국 인공위성 이용 위성방송사업 승인신청서
[별지 제17호서식] 외국 인공위성 이용 위성방송사업 승인장
[별지 제18호서식] 외국 인공위성 이용 방송채널사용사업 승인신청서
[별지 제19호서식] 외국 인공위성 이용 방송채널사용사업 승인장
[별지 제19호의2서식] 기술결합서비스(제공, 변경)신고서
[별지 제19호의3서식] 기술결합서비스(중지, 중단)신고서
[별지 제19호의4서식] 기술중립서비스 제공 신고서
[별지 제20호서식] (종합, 중계) 유선방송사업 변경허가신청서
[별지 제21호서식] (방송채널사용사업, 전광판방송사업, 음악유선방송사업) 변경등록신청서
[별지 제21호의2서식] 방송채널사용사업 변경신고서
[별지 제22호서식] 방송채널사용사업 변경승인신청서
[별지 제23호서식] 외국 인공위성 이용 위성방송사업 변경승인신청서
[별지 제24호서식] 외국 인공위성 이용 방송채널사용사업 변경승인신청서
[별지 제24호의2서식] (종합유선방송사업자, 위성방송사업자)계열회사 법인 합병신고서
[별지 제25호서식] 사업자 변경신고서
[별지 제26호서식] 최다액출자자 등 변경(승인, 신고) 신청서
[별지 제27호서식] (종합, 중계) 유선방송사업 재허가신청서
[별지 제28호서식] 방송채널사용사업 재승인신청서
[별지 제29호서식] 직접사용채널운용(변경)계획서
[별지 제30호서식] 지역채널운용(변경)계획서
[별지 제31호서식] 공지채널운용(변경)계획서
[별지 제32호서식] 유료방송 이용약관 신고(변경신고)서
[별지 제33호서식] 유료방송 이용약관 승인(변경승인) 신청서
[별지 제34호서식] 역외방송재송신승인신청서
[별지 제35호서식] 외국방송재송신 승인신청서
[별지 제36호서식] 방송실시 결과(종합유선방송사업자)
[별지 제37호서식] 방송실시 결과(위성방송사업자)

[별지 제38호서식] 방송실시 결과(방송채널사용사업자)
[별지 제39호서식] 방송실시 결과(중계유선방송사업자)
[별지 제40호서식] 방송실시 결과(음악유선방송사업자)
[별지 제41호서식] 방송실시 결과(전광판방송사업자)
[별지 제42호서식] 방송일지(종합유선방송사업자)
[별지 제43호서식] 방송일지(위성방송사업자)
[별지 제44호서식] 방송일지(방송채널사용사업자)
[별지 제45호서식] 방송일지(중계유선방송사업자)
[별지 제46호서식] 방송일지(음악유선방송사업자)
[별지 제47호서식] 방송일지(전광판방송사업자)
[별지 제48호서식] (폐업, 휴업) 신고서

대한민국 법령 시리즈 394

방송법

법 령 / 시 행 령 / 시 행 규 칙

2025년 11월 4일 인쇄 정가 26,000원
2025년 11월 14일 발행

편 저 편집부
디 자 인 송영미
발 행 인 조준형
발 행 처 해광출판사
http://www.hgbookpub.com
E-mail : munbookcokr@naver.com
주 소 부산광역시 중구 해관로 41-1 (중앙동2가)
전화번호 (051) 253-0001 팩스 (051) 245-1187
등 록 제 2012-000005호

해광출판사에서는 여러분의 소중한 원고와 함께 할 기회를 기다리고 있습니다. 책으로 엮을 원고나 아이디어가 있으신 분들은 이메일 munbookcokr@naver.com로 책에 대한 간단한 개요와 원고 전체 또는 일부를 연락처와 함께 보내주십시오.

ISBN 979-11-6881-907-8

※ 법령 출처 : 법제처 국가법령정보센터
※ 본 도서는 〈공공데이터 제공 및 이용 활성화에 관한 법률〉을 근거로 출판되었습니다.

해광출판사 대한민국 법령 시리즈

001. 선원법
002. 어선법
003. 선박직원법
004. 해사안전기본법
005. 해양환경관리법
006. 선박의 입항 및 출항등에 관한 법률
007. 학교안전사고예방 및 보상에 관한 법률
008. 종합부동산세법
009. 방위사업법
010. 행정규제기본법
011. 식품산업진흥법
012. 위험물안전관리법
013. 화재의 예방 및 안전관리에 관한 법률
014. 도시가스사업법
015. 실내공기질관리법
016. 지방세법
017. 소득세법
018. 법인세법
019. 도선법
020. 선박안전법
021. 선박법
022. 수산업법
023. 고압가스안전관리법
024. 국민연금법
025. 공동주택관리법
026. 화학물질관리법
027. 어선원 및 어선 재해보상보험법
028. 장기등 이식에 관한 법률
029. 자연재해대책법
030. 공유재산 및 물품 관리법
031. 산업입지 및 개발에 관한 법률
032. 부정경쟁방지 및 영업비밀보호에 관한 법률
033. 금융지주회사법
034. 온실가스 배출권의 할당 및 거래에 관한 법률
035. 건축사법
036. 산림문화휴양에 관한 법률
037. 전기사업법
038. 사립학교법
039. 고등교육법
040. 액화석유가스의 안전관리 및 사업법
041. 선박투자회사법
042. 수산자원관리법
043. 위험물선박운송및저장규칙
044. 선박평형수관리법
045. 주택임대차보호법
046. 상가건물임대차보호법
047. 지방공기업법
048. 승강기안전관리법
049. 수목원·정원의 조성 및 진흥에 관한 법률
050. 민법
051. 치료감호 등에 관한 법률
052. 대부업 등의 등록 및 금융이용자 보호에 관한 법률
053. 사료관리법
054. 무형문화재 보전 및 진흥에 관한 법률
055. 총포·도검·화약류 등의 안전관리에 관한 법률
056. 경찰관직무집행법
057. 시설물의 안전 및 유지관리에 관한 특별법
058. 수산생물질병 관리법
059. 소비자기본법
060. 국제선박등록법
061. 정보통신망 이용촉진 및 정보보호 등에 관한 법률
062. 해운법
063. 농수산물 품질관리법
064. 수산업협동조합법
065. 해외건설촉진법
066. 수상레저안전법
067. 공무원재해보상법
068. 수상에서의 수색·구조 등에 관한 법률
069. 어촌어항법
070. 항만법
071. 항만운송사업법
072. 해양경비법
073. 해양사고의 조사 및 심판에 관한 법률
074. 외국인근로자의 고용 등에 관한 법률
075. 중소기업기본법
076. 자유무역지역의 지정 및 운영에 관한 법률
077. 대기환경보전법
078. 소음진동관리법
079. 폐기물관리법
080. 하수도법
081. 물환경보전법
082. 토양환경보전법
083. 환경정책기본법
084. 산업재해보상보험법
085. 관세법
086. 노동조합 및 노동관계조정법
087. 근로기준법
088. 군인연금법
089. 먹는물관리법
090. 기술보증기금법
091. 관광진흥법
092. 감염병의 예방 및 관리에 관한 법률
093. 사법경찰관리의 직무를 수행할 자와 그 직무범위에 관한 법률
094. 수의사법
095. 가정폭력방지 및 피해자보호 등에 관한 법률
096. 환경영향평가법
097. 체육시설의 설치 · 이용에 관한 법률
098. 장사 등에 관한 법률
099. 상호저축은행법
100. 은행법
101. 보호관찰 등에 관한 법률
102. 형법
103. 자동차관리법
104. 형사소송법
105. 전자금융거래법
106. 마약류 불법거래 방지에 관한 특례법
107. 도로법
108. 주세법
109. 변리사법
110. 하천법
111. 중소기업진흥에 관한 법률
112. 발달장애인 권리보장 및 지원에 관한 법률
113. 주택법
114. 장애인복지법
115. 농어업경영체 육성 및 지원에 관한 법률
116. 공인중개사법
117. 건강기능식품에 관한 법률
118. 예비군법
119. 개발제한구역의 지정 및 관리에 관한 특별조치법
120. 국유재산법
121. 주차장법
122. 환경기술 및 환경산업 지원법
123. 대기관리권역의 대기환경개선에 관한 특별법
124. 악취방지법
125. 미세먼지 저감 및 관리에 관한 특별법
126. 가축분뇨의 관리 및 이용에 관한 법률
127. 물의 재이용 촉진 및 지원에 관한 법률
128. 물관리기본법
129. 물관리기술 발전 및 물산업 진흥에 관한 법률
130. 자원의 절약과 재활용촉진에 관한 법률
131. 전기 · 전자제품 및 자동차의 자원순환에 관한 법률
132. 건설폐기물의 재활용촉진에 관한 법률
133. 수도권매립지관리공사의 설립 및 운영 등에 관한 법률
134. 폐기물의 국가 간 이동 및 그 처리에 관한 법률
135. 폐기물처리시설 설치촉진 및 주변지역지원 등에 관한 법률
136. 자원순환기본법
137. 잔류성오염물질 관리법
138. 환경분쟁 조정법

해광출판사 대한민국 법령 시리즈

139. 화학물질의 등록 및 평가 등에 관한 법률
140. 환경오염시설의 통합관리에 관한 법률
141. 환경오염피해 배상책임 및 구제에 관한 법률
142. 중소기업제품 구매촉진 및 판로지원에 관한 법률
143. 환경개선비용 부담법
144. 환경분야 시험·검사 등에 관한 법률
145. 환경친화적 산업구조로의 전환촉진에 관한 법률
146. 환경친화적 자동차의 개발 및 보급 촉진에 관한 법률
147. 환경범죄 등의 단속 및 가중처벌에 관한 법률
148. 생명윤리 및 안전에 관한 법률
149. 장애인차별금지 및 권리구제 등에 관한 법률
150. 부동산투자회사법
151. 정치자금법
152. 과학기술기본법
153. 대리점거래의 공정화에 관한 법률
154. 상속세 및 증여세법
155. 학원의 설립 · 운영 및 과외교습에 관한 법률
156. 해양심층수의 개발 및 관리에 관한 법률
157. 전기용품 및 생활용품 안전관리법
158. 사회기반시설에 대한 민간투자법
159. 공직선거법
160. 정당법
161. 유류오염손해배상 보장법
162. 부정청탁 및 금품등 수수의 금지에 관한 법률
163. 항로표지법
164. 어장관리법
165. 민방위기본법
166. 공직자윤리법
167. 선거관리위원회법
168. 유선 및 도선 사업법
169. 전기공사업법
170. 사회복지사업법
171. 택지개발촉진법
172. 국가공무원법
173. 민간임대주택에 관한 특별법
174. 어음법·수표법
175. 민사집행법
176. 상법
177. 문화예술진흥법
178. 중소기업협동조합법
179. 농업협동조합법
180. 도로교통법
181. 의료사고 피해구제 및 의료분쟁 조정 등에 관한 법률
182. 산림보호법
183. 소년법
184. 동물보호법
185. 건축물관리법
186. 도시개발법
187. 화물자동차 운수사업법
188. 도시 및 주거환경정비법
189. 의료법
190. 국회법
191. 응급의료에 관한 법률
192. 출입국관리법
193. 노인복지법
194. 산림자원의 조성 및 관리에 관한 법률
195. 청소년 보호법
196. 초 · 중등교육법
197. 혁신도시 조성 및 발전에 관한 특별법
198. 경제자유구역의 지정 및 운영에 관한 특별법
199. 공공기관의 운영에 관한 법률
200. 대한민국헌법
201. 국민기초생활 보장법
202. 저작권법
203. 가사소송법
204. 국가유공자 등 예우 및 지원에 관한 법률
205. 국민체육진흥법
206. 전통주 등의 산업진흥에 관한 법률
207. 재난 및 안전관리 기본법
208. 정보통신공사업법
209. 주식회사 등의 외부감사에 관한 법률
210. 공익사업을 위한 토지 등의 취득 및 보상에 관한 법률
211. 개인정보 보호법
212. 국세기본법
213. 에너지이용 합리화법
214. 감정평가 및 감정평가사에 관한 법률
215. 국가인권위원회법
216. 가맹사업거래의 공정화에 관한 법률
217. 보건의료기본법
218. 산업안전보건법
219. 법무사법
220. 교육공무원법
221. 특허법
222. 민사소송법
223. 아동복지법
224. 전파법
225. 하도급거래 공정화에 관한 법률
226. 기초연금법
227. 사립학교교직원 연금법
228. 직업안정법
229. 장애아동 복지지원법
230. 부동산등기법
231. 자동차손해배상 보장법
232. 철도안전법
233. 항공안전법
234. 전자상거래 등에서의 소비자보호에 관한 법률
235. 독점규제 및 공정거래에 관한 법률
236. 상표법
237. 채무자 회생 및 파산에 관한 법률
238. 공무원연금법
239. 축산법
240. 근로복지기본법
241. 민원 처리에 관한 법률
242. 약사법
243. 방문판매 등에 관한 법률
244. 건축기본법
245. 지방세기본법
246. 지방세징수법
247. 지방자치법
248. 도시교통정비 촉진법
249. 공공주택 특별법
250. 국세징수법
251. 공인노무사법
252. 중대재해 처벌 등에 관한 법률
253. 외무공무원법
254. 소방시설공사업법
255. 검역법
256. 공중위생관리법
257. 할부거래에 관한 법률
258. 인터넷 멀티미디어 방송사업법
259. 전기통신사업법
260. 제품안전기본법
261. 철도사업법
262. 어린이제품 안전 특별법
263. 영유아보육법
264. 원자력안전법
265. 보험업법
266. 경비업법
267. 교통안전법
268. 세무사법
269. 관세사법
270. 공인회계사법
271. 지방공무원법
272. 고용정책 기본법
273. 국가경찰과 자치경찰의 조직 및 운영에 관한 법률
274. 협동조합 기본법
275. 재해구호법
276. 환경보건법

해광출판사 대한민국 법령 시리즈

277. 자살예방 및 생명존중문화 조성을 위한 법률
278. 소방산업의 진흥에 관한 법률
279. 소방기본법
280. 비송사건절차법
281. 자연환경보전법
282. 변호사법
283. 기업구조조정투자회사법
284. 전기통신기본법
285. 에너지법
286. 해양생태계의 보전 및 관리에 관한 법률
287. 사회보장기본법
288. 통신비밀보호법
289. 공증인법
290. 물류시설의 개발 및 운영에 관한 법률
291. 청소년활동 진흥법
292. 형의 집행 및 수용자의 처우에 관한 법률
293. 도시공원 및 녹지 등에 관한 법률
294. 태권도 진흥 및 태권도공원 조성 등에 관한 법률
295. 녹색건축물 조성 지원법
296. 우편법
297. 예금자보호법
298. 건설산업기본법
299. 금융회사의 지배구조에 관한 법률
300. 장애인활동 지원에 관한 법률
301. 언론중재 및 피해구제 등에 관한 법률
302. 국가재정법
303. 농지법
304. 게임산업진흥에 관한 법률
305. 정신건강증진 및 정신질환자 복지서비스 지원에 관한 법률
306. 디자인보호법
307. 의료기사 등에 관한 법률
308. 스마트도시 조성 및 산업진흥 등에 관한 법률
309. 내수면어업법
310. 한국주택금융공사법
311. 의료기기법
312. 유통산업발전법
313. 전통시장 및 상점가 육성을 위한 특별법
314. 여신전문금융업법
315. 해외자원개발 사업법
316. 산업교육진흥 및 산학연협력촉진에 관한 법률
317. 빈집 및 소규모주택 정비에 관한 특례법
318. 기업도시개발 특별법
319. 전력기술관리법
320. 국토기본법
321. 지하수법
322. 식품위생법
323. 광업법
324. 호스피스·완화의료 및 임종과정에 있는 환자의 연명의료결정에 관한 법률
325. 주식·사채 등의 전자등록에 관한 법률
326. 표시·광고의 공정화에 관한 법률
327. 골재채취법
328. 국민건강증진법
329. 새마을금고법
330. 여객자동차 운수사업법
331. 마리나항만의 조성 및 관리 등에 관한 법률
332. 한부모가족지원법
333. 국가를 당사자로 하는 계약에 관한 법률
334. 지방자치단체를 당사자로 하는 계약에 관한 법률
335. 축산물 위생관리법
336. 병역법
337. 음악산업진흥에 관한 법률
338. 국가균형발전 특별법
339. 첨단재생의료 및 첨단바이오의약품 안전 및 지원에 관한 법률
340. 공간정보의 구축 및 관리 등에 관한 법률
341. 공유수면 관리 및 매립에 관한 법률
342. 농수산물 유통 및 가격안정에 관한 법률
343. 아시아문화중심도시 조성에 관한 특별법
344. 신탁법
345. 자연공원법
346. 생활화학제품 및 살생물제의 안전관리에 관한 법률
347. 군인사법
348. 국제조세조정에 관한 법률
349. 낙동강수계 물관리 및 주민지원 등에 관한 법률
350. 주민등록법
351. 집합건물의 소유 및 관리에 관한 법률
352. 집단에너지사업법
353. 산림조합법
354. 반도체집적회로의 배치설계에 관한 법률
355. 자본시장과 금융투자업에 관한 법률
356. 담보부사채신탁법
357. 근로자퇴직급여 보장법
358. 국제과학비즈니스벨트 조성 및 지원에 관한 특별법
359. 수도법
360. 식품 등의 표시 · 광고에 관한 법률
361. 약관의 규제에 관한 법률
362. 인삼산업법
363. 종자산업법
364. 항공사업법
365. 건설기계관리법
366. 군형법
367. 궤도운송법
368. 기술의 이전 및 사업화 촉진에 관한 법률
369. 농수산물의 원산지 표시 등에 관한 법률
370. 담배사업법
371. 석유 및 석유대체연료 사업법
372. 가축전염병 예방법
373. 농어촌정비법
374. 식물신품종 보호법
375. 항공보안법
376. 중소기업창업 지원법
377. 군사법원법
378. 우주개발 진흥법
379. 해저광물자원 개발법
380. 산림복지 진흥에 관한 법률
381. 지능형 로봇 개발 및 보급 촉진법
382. 헌법재판소법
383. 옥외광고물 등의 관리와 옥외광고산업 진흥에 관한 법률
384. 혈액관리법
385. 국제항해선박 등에 대한 해적행위 피해예방에 관한 법률
386. 유료도로법
387. 독립유공자예우에 관한 법률
388. 신에너지 및 재생에너지 개발 · 이용 · 보급 촉진법
389. 신용정보의 이용 및 보호에 관한 법률
390. 출판문화산업 진흥법
391. 공항시설법
392. 국민 평생 직업능력 개발법
393. 아동 · 청소년의 성보호에 관한 법률
394. 방송법쉬
395. 신용보증기금법
396. 화장품법
397. 청소년 기본법
398. 인터넷주소자원에 관한 법률
399. 양곡관리법
400. 도로명주소법
401. 전자문서 및 전자거래 기본법
402. 산업기술의 유출방지 및 보호에 관한 법률
403. 국가기술자격법
404. 양식산업발전법
405. 산업기술혁신 촉진법
406. 새만금사업 추진 및 지원에 관한 특별법
407. 전자정부법
408. 지역 개발 및 지원에 관한 법률
409. 한국농어촌공사 및 농지관리기금법
410. 계량에 관한 법률
411. 기업활동 규제완화에 관한 특별조치법
412. 군에서의 형의 집행 및 군수용자의 처우에 관한 법률

해광출판사 대한민국 법령 시리즈

413. 규제자유특구 및 지역특화발전특구에 관한 규제특례법
414. 금융위원회의 설치 등에 관한 법률
415. 남녀고용평등과 일 · 가정 양립 지원에 관한 법률
416. 농어업인 삶의 질 향상 및 농어촌지역 개발촉진에 관한 특별법
417. 댐건설 · 관리 및 주변지역지원 등에 관한 법률
418. 국가유산수리 등에 관한 법률
419. 법원조직법
420. 보훈보상대상자 지원에 관한 법률
421. 부패방지 및 국민권익위원회의 설치와 운영에 관한 법률
422. 과학기술분야 정부출연연구기관 등의 설립 · 운영 및 육성에 관한 법률
423. 연구개발특구의 육성에 관한 특별법
424. 친환경농어업 육성 및 유기식품 등의 관리 · 지원에 관한 법률
425. 연안관리법
426. 영화 및 비디오물의 진흥에 관한 법률
427. 신용협동조합법
428. 방송통신발전 기본법
429. 범죄피해자 보호법
430. 가축 및 축산물 이력관리에 관한 법률
431. 국가표준기본법
432. 국가통합교통체계효율화법
433. 범죄인 인도법
434. 국가과학기술 경쟁력 강화를 위한 이공계지원 특별법
435. 국제경기대회 지원법
436. 금융혁신지원 특별법
437. 수자원의 조사 · 계획 및 관리에 관한 법률
438. 축산자조금의 조성 및 운용에 관한 법률
439. 소방시설 설치 및 관리에 관한 법률
440. 양성평등기본법
441. 축산계열화사업에 관한 법률
442. 수입식품안전관리 특별법
443. 대외무역법
444. 국가연구개발사업 등의 성과평가 및 성과관리에 관한 법률
445. 무역보험법
446. 기술사법
447. 광산안전법
448. 농약관리법
449. 농업 · 농촌 및 식품산업 기본법
450. 문화산업진흥 기본법
451. 부담금관리 기본법
452. 야생생물 보호 및 관리에 관한 법률
453. 한국은행법
454. 별정우체국법
455. 원양산업발전법
456. 콘텐츠산업 진흥법
457. 한국수출입은행법
458. 외국인투자 촉진법
459. 물류정책기본법
460. 전자서명법
461. 산업발전법
462. 산업표준화법
463. 소프트웨어 진흥법
464. 토지이용규제 기본법
465. 해수욕장의 이용 및 관리에 관한 법률
466. 정보통신 진흥 및 융합 활성화 등에 관한 특별법
467. 정보통신산업 진흥법
468. 지진 · 화산재해대책법
469. 소금산업진흥법
470. 위치정보의 보호 및 이용 등에 관한 법률
471. 외국법자문사법
472. 이러닝(전자학습)산업 발전 및 이러닝 활용 촉진에 관한 법률
473. 암관리법
474. 실용신안법
475. 가족관계의 등록 등에 관한 법률
476. 무인도서의 보전 및 관리에 관한 법률
477. 감사원법
478. 정보보호산업의 진흥에 관한 법률
479. 결혼중개업의 관리에 관한 법률
480. 공익신고자 보호법
481. 박물관 및 미술관 진흥법
482. 낚시 관리 및 육성법
483. 동산 · 채권 등의 담보에 관한 법률
484. 임금채권보장법
485. 국민투표법
486. 농림수산업자 신용보증법
487. 국가채권 관리법
488. 중소기업은행법
489. 식품안전기본법
490. 외국환거래법
491. 발명진흥법
492. 건설기술 진흥법
493. 기후위기 대응을 위한 탄소중립 · 녹색성장 기본법
494. 인체조직안전 및 관리 등에 관한 법률
495. 엔지니어링산업 진흥법
496. 신문 등의 진흥에 관한 법률
497. 식물방역법
498. 석탄산업법
499. 산업융합 촉진법
500. 비료관리법
501. 임업 및 산촌 진흥촉진에 관한 법률
502. 복권 및 복권기금법
503. 대규모유통업에서의 거래 공정화에 관한 법률
504. 뉴스통신 진흥에 관한 법률
505. 지능정보화 기본법
506. 자격기본법
507. 중소기업 기술혁신 촉진법
508. 국가공간정보 기본법
509. 농어업재해대책법
510. 방송광고판매대행 등에 관한 법률
511. 지식재산 기본법
512. 초고층 및 지하연계 복합건축물 재난관리에 관한 특별법
513. 해양 조사와 해양정보 활용에 관한 법률
514. 공간정보산업 진흥법
515. 공공기관의 정보공개에 관한 법률
516. 행정기본법
517. 해상교통안전법
518. 농어업재해보험법
519. 문화유산의 보존 및 활용에 관한 법률
520. 자연유산의 보존 및 활용에 관한 법률
521. 국토의 계획 및 이용에 관한 법률
522. 건축법
523. 국민건강보험법
524. 계엄법
525. 환경친화적 선박의 개발 및 보급 촉진에 관한 법률
526. 해양폐기물 및 해양오염퇴적물 관리법
527. 연안사고 예방에 관한 법률
528. 전기안전관리법
529. 의약품 등의 안전에 관한 규칙
530. 공공보건의료에 관한 법률
531. 군보건의료에 관한 법률
532. 농어촌 등 보건의료를 위한 특별조치법
533. 보호소년 등의 처우에 관한 법률
534. 국가를 당사자로 하는 소송에 관한 법률
535. 간호법
536. 국립묘지의 설치 및 운영에 관한 법률
537. 주류 면허 등에 관한 법률
538. 부가가치세법
539. 자율운항선박 개발 및 상용화 촉진에 관한 법률

*** 해광출판사의 법령 시리즈는 계속 발행 됩니다.**
**** 각 도서의 개정판은 인쇄일을 기준으로 제작 되었습니다.**